天生就會跑2

終極訓練指南

BORN
TO

The Ultimate
Training Guide

RUN2

Christopher McDougall
克里斯多福·麥杜格、

Eric Orton
艾瑞克·歐頓——著

王啟恩——譯

輕鬆，才能跑到終點！

關於《天生就會跑 2》，我想談的實在太多了。短時間內讀了兩遍，光筆記就寫了快一萬字。它的架構很特別，看似是在說故事，又好像在教學，既有課表、也有訓練動作和方法，也有如同小說般轉折的情節，出場人物很多，亦引人入勝。

我很喜歡這本書，儘管老實說，這本書在跑步技術的相關說明上並非百分百精確，但因為書中有許多金句相當精闢，讓我忍不住想推薦。最重要的理由是《天生就會跑》是我在跑步技術研究上的啟蒙書。身為 2010 年就已成為《天生就會跑》書迷的粉絲，也很榮幸有這個機會可以推薦它的續作。

知識比跑鞋更重要

作者在前作談論跑鞋時說到：「跑鞋是對於人類雙腳危害最大的東西。」因為這跟許多人深信不疑的知識產生衝突，也傷害了某些人的情感與利益，所以遭受許多無情的攻擊，甚至抹黑。我喜歡作者不做針對性的反擊言論，而是在這本續作中舉出更多例證說明他的論點。這些論點鏗鏘有力。

「學習跑步知識，比起你穿上什麼跑鞋

更重要。」書中的這句話，一語中的。我們天生就會跑沒錯，但「會跑」跟「跑得好」是兩回事，想要「跑得好」，需要學習。跑步是一項需要學習也可以精進的技術，而技術的高低也將決定受傷的風險與跑步的效率，並不是選了一雙好跑鞋就不會受傷；或以為買了一雙高科技跑鞋就能提升跑步的技術。技術的高低跟任何技巧一樣需要特別學習，只要虛心認真學習與訓練就能提升，跟科技高低與跑鞋價值無關！

我非常享受作者在第 10 章的論述，精闢入理，讓你看破很多鞋商自以為是（卻不知錯在哪裡）的根本原因——他們站在錯誤的基礎上想去找答案，結果永遠找不到答案，任何想要買跑鞋的人都應該好好讀一讀，本書還有選擇跑鞋的「隱藏版好物指南」，非常受用。

另外，也有個訓練觀念，亦相當容易被大部分的長跑愛好者所忽略，那就是「速度」。

「衝刺可以自動校正跑姿，慢跑容易讓你傾向錯誤的跑姿。」這是艾瑞克‧歐頓（Eric Orton）教練在提點作者時說的話，這句話的意思不是要你一直衝刺，而是指

我們可以透過短距離的快步跑來自動校正跑姿，並學習以衝刺的跑感來進行有氧跑或節奏跑。

什麼是短距離衝刺下的跑感？那就是書中提到的「輕盈」、「輕鬆」與「順暢」的感覺。第 9 章中有句話我也很喜歡：「記住跑步就像排練舞蹈，而不是運動。你的目標是有好的動作和韻律，而不是距離。」

輕快才是目標，不是跑量。
優秀的動作與節奏才是根本，不是距離。

基本功：原地跑

「技巧都是相通的！」書中引用艾瑞克教練的這句話更是精髓所在。在長期研究「姿勢跑法」的過程中，我學到不論衝刺、慢跑還是節奏跑，皆有共通的元素，這個元素在各種原地跑的變化式中特別容易被強化。所以當我看到作者在這本書反覆強調「原地跑」的練習時，特別令我感到驚喜，也多次出現在〈90 天自由奔跑課表〉的跑姿訓練項目中。

「原地跑」不只適合入門跑者，我認為它就像籃球的運球練習，是基本功，不論是初學者和 NBA 選手都要練。國際上有一群很特別的菁英跑者也會刻意訓練原地跑。他們來自伊索比亞小鎮貝科吉（Bekoji）。這個小鎮以出產長跑冠軍聞名世界，在過去的 20 年間總共獲得了 11 面奧運金牌，跑步金牌的密度之高，世界上沒有任何其他地方比得過。

貝科吉這個小鎮最特別的訓練方法之一就是練了很多原地跑！原地跑時，任何人都會自然地以前腳掌先著地，而且腳踝放鬆，腳跟接著下降輕觸地面；如果你在原地跑時刻意改成「全腳掌著地」（也就是腳掌前緣和腳跟一起著地），感覺立刻會變得很怪，若改成「腳跟先著地」就會感覺更怪；所以，當有人問我，自然的跑姿是什麼？我常回覆：「像原地跑一樣向前跑！」

原地跑是強化正確跑姿的重要訓練，作者在本書中也多次提及它的重要性，除了課表之外，全書總共提到 17 次之多。除了貝科吉這個小鎮的教練和跑者，過去很少看到有其他作者、跑者或教練也如此重視原地跑，但我知道它有多重要，所以覺得作者克里斯多福（Christopher McDougall）極有眼光，看到了跑姿訓練的重點。

先專注在跑得輕鬆！

在我所創立的 KFCS 耐力培訓系統中會一再反覆強調：訓練是一種「適應輕鬆」的過程。不論是在低強度的有氧跑或是高強度的間歇跑中，都先要在個人化的強度區間裡愈練愈輕鬆，經過「適應輕鬆」一段時間後，才能再加快速度或增加距離。所以當我讀到書中提到卡巴羅說「先專注在跑得輕鬆」這句話時，心裡一聲喝彩：沒錯，就是這樣！

同樣的觀點也不斷在書中各處以不同的樣貌浮現。但這句話並不容易理解，作者一開始也無法瞭解卡巴羅所要表達的含義。直到這本書問世，我可以看出克里斯多福已經知道「先跑得輕鬆」有多重要，書中的故事、對話、訓練動作和課表都在幫助你朝輕鬆邁進。

書中提到的「牛排理論」也跟上述「跑得輕鬆」有相同妙用。若一直把自己逼到極限，在過度的苦練之後，就會跟烤焦的牛排一樣，再也回不去了。所以享受訓練和比賽很重要。這也是我個人執教時一直放在心中的觀點：先要「享跑」（享受跑步），才會「想跑」，唯有「想跑」，才容易愈練愈強。

最後一章〈受傷：如何自我修復〉也想大力推薦給每一位跑步愛好者，尤其是該章的前言，簡潔地說明了受傷的根本原因，值得細品。

卡巴羅是作者跑步生涯的重要導師，也是前作《天生就會跑》的核心人物，在這次續作的第 13 章中記錄了作者跟一群夥伴搜尋失蹤卡巴羅的過程，並一起發現了他安詳躺在溪邊河床上。這段經歷被加進「7 步成師」與「90 天自由奔跑課表」之間，初次閱讀覺得突兀，感覺跟本書格格不入……讀到第二次，才體悟到這不只是作者在致敬緬懷他的導師，也是在啟發我們追隨卡巴羅的腳步。我的感想是：每個人都會死，但死前好幾年如果都不良於行，要坐輪椅或躺在床上，那長命百歲也不幸福；如果人生是一場馬拉松，我想像的幸福是：像卡巴羅一樣，跑到生命最後一天！

運動作家 徐國峰

2023/09/04 寫於花蓮

作者克里斯多福・麥杜格（Christopher McDougall）跑步身影。

Part 1
BORN TO RUN
天生就會跑：觀念篇

自由奔跑的快感

自從《天生就會跑》出版之後，我收到來自世界各地的訊息，很多人都說同樣的話：「謝謝你！你改變了我的人生。」

我都這樣回覆：「我完全懂。」

因為我是站在讀者的立場去寫的，到現在仍然如此（即便實際上我是坐著寫這本書）[1]。《天生就會跑》中「白馬」卡巴羅（Caballo Blanco）在沙漠中辦了一場 50 英里的超級馬拉松比賽，與當地的傳奇部落較量，途中還經過兩組毒梟集團的地盤，讀起來可能像是一段有血有淚的冒險故事，但《天生就會跑》的核心並不全然只是冒險而已。它是一個關於轉變，然後從谷底爬起來的故事，更是一個賦予人們力量的故事。一種可以改變真實人生的力量，一種踏出戶外用雙腳感受世界的力量。無論在什麼時刻，在任何地方，只要你想跑，就可以跑起來的力量。

你得至少親自開始嘗試過一次，才能體會到這種超能力，不然你將永遠都與它無緣。最常感受到超能力的族群是那些退役跑者，發現自己還能跑而欣喜若狂，還有那些被啟發而開始跑步的初心者們。《天生就會跑》用獨特而且愉快的方式告訴讀者們，無論你幾歲、你身材如何，或是你身心曾經受過什麼傷，最棒的跑步體驗永遠都在未來等待著你。94 歲的越野跑傳奇「迪普西魔鬼」（Dipsea Demon）[2]傑克・克爾克（Jack Kirk）曾說：「你不會因為變老而不跑步，而會因為不跑步而變老。」

但沒有人一夕之間就能成為像他一樣的「魔鬼」。跑步就像跳舞，學習舞步需要時間。我收到很多感謝信，信的最後常常請教我：「我等不及要開始了，我該從哪裡開始好呢？」

其實我也沒有答案。

有好長一段時間，我都在找尋自我的路途上，我沒辦法告訴你我的下一步要做什麼。有時候覺得自己像中了樂透，但我其實不相信這些財富屬於我。自從我在墨西哥偏遠的銅峽谷（Copper Canyons）接受教練艾瑞克・歐頓（Eric Orton）訓練，再把我的經歷寫成《天生就會跑》的十多年後，我仍然在找尋自我。從出版到現在的這段期間，我們看到了出版之後造成全世界赤腳跑步的風潮、超級馬拉松的興起，以及拉拉穆里人（Rarámuri）[3]的超級食物奇亞籽（chia）大受歡迎。對我來說，這些現象證明了我們正在做一件重要的事情。人類不只

拉拉穆里的小朋友利用拉拉吉帕里（rarájipari）這種球類遊戲來精進他們的跑姿。

是想跑步而已，他們想要「喜歡上跑步」，他們想要體會像《天生就會跑》裡頭的瘋狂跑者們一樣，頂著烈日，長時間跑在危險的峽谷深處，內心產生的那種單純喜悅。

「白馬」卡巴羅總愛用簡單的一句話來為自己打氣：「自在地跑吧！」（Run Free!）「自在」不完全等於「無拘無束」，雖然它們意義上很相近。「白馬」卡巴羅的意思是，擺脫傷痛、擺脫壓力，擺脫昂貴的跑鞋、裝備和報名費，就自在地跑，像是小學生下課衝出教室一樣，或是憤怒的隱士遠離現代文明世界，躲進自己的小帳篷，和一無所知卻充滿關懷的拉拉穆里大家族。

我不確定自己是不是真的找到那種喜悅了。我對於艾瑞克的教學很有信心，我始終遵循他建構的「自由奔跑」（Run Free）系統。在一次又一次的比賽後，年復一年，一場又一場冒險之後，從來沒有讓我失望過。我反而對自己沒有信心，潛意識裡，彷彿還能聽到那些醫生警告我跑步對身體有害，特別是像我這樣的身體。我擺脫不了「跑步不適合我」的想法，或許我現在暫時可以擺脫一陣子，但我總是有那麼一天會付出代價。

在九月下旬的某一天早上，出乎意料地炎熱，「那一天」來了。當時我正在參加我最愛的賽事——「手中鳥」（Bird-in-hand）半程馬拉松[4]，那場比賽是我們社區的艾美許族裔（Amish）每年為了幫助消防員和一線救護人員募款的馬拉松賽事。在 2006 年，當地的消防員和一線救護人員曾經在艾美許學校槍擊案中幫助受傷的學童。「手中鳥」的賽道很壯觀而且非常安靜，沒有刺耳的音樂，只有在 2 英里處，孟諾派教（Mennonite）的家庭在前院輕柔的歌聲陪伴。艾美許的小朋友們在自家農場旁邊擔任補給站的志工，大喊著「水！水！水！」的跑者們穿越綠意盎然的「無線谷」丘陵，因為這裡的家家戶戶都沒有電話也沒有電力。

我跟你說，在這些小丘陵裡，有一個特別難征服，每年我來參賽之前都準備面對它，但每一年都比我印象中的還可怕。原因有兩個，首先，它真的很難。紅巷丘（Red Lane Hill）出現在第 10 英里的地方，就在你覺得賽道快要結束的時候。而且它也很狡猾，前一刻你還看著前方平坦的道路，賽道突然轉向，一條泥土路穿越玉米田直衝往上。再來，天氣非常熱，放眼望去一棵樹都沒有，早晨的陽光直接往你臉上招呼。最後，像我們這樣的赤腳跑者，會被隱藏在路面的小碎石刺到懷疑人生。

當我好不容易登頂時，前面有一位長輩停下來，全身溼透，像蒸氣火車頭一樣吐氣，他突然高舉雙手，就像贏得奧運金牌一樣。「耶！我們超幸運的，對吧？」他上氣不接下氣地說。

當下我所有感受到的——只有口渴、疲倦、厭世、腳疼，一點也感受不到「幸運」。至少在我停下來環顧四周前，我是這麼想的。比賽的那天早上，我們聚集在麥田裡欣賞日出，然後我們拔腿奔馳，自在地跑

著，能夠跑多遠是多遠。我們靠自己的力量爬上山頂，然後再感受下坡的飛速快感。這是上帝美好的恩賜，也是一種超能力。這是我和艾瑞克第一次在丹佛市中心的公園碰面時，他和我提到的感受，算下來過了很長一段時間，我心中的疑慮才消散，當我站在紅巷丘山頂時，終於體會到他所說的感覺。艾瑞克所教給我的，從頭到尾都不只是為了跑完一場馬拉松。

他教給我的是一生的功課。

這一切在剛開始的時候，我是一個時常受傷的素人跑者，醫生總是再三囑咐，如果我繼續跑下去，唯一的下場是置換人工膝蓋。

去銅峽谷之前，我當時已經受夠追求新方法來解決老毛病了。我從來就不是一個可造之才，只是一天跑個幾英里的普通人，有時候參加半程馬拉松而已。我從來沒有連續幾個月健健康康的，總是有些小傷小痛。我請教運動醫學業界的權威醫師，為什麼我這麼常受傷？醫師看著我，他的眼神像是看著植物人。「我們不是討論過了嗎？」他邊說，邊準備著要注射到我腳上的可體松（cortisone），這是一年內的第 3 次注射了。他暗示我：「跑步時的撞擊對身體有害。」特別是像我這樣有如史瑞克的身材，像怕我忘了自己是身高 193 公分、體重近 109 公斤的巨漢。

但又能怎麼辦呢？我跑步就是為了減重啊。除非你真的太胖，你才不應該跑步，不只是我而已，對全部胖子來說都是。幾十年的調查累計下來，跑者的受傷機率誇張地高，差不多維持七成多。跑鞋推陳出新，但從來沒有一雙可以減少受傷的情況。

諷刺的是，當時我還為《跑者世界》（Runner's World）雜誌寫文章，我並不缺預防傷害和訓練方面的建議，我也試了你在雜誌上能看到的所有小撇步，像是伸展、交叉訓練、熱塑型鞋墊、泡在冰水裡，還有每 4 個月換掉一雙美金 150 元的跑鞋，但無論怎麼做，幾個月後，我的腳跟、腿筋或是阿基里斯腱還是會開始產生劇烈的刺痛。

唯一沒變的是我跑步的姿勢。我幹嘛要變啊？我又不是瘋了。

你不應該調整你的跑姿，永遠都不要，永遠。跑步的專家們可能對很多議題有不同意見，但他們都一致同意「每個人都有獨一無二的跑姿」。里德・費爾博醫師（Dr Reed Ferber）是卡加利大學（University of Calgary）的跑步運動傷害診所的主管，他曾說：「沒有正確的跑步方式，也沒有錯誤的。」廣受歡迎的《進階馬拉松全書》（Advanced Marathoning）一書的作者群也同意：「因為每個人的生理構造都不同，所以沒有真正理想或是完美的跑姿。」《跑者世界》長期合作的編輯和專欄作家安比・伯爾福特（Amby Burfoot）則是常常掛在嘴邊的一句話，他從另一位運動科學權威——喬治・錫恩醫師（Dr. George Sheehan）那聽到的：「我們每個人都是獨一無二的實驗品。」

克里斯多福‧麥杜格和艾曼‧威克森（Iman Wilkerson）在練習艾瑞克教練最愛的「原地跳」。

　　但這樣說起來，跑步難道不是一種科學嗎？難道就不遵守物理定律嗎？跳舞、游泳、揮棒、彈吉他、拿筷子和其他的動作都可以透過訓練改善姿勢的。

　　可是跑步卻不然。當你知道跑步是由各種環節組成起來，就會相信其實沒有完全正確的跑步方式。不過有個例外，就是跑鞋。全球的跑鞋市場一年高達 1300 億美金，跑者都有大膽嘗試換跑鞋的經驗，彷彿只換跑鞋，不改變跑步的姿勢，花錢就可以解決一切問題。

後來我遇到了「白馬」，他令我大開眼界。如果你讀過我的《天生就會跑》，你會記得那一段我在銅峽谷裡尋尋覓覓，最後終於找到累歪也餓翻、曬到黝黑的流浪漢「白馬」卡巴羅。看到他的第一印象，真是個怪人。他從路上回來，全身都是沙土，穿著塌掉的涼鞋，頭頂著草編的牛仔帽。不過再多看一眼，其實他跟我滿像的，差不多身高，鞋子尺寸也一樣，同年出生，而且都是在初次造訪墨西哥時，就想尋找充滿傳奇色彩的拉拉穆里人，一探他們的長跑祕訣。

在 90 年代中期，一群拉拉穆里人準備參加科羅拉多州的里德維爾百英里越野挑戰賽（Leadville Trail 100），要爬過落磯山脈群峰，踏進人跡罕至的草原，並且克服山脈中最高的 10 座山頂中的 8 座。賽事結束的隔一年，拉拉穆里人回到起跑線，再次展現令人瞠目結舌的長跑實力，然後從此消失，遁回峽谷裡，沒再回到賽道上。

卡巴羅當時也在里德維爾。當時他學習拉拉穆里人穿著輕便的涼鞋跑步，拉拉穆里人只穿涼鞋就能跑，而且跑到老年也沒問題，不像我們一般人會有舊傷發作、跑到懷疑人生或是身體承受不住的困擾。如果跑步對膝蓋有害，為什麼拉拉穆里人的膝蓋就承受得住？為什麼拉拉穆里人不需要花俏的跑鞋和護具？我以為我知道一點點原因，但我需要卡巴羅幫忙證實。當我在銅峽谷找到他時，他已經在那邊待了十多年，住在一個自己親手用湖床石頭搭建的小帳篷裡。

他第一次見到我，聽到我的問題就直搖頭。

他說我因為問了不對的問題，所以永遠都得不到正確答案。他要我忘記拉拉穆里人跟我們有哪裡不同，而是思考他們彼此之間的共通點。

答案就在其中。那時我才真正明白我前幾天看到的東西。我看到一群拉拉穆里的小朋友在泥土路上跑來跑去，腳上穿著涼鞋，用腳趾頭踢一顆木球。我發現一件奇怪的事情：

所有的小朋友都用同一種方式跑步。

有些小朋友跑得比較快，有些比較慢，但每個拉拉穆里的小朋友的跑姿幾乎一模一樣。如果你覺得這沒什麼，去看一場你家附近的 10 公里馬拉松比賽，有 100 位跑者從你眼前經過，就有 100 種跑步姿勢。有的人用腳跟著地，有的則是用腳趾；多數身體往前傾，少部分挺得直直的。每位跑者都用自己才知道的節奏在晃動四肢和頭部。在這種普通水準的路跑賽中，你可以看到最多種獨一無二的「實驗品」。

「或許這些小朋友天賦異稟吧。」我邊看他們跑步邊這麼想。當天早上，其他的拉拉穆里成年人從山徑中跑步回來，他們由膝蓋驅動的輕巧跑姿，就跟那些小朋友一樣。

卡巴羅就是被這個祕密吸引過來的。「你想學嗎？」他終於發出低聲咕嚕，「我教你。」隔天早上，天剛破曉，卡巴羅帶著我踏上泥土路，往松樹林跑去，當我落後時，他總會說「跟好我，照著做」，這六個字真是要了我的命。他轉進一條小徑，我跟

> 「手中鳥」的賽道很壯觀而且非常安靜，沒有刺耳的音樂，只有在 2 英里處，孟諾派教（Mennonite）的家庭在前院輕柔的歌聲陪伴。

米卡・真實（Micah True），又稱「白馬」卡巴羅，一匹在塔拉烏馬拉山脈遊蕩的白馬。

在後面幾碼處。「跟上！」他命令我快點，我靠得非常近，他的腳跟幾乎要踢到我的膝蓋。「到了。」他說。

對於一個高個兒來說，卡巴羅的步幅異常地小，步頻很快，啪啪啪地跑。他落地很輕，像舞者一樣，因為他穿的是 Teva 的舊涼鞋，不像跑鞋可以吸震。

「現在想想『輕鬆』這兩個字，」卡巴羅說，「先從這裡開始，如果你感覺到輕鬆，那你還不錯；然後再想想『輕盈』，輕盈不費力地跑著，不管山有多高，路有多遠；當你在練跑時，忘掉你正在練習，讓跑步變得很『順──暢──』。其他事情不用擔心，只要掌握這三項，你自然而然就能跑得很快了。」

我盯著卡巴羅，試著複製他的腳步節奏、他直挺的背和帶動雙腳的膝蓋，我邊跑邊仔細觀察，甚至沒注意到我們已經離開了松樹林。

「哇！」我驚呼一聲。這時太陽已經從山頂升起，望著遠處台地聳立的巨石，看起來像復活島石像的背面，背景的高山則是一片白雪皚皚。

「我們跑了多遠啊？」我已經喘不過氣但心情很亢奮。

「大概 4 英里吧。」我不敢置信。

「真的嗎？感覺很──『輕鬆』？」

「對啊。」

「我就說吧。」卡巴羅得意洋洋地說。

譯註

1. 原文中作者使用片語「in their shoes」（穿著讀者們的鞋子）來表示站在讀者的立場寫作，然後用「even when I'm not wearing any」（實際上我光腳〔跑步〕）做為雙關語。此處翻譯改以中文語境中的「站 vs. 坐」來呈現。

2. Dipsea 是美國北加州一條越野跑賽道，以舉辦「迪普西越野賽」（Dipsea Race）聞名。

3. 《天生就會跑》中也使用另外一種名稱「塔拉烏馬拉」（Tarahumara）來稱呼此民族。

4. 位於賓州南方蘭卡斯特郡的一個地區。

找出不平衡

2

那我們要怎麼重拾「自由奔跑」的感覺呢？好消息是，其實沒那麼難，比你想像的更快達成也更有趣。你不用完全仿效卡巴羅的生活方式，每天在峽谷深處吃著豆子和奇亞籽，也不用穿著涼鞋跑步。不過你還是得知道大方向是什麼，就像在拼拼圖時，你得先知道最後會拼出什麼圖案，如果你不知道目標在哪，最好起步就謹慎一點。

「如果國內有 2800 萬名跑者，大概有 2700 多萬名是沒什麼在練的。」艾瑞克說。我們習慣去依賴自身的優勢，而忽略了我們的弱點。身上某些部位越來越強壯，更多壓力則被轉移到其他越來越弱的部位。

直到這一刻……

「快過來！快！」艾瑞克命令著。

我趕到艾瑞克和查理絲‧帕普奇（Challis Popkey）身旁，艾瑞克正在牆邊指導查理絲做簡易的深蹲。

2021 年 11 月的某個星期五下午，我和艾瑞克在加州寇爾頓（Colton）召集了 12 位跑者，包括一隻叫做「蝙蝠俠」（Batman）的獵犬，原本打算拍一組動作照片，但我們決定臨時起意，做點改變。

查理絲是所有人心中完美的運動員形象，她正值生理狀態高峰的 29 歲，不僅強壯跑得又很快。她最近參加 100 公里的山路越野賽，以超級誇張的 29 分差距打敗第二名的男子選手，贏得冠軍。天賦異稟的查理絲對人態度很友善，也是位很棒的教練。

此時她的手正放在自己的臀部上。

「感覺到了嗎？」艾瑞克說。

查理絲把手移開。「有那麼糟嗎？」

艾瑞克繼續訓練她深蹲。查理絲用她的右手頂著牆，然後提起右腳離開地面，同時彎曲左腳做深蹲動作，她的左手不斷地去支撐自己的臀部。

「哇！」我說。

「我做錯了嗎？」查理絲說。

「對啊，」艾瑞克說，「但那沒關係，感覺不太對勁表示妳做得沒錯。」

有趣的是，其實這些動作並不難學，但卻能神奇地點出問題。就拿查理絲當例子，你第一眼看她，大概認為她可以輕輕鬆鬆地一口氣做 50 下靠牆深蹲吧，她的確可以，只不過她的手一直會去支撐她的臀部。幾分鐘之前，艾曼和珍娜在他們兩人旁邊，一面聊天一面做著側抬腿，另一位跑者以馬內利（Emmanuel）則在這兩人的右邊，

馬可仕‧瑞提（Marcus Rentie）和小獵犬蝙蝠俠。

滿臉痛苦，表情扭曲。我看過以馬內利雙腳的彈跳力，幾乎可以跳過一台車。這三位跑者都是精瘦的運動員身材，做著同樣的動作，卻有天壤之別的反應。

「你感覺到不太對勁的地方，就是你需要加強的地方。」艾瑞克說。

在場的每位跑者都有些地方需要加強，而我們之前可能根本不知道這些地方。唯一例外的可能是旁邊這隻獵犬「蝙蝠俠」，牠自在奔跑的模樣，只會出現在我們的美夢中。

艾瑞克對於這樣的現象一點也不意外。這麼多年下來，他看過各種年齡層和各種技術水準的運動員。「身體的肌力是很有趣的，」他說，「比較強壯的部位在動力鏈中扮演補償的角色，幫助肌力較弱的部位。但是當你較弱的部位感受到壓力的那一刻，整條動力鏈就瓦解了。」

瑪格・華特斯（Margot Watters）相信自己的身體動力鏈堅不可摧。她過去在大學時期，是頂尖的草地曲棍球和袋棍球球員，在結婚之後她放下了運動生涯，成為五寶媽。她在生下老大時，過著幸福的生活。不過一夕之間，她陷入了產後憂鬱，嚴重到醫師必須立刻治療。不過瑪格決定試試看其他方法。

「砰！於是我開始跑步，跑步救了我一命。」她說。瑪格為了目標很拚命，她用跑步做公益，像是幫朋友的兒子募集治療白血病的醫藥費。很快地，她從開始嘗試跑步的素人，搖身一變成為有強烈目標的鐵人三項選手。即便四十多歲了，瑪格還是一名跑得超快的路跑選手，她在 10 公里賽事中稱霸，也能站上奧運的鐵人三項的凸台。可是她不過就試過幾次的越野路跑，阿基里斯腱就痛得受不了了，即使看了 2 年的醫生，還是持續惡化著。

艾瑞克注意到了醫師漏掉的地方。

「艾瑞克要我站在半圓平衡球（Bosu ball）上，他發現我有平衡的問題。」瑪格跟我說，「他說：『我不認為是阿基里斯腱的問題，我認為是妳的動力鏈下半部出問題。』」這次透過核磁共振檢查，醫師發現瑪格的腳踝韌帶撕裂，那是 20 年前打草地曲棍球的舊傷。

醫師透過開刀手術把韌帶接上後，剩下就是由艾瑞克來操刀了。

「術後頭兩個月，她的腳踝還被石膏保護著，這是一個從零開始的機會。」艾瑞克說。因為瑪格總是衝勁十足，艾瑞克把握住這次復健的機會，實施完整的「自由奔跑」重開機課程。課程中沒有長距離訓練，而是專注在小細節的微調。從開始培養耐心和小地方微調，就像在電影《小子難纏》（The Karate Kid）裡長者訓練主角刷油漆一樣。

「在認識艾瑞克之前，我是那種典型穿著護膝和厚底鞋的跑者。」瑪格說，「但我把之前那套拋在腦後了，我現在完全相信艾瑞克的改造計畫。」

艾瑞克說服了瑪格，要她忘掉以前跑得多快，只要記得跑步的好感覺。

她著地時有多輕盈？

她身體的平衡感如何？

她的節奏韻律感如何？

如果以刷油漆比喻的話，現在不用滾筒了，改用刷子一筆一筆刷，甚至應該說跑步更像書法，每一勾一勒都要求精準。

好吧，這樣的改造得建立在你不怕打掉重練，而且還可能被電爆的信心上。可是瑪格以前可是常勝軍，對於她來說，要接受艾瑞克「像藝術家般」的精雕細琢，跑姿是變好看了，可是有可能跑不出成績，這樣的情況其實是很不好受。不過這情況沒有發生，在脫掉石膏後的 6 個月之內，瑪格就代表美國參加世界鐵人三項系列賽。

「我們專注在她身體的各種不平衡，好加強她真正的肌力和提升效率。」艾瑞克說，「她所有沉睡的肌肉都甦醒了。」

如同瑪格的心智，煥然一新。

瑪格搖搖晃晃的腳踝令她豁然開朗，就像我在銅峽谷被啟發一樣。之前幾年，她日復一日的練習，卻不知道問題到底在哪裡，她以為自己不夠努力，但沉痾其實就在她有點搖晃的步伐中。

「我一直都在平坦的路面跑步，所以沒有注意到這個問題。」瑪格說。「但一旦我開始越野跑，我的腳踝就很不穩定。」

「她完全沒有橫向平衡可言。」艾瑞克同意瑪格的說法。「她就像用一條腿在跑步。」

至今距離瑪格的「自由奔跑」重新設定的計畫已經 10 年了，滄海桑田。這段期間，

> **你覺得好像永遠達不到你理想的身形和速度嗎？—— 一定是有東西失衡了。**

她有了孫子，又完成了 7 次鐵人三項比賽和 2 次世界鐵人三項系列賽，還征服了以往他曾經失利的越野賽道，成為越野跑界的女皇。她在超過 200 英里的超級馬拉松賽事中還擊敗了年紀只有她一半的選手。

你再認真再讀一次：瑪格的腳踝完全康復，還橫掃了超過連續 7 場的馬拉松賽事。

「沒有什麼比強健的雙腿更重要的了。」瑪格說。

我想說的是，不平衡的不一定是你的腳踝、雙腿或是你的身體。

不平衡的部位也不一定會造成受傷，或是說還沒到而已，但也差不多了。它會讓你進入到輕度沮喪和惱人疼痛的循環裡，阻礙你達成身體健康和目標成績。早上起來覺得自己的腳痛，或是背痛，又或是跑起來舉步維艱，好像永遠達不到你理想的身形和速度嗎？

一定有東西失衡了。

你其實很難察覺到不平衡，不平衡的原因可能存在各種地方。例如你的鞋子可能是元凶，也可能是你的飲食、嬰兒推車、遛狗跑步的方式，或是跟跑友一起練習的時候，都有可能。這些不平衡都是罪魁禍首，如果你不知道病因，你根本找不到，所以非常棘手。

《天生就會跑 2》原班卡司陣容：
第三排：路易斯‧艾斯克巴（Luis Escobar）。
中間排，由左到右：艾瑞克‧歐頓（Eric Orton），
查克‧佛萊德里（Zach Friedley），
卡瑪‧朴（Karma Park），
珍娜‧克勞佛德（Jenna Crawford），
克里斯多福‧麥杜格（Christopher McDougall），
馬可仕‧瑞提（Marcus Rentie）。
第一排，由左到右：
派翠克‧史威尼（Patrick Sweeney），
阿蕾漢卓‧山多士（Alejandra Santos），
艾曼‧威克森（Iman Wilkerson），
查理絲‧帕普奇（Challis Popkey），
以馬內利‧魯內斯（Emmanuel Runes）。
躺在地上的那隻：小獵犬蝙蝠俠。

好在這些「不平衡」都會留下一條重要的線索。卡巴羅把這點融會貫通，就在我們初次共跑的時候，深深地烙印在我的腦海裡：你跑起來應該要輕鬆、輕盈、順暢，而且能夠加快的話，要夠快。

如果辦不到的話，你得從內部找出問題。

這次艾瑞克不用特別去找下一個案例，它就自己上門了。

奇怪的是，我和艾瑞克並不是因為這 12 位跑者面臨到問題，才把他們聚集在寇爾頓

66 在炎熱的夏天,如果你能跑上 6 英里的話,你
就是動物王國裡的致命武器了。
99

的公園。我們找他們來，是因為想組成一個真正多元的團體，有各種不同的身材和成長背景，結果我們不只是召集了一群跑者，也聚集了一堆案例。

「你看喔。」艾瑞克揮手示意我過去。

他站在珍娜・克勞佛德（Jenna Crawford）身旁。珍娜是一位 30 歲的馬拉松跑者，住在偏遠地方，一年的跑量超過 2000 英里。珍娜非常精瘦，她擔任過 Nike、New Balance 和 Asics 的模特兒。她也跑得很快，在我們聚會後不到 2 個月，她還贏得玫瑰盃（Rose Bowl）的半程馬拉松比賽冠軍。

艾瑞克提醒我：「她或許是這群人中實力最堅強的。著地動作很棒、雙腿的延伸也很好，雙手擺臂很放鬆。方方面面都到位，從她過去的成績表現可以看出來，她在越長距離的比賽中，成績越好。」

但當珍娜試著跟查爾絲一樣做靠牆深蹲時，她的左臀肌開始像攪拌器一樣晃動。「這不是肌力強度的問題，」艾瑞克解釋，「這是神經肌肉（neuromuscular）的問題，大腦和身體沒有連上線。珍娜有足夠的力量，但是還沒有被開啟。臀部的抽動其實是個好現象，表示那裡的肌肉纖維開始活動了。」

艾瑞克持續地幫助團體中的每一個人，一對一的指導。我們觀察每位跑者，然後發現他們的極限，沒有例外。連適應運動員查克・佛萊德里（Zach Friedley）也是，因為裝上義肢得更注重身體平衡和跑姿，他也不例外；跟拉拉穆里人一樣，卡瑪・朴

（Karma Park）連續穿涼鞋跑步 8 年，她一樣會碰到問題；又或是前直排輪好手馬可仕・瑞提（Marcus Rentie），他現在帶著家裡的狗狗穿梭在林間跑步；他們 12 位通通逃不出「不平衡」的魔爪。

「那蝙蝠俠呢？」我問，「毛小孩也是嗎？」

「蝙蝠俠沒問題。」艾瑞克羨慕地說，「她用狗掌完美落地，讓她自然地使用能量和身體的平衡系統。她的前後腿跑動時非常和諧，身體各部位連結成一……」

「等等，」我打斷他，「她怎麼可能是這裡唯一沒有『不平衡』問題的生物？」

對了，她是女生，而且我很認真地想知道問題的答案。

當然，她是一隻狗，但人類不也是一種生物嗎？如果我們都有生物力學上的問題，為什麼狗沒有？在演化過程，我們不只是跟狗一起跑，我們還因此跑得更快。人類是地球上最屬害的長跑生物，我們有其他哺乳類動物都沒有的兩項特點，狗沒有、馬沒有，獵豹也沒有：我們沒有毛皮，而且我們會流汗。

和其他動物用呼吸來散熱不一樣，我們透過流汗來調節體溫。人類不會用喘氣來散熱，幫助我們在炎熱的天氣下還可以呼吸和保持體溫穩定。如果蝙蝠俠和馬可仕在 8 月下午一起跑步，她要嘛就是停下來吐氣散熱，要嘛就是發出低沉的聲音要求休息。

當我想知道為什麼人類是例外時，我並沒有要求一個深奧的答案，只要一個簡單的

> **你跑起來應該要輕鬆、輕盈、順暢，而且能夠加快的話，要夠快。**

解釋。以基因上來說，我們跟住在野外的祖先很相近，也跟其他野生犬相似。我們不只遺傳跑者祖先的雙腿，而且是雙無敵的腿。

記得傳說中那些可以追上獵物的英雄嗎？他們其實一點也不高。這樣的故事幾乎在每個文化裡有出現過，從美洲人到挪威人，從東非坦尚尼亞的哈扎人（Hadza）到希臘神祇，還是澳洲原住民的「夢時代」

（the Dreamtime）都有類似的內容，他們並不是巧合，這是共通的歷史。

不僅僅單一的獵人而已，而是整個部落都是如此，不管男女老少，帶上狩獵工具，各憑本事去捉捕獵物。好勝的年輕族人跑在前面，長輩研究獵物足跡，最強壯的成年人則殿後，追著獵物穿過大草原，直到獵物受不了高溫而倒下。

過程其實花不了多少時間。

非洲西南部的喀拉哈里布西人（Kalahari Bushmen）現在還保持狩獵習慣。在暖和的早晨，他們會在獵物聚集的地方晃來晃去，保持近距離，並跟上牠們的步伐，在跑了10公里或15公里左右，大羚羊們開始慢了下來，身體搖搖晃晃，最終倒成一堆。簡單來說，如果你能在炎熱的夏天跑上6英里的話，你就是動物王國裡的致命殺手了。

「所以說我們天生就會跑嘛，那為什麼我們跑這麼爛？」我好奇地問。

丹尼斯‧布蘭勃博士（Dr Dennis Bramble）是最有資格回答這個問題的人。布蘭勃博士是猶他大學的生物學家，他和年紀較輕的同事大衛‧卡里爾博士發現人類演化進程中，跑步最重要的元素。在人類發展投射武器之前，我們之所以能夠存活，就是靠著長跑追逐獵物，直到獵物因為過熱而死。

那又是什麼原因走歪了呢？

「你和我都知道跑步帶給我們爽感，因為這是我們古老的生存習慣。」布蘭勃博士回答我的問題。但因為我們喪失的這個習慣，而且動物本能告訴你好逸惡勞，能休息就要休息。這聽起來有點諷刺，人類的耐力帶給了大腦所需要的營養，然後大腦創造出超凡的科技，然後這些科技產物卻逐漸侵蝕我們的耐力。

「我們的文化把那些極端的運動視為一種瘋狂。」布蘭勃博士說，「因為大腦告訴我們：『如果你不需要跑那麼快的話，幹嘛要加快呢？』」

相反地，蝙蝠俠的大腦只會要牠加快。亞伯拉罕‧林肯（Abraham Lincoln）曾說過，如果他有6小時的時間來砍倒一棵樹，他會花4小時先磨利他的斧頭——而狗的行為正好是活生生的反例。人類的大腦總是在找尋省力的捷徑，這是人類的出廠設定；而狗呢？牠們會先尿尿，然後就立刻開始用力砍樹。

蝙蝠俠從來不用說服自己晚上少滑手機，早點去睡覺，或是站在一旁看同伴在下午時光玩得不亦樂乎。如果你想要四肢舒服一點，穿上減震的鞋子，她大概會把鞋子當午餐吃掉。蝙蝠俠的字典裡沒有「輕鬆一點吧」和「今天休息吧」這種例句。當你丟出一根棍子，她才不會跟你那邊五四三，二話不說就去追。

和人類不同，狗的身體本能跑得比大腦快。下次你看到一隻狗飛奔穿越公園的時候，要記得：「你對於跑步所了解的，是一萬年前人類就知道的。這一萬年人類的進展比你想得要少很多。」

自由奔跑前的暖身。

10 分鐘內重新設定

3

「自由奔跑」課程中，最輕鬆的部分也是最令人擔心的：改變。

人類就像被制約一樣，聽到改變習慣就覺得痛苦和厭煩，就像要你拆下全身的石膏後，重新開始學走路。但如果跑步很難、很複雜，人類早就滅絕了。我們要奔跑才能生存下去。從嬰兒學步開始，這一定是人類與生俱來，從而長大後仍可倚靠的技能。奔跑應該是有趣而且自在的，就像魚回到水裡一樣。

所以你如果覺得很難，別擔心。跟著「白馬」卡巴羅的腳步，重新改造你的跑步方式，你只需要聚焦以下 3 點：

- **丟掉那些厚底跑鞋。**
- **加快你的節奏。**
- **找一個朋友陪跑。**

看起來有蹊蹺？應該沒那麼簡單吧？那就來試試看吧，來挑戰「自由奔跑」課表到底有多簡單。首先，把行事曆都清空，因為你需要投資充裕的時間，差不多……10 分鐘吧。

接下來：

1. **準備好 B-52s 樂團的〈Rock Lobster〉。**
2. **站著，背對牆，大約一步的距離。**
3. **按下播放鍵。**
4. **跟著節奏奔跑。**

沒了，這就是你學習完美跑姿所需要的步驟。

因為靠近牆面，你無法用腳跟著地或是過度跨步的跑姿；因為要保持與牆面一定距離，你無法完全放鬆或是分心。再來要感謝 B-52s，節奏讓你不用分心去注意步頻。

身體的姿勢、腳著地的方式、節奏，這 3 點很重要，是完美跑姿的 3 個要素，很容易理解，也不容易搞錯。

要完全駕馭並不容易，但這正是有趣的地方。當你出門跑步時，興奮感油然而生，就是那種好感覺。如果在籃球場上跳投進球輕而易舉，或是網球場上反拍擊球易如反掌的話，籃球場和網球場應該空空如也，沒有人在練習吧。只有我們持續不斷精進，才能克服夢想之路上的重重挑戰，把現實與理想的距離拉近。

一言以蔽之，就是熟能生巧。學習本身一點都不難。

即便過了十多年後的現在，我對於艾瑞

克很快地改善我的跑步速度、耐力和信心的這件事，還是感到非常震驚。第一次體驗「自由奔跑」訓練的頭幾週，艾瑞克就要我跑 2 小時，遠遠超過我當時所認知的能力，我覺得跟登陸火星一樣困難。而就在那幾個月之後，我和卡巴羅，還有一群在後座的瘋狂跑者們，一起在前往銅峽谷的巴士上，迎接一場永生難忘的越野賽事。

艾瑞克這一套之所以會如此成功，而且幾乎人人都能上手，我認為有兩點原因：

第一是**憑感覺**：艾瑞克不會教你該做什麼動作，他教你應該是什麼樣的感覺。如同 10 分鐘的〈Rock Lobster〉跑姿練習一樣，簡潔而美好。你連拍影片看自己的動作都不需要，也不用看 YouTube 上大家怎麼做的，更不用健身的記錄軟體。只要聽 5 分鐘新世紀的另類搖滾樂，你馬上就會知道好跑姿與壞跑姿的差別了。

就像其他「自由奔跑」課程裡的其他單元一樣，從飲食習慣到統合的健身知識，會教導你聆聽身體的聲音。你會學到如何正確地飲食和維持良好的體能，還有在不用心率帶與軟體的輔助下，找到適合你的步頻。你會成為你身體真正的操控者，所以你如果感覺到哪裡不平衡，可以自己校正回來，並且避免未來再發生。

第二是**7 步成師**：這就像 7 根古老的柱子，支撐著人類的運動能力。

跑步本來是人類的日常工作，結果現在要停下手邊工作來跑步。從生活中不可或缺的一部分，退化成 1 小時的休閒活動。當然，這很合理啊，因為我們不用每天追逐食物了——只不過，沒人通知你的身體這件事。

你的身體深處還以為你身在非洲大草原上，一邊追逐著你的晚餐，一邊照顧著同跑的孩子們有沒有跟上，直到獵物消失在地平線上。你的身體還停留在那個狀態，它需要跑動，不管是去追求對象、水源，或是在黑夜降臨前，幫家人找到躲避危險的藏身處。

正因為跑步跟你的生死息息相關，你不會只仰賴一部引擎，你還必須有幾個電池，可以確保你隨時可以上路。這些電池包含了你的飲食、你的朋友和你喜愛的人事物，這些都是人類一直以來的能量來源。

- 好的跑姿＝腿部的回彈力好＝獲得能量
- 共跑＝一起累積跑量＝獲得能量
- 合適的跑鞋＝穩定的著地＝獲得能量
- 體能和肌力＝肌肉均衡受壓（reliable leg compression）＝獲得能量

7 步成師

第 1 步｜飲食：餐桌上的訓練

　　跑步跟不上暴飲暴食的步伐，不管你的跑量多少都沒用，你還是會持續囤積脂肪，血糖爆表。所以 7 步成師的第 1 步就是飲食策略，不是要你餓肚子來減重，而是戒掉嘴饞，把攝取的熱量盡最大可能轉成為能量。

第 2 步｜體能：自己的肌肉自己救

　　我們的祖先不只是靠著雙腳存活了下來，還有絕佳的反省能力，能從失敗中學習。就像前面提到的查理絲和珍娜藉由深蹲來喚醒臀部的肌肉一樣，你將學習如何評估結構性的劣勢，然後用簡易的方式強化它，例如你早上在廚房煮咖啡時，順便靠牆深蹲，就這麼簡單。

第 3 步｜跑姿：輕鬆的藝術

　　太多跑者有一個錯誤的觀念，認為避震跑鞋可能影響他們的跑姿，換上極簡的跑鞋就能解決問題。但換跑鞋一點用也沒有，只會帶來小腿扭傷和腳跟疼痛而已。

　　真正能發揮效果的是一組 4 式的超簡易訓練，只要你能實際運用在跑步上，你會感覺到積年累月的錯誤跑姿從此消失無蹤。

第 4 步｜專注：更快、更遠、更持久

　　要說出比「我們每個人都是獨一無二的實驗品」更爛的建議，我想沒有什麼比「傾聽你的身體」更爛了。你和身體又不是說同一種語言，你們彼此根本聽不懂對方在說什麼。你的生物直覺還停留在食物匱乏的古早時期，生理能量無論如何都要保存下來，當時也沒有在酷寒中存活下來的問題，因為你唯一的下場就是成為化石。除非面臨到生死存亡關鍵，人類遺留下來的生物本能就是靜止不動。

　　同樣的，我們也失去了掌握用力與放鬆、加速和放慢的技能。把使用人體當作開車好了，車子有各種排檔，我們偷懶只用了中間那段，而且還把排氣管燒壞了。好在古羅馬軍隊發明了一種簡單的行軍技巧，好讓我們在不同情境下可以找到理想的配速。你可以透過這個方式，建立起「自由奔跑」版本的強大引擎，來面對各種挑戰。

第 5 步｜跑鞋：先講求不傷身體

跑鞋不能幫助你改善跑姿，而且還可能產生反效果。鞋底的緩衝物越多，你越難感受到地面。避震系統就像是一種麻醉藥，讓你的雙腳失去感覺，而那種感覺可以幫助你成為更好、更健康的跑者。想像一下，你的手掌被麻醉了，然後用搥子敲打手掌。當你在跑步時，跑鞋那軟軟的避震系統和雙腳的關係就是這種感覺。你也許會想到用「步態分析」（gait analysis）做為買跑鞋的參考，如果是這樣，你得三思而後行了。研究的結果顯示，跑者依照步態分析來購買跑鞋，受傷的風險是沒有這樣做的 5 倍。

第 6 步｜樂趣：如果你覺得好像在工作，表示你做過頭了

我曾經訪問過我的朋友「赤腳泰德」，他在《天生就會跑》裡出現過。我問他為什麼可以每週跑量只有 25 英里，卻能完成一場百英里的越野跑賽事？他回答：「因為我對有多痛苦不感興趣，我追求的是極致的快樂。」

以科學的角度來說，赤腳泰迪的「快樂學」是完全合理的。人類的演化並不是建立在痛苦上的，而是喜悅。因為痛苦並沒有讓你學到一課，反而限制了你。過往的痛苦讓你的目光變得狹隘、失去興趣、畫

地自限，甚至犯更多的錯誤。因為痛苦，你開始沮喪，你的大腦而需要更多氧氣，你的壓力指數爆表，全身的細胞都在警告你可能會搞砸，你是想辦法避免痛苦，而不是去享受過程。

另一方面來說，快樂則是幫助了自我覺察、提升自信、釋放壓力和增強能力。當你感受到愉悅，你就會全神貫注。為什麼呢？因為你的身體接受了這樣的感覺，而且渴望更多。你的心情變好，呼吸順暢，你的視野和敏捷程度提升到最佳狀態，腦內啡噴發，希望你繼續維持，進入到心流（flow）的狀態。

第 7 步 | 家庭：一起努力，一起成長

因為群居生活，我們共同經歷過生與死，人類進化成會鼓勵、幫助他人。一個人能有越多能力和越多思考的角度，就越有機會存活。讓你進步的最佳方式之一，正是分享自己跑步經驗，因為人類生為社交動物，我們很多肉眼看不見的生理運作機制是會同步的，像是共跑的跑友不用說一句話，也能幫助你的心率穩定，讓你的步頻變快，甚至改善你的跑姿。

最後，再多加一項：

受傷：如何自我修復

身體幾乎沒有部位不能修復的，至少都能修復到可以運作的程度。如果你有足底

> **找到適合自己的步頻，成為身體真正的操控者。**

筋膜炎、筋膜發炎、肌腱炎還是髂脛束（IT band）疼痛，或是惱人的髖屈肌不適，你會在此學習強化特定肌群，解決問題，恢復習慣的運動模式。

把「7 步成師」想成均衡飲食，而不是吃到飽餐廳。每一步都息息相關，不能只挑其中幾樣來實作，一整套才能解決你的問題，校正你的不平衡和強化你的肌力。這本書的最後還有進階到 90 天的「自由奔跑」課表給你參考。

在下一章，你會學到「7 步成師」的課表，還有為何他們每一步彼此相關。你也會學到新的技能，像是「運動零食」[5] 這種小份量的練習、2 週測試和百抬腿訓練。你還會學到心率區間測量小撇步（有 2000 年歷史的老方法），以及挑選跑鞋的最佳方式（先暴雷：跟「步態分析」和「穩定度」無關）。

你可以隨時練習這些課表，輕鬆地去做，為 90 天的「自由奔跑」課表暖身。當你完成課表，那些舊習慣會被消滅，然後新的好習慣會牢牢地跟著你。完成課表後，你接下來的人生可以隨時接受各種賽事訓練，想跑就跑，想跑多遠就跑多遠。

譯註
5. 第 5 章會有深入的討論。

3.1 卡巴羅的天大祕密

「**我**感受到怒火中燒。我在臉上漆上血紅色的手掌，這是我的宣言。」人稱「三白馬」的喬丹・瑪莉・丹尼爾（Jordan Marie Brings Three White Horses Daniel）下定決心要為理念發聲。

到目前為止，關於喬丹的職業路跑生涯故事都用成績來書寫。而現在她要告訴大家她為何而跑。

她的臉龐塗上血紅手印，一邊的臉頰是大拇指，另外一邊有 4 根手指，而掌心蓋在嘴唇上，以一種驚悚的手法來呈現許多被噤聲最後窒息而死的美洲原住民女性。

2019 年，喬丹和一群菁英跑者在波士頓馬拉松的起跑線上等待著，她身上別著號碼布，雙眼直視前方。一旁觀賽的民眾開始指著她大喊：「嘿，手印很讚喔！」她心想這人有夠冷血，居然會把血紅色的手印當作一種笑話來看待？

「但原住民朋友們一看到我，他們都懂。」喬丹說，「他們知道我們是一國的。」

對於美國原住民女性來說，死於謀殺的情況很普遍。原住民女性死於暴力的人數是其他美洲族群的 10 倍，範圍之大，連國際特赦組織都展開調查。即便有將近 6000 名原住民女性失蹤，只有一百出頭的人數有被記錄在美國司法部的資料庫中。有誰能為她們發聲呢？為什麼失蹤的年輕金髮女子能夠引起全國憤慨，而聯邦調查局看起

來完全不在乎身陷危險的原住民女性呢？喬丹為此激動不已。

在喬丹小時候，她的家鄉南達科塔州部落族人在附近搜尋失蹤的年輕女子時，她的母親也加入了搜尋行列，後來年輕女子的屍體就在部落附近被發現，離她常和祖父共跑的路徑上不遠。喬丹感受到了生命威脅，心想她自己也可能是受害者。後來，喬丹在兩次感情關係中成為家暴的受害者。當她在念大學時，她已經有十多位親友死於非命。

喬丹算相對幸運的了。雙腳給她了其他

女性沒有的機會。喬丹出身自南達科州的跑者世家，她的祖父是奧運傳奇比利‧米爾斯（Billy Mills）的勁敵兼好友，米爾斯也成為她的導師；她的母親在懷有喬丹之前，曾是 1988 年奧運代表隊的短跑選手，而喬丹自己在緬因大學的徑賽史上創下豐功偉業，後來成為 New Balance 和 Altra 所贊助的職業跑者。

「我一直把跑步視為一種超能力。」她說。但在還沒上路前，這項超能力完全無用武之地。它需要被運用、引導，並且發揮在驅動改變的引擎上。喬丹在賽場上的勝績、獎牌還有贊助合約提升了她的影響力，是時候把超能力轉換成影響力了。

在波士頓馬拉松鳴槍之前，喬丹在腿上寫下了 4 個英文字母 MMNW，代表了「失蹤與被謀殺的原住民女性」（Missing and Murdered Native Women）。每跑 1 英里，就為一位受害者祈禱。很快很輕鬆地，她已經為 26 位女性祈禱。「我希望這次賽事能為這些同胞姊妹而跑。」喬丹說，「我希望藉由這個平台，讓她們被看見、被聽見，而且被記住。」

喬丹的禱告遍布了麻州的大街小巷，她像是音速小子，像是一個電導體，把所有累積能量在這一刻釋放出來。自從那次波馬後，她成為原住民的倡議者，她開始感受到自己的使命感和意識到急迫性，這是前所未有的感覺。

「一直以來我都是透過跑步來完成自己的競技目標。因為跑步，大家認識我，所以

> **他開始把跑步視作一種力量，不再是興趣或是運動，而是一種真實的力量。**

我也只想專注在跑步上。但當我了解自己無法對於這些議題置之不理，我看到很多團體透過跑步來宣揚理念，我覺得很神奇。」她說。

米卡‧真實（Micah True）也經歷過他自己的重生之路，後來他成為了「白馬」卡巴羅。

在巔峰時期，他是令人聞風喪膽的拳擊手，也是一名超馬跑者，只不過他不是靠技巧取勝的，他完全靠蠻力。他參加一次又一次的大小賽事，最後終於身體不堪負荷而受傷。在銅峽谷那段時間，他完全改頭換面。那幾年間，他把自己沉浸在「如何跑步」的思考中。他學會像山羊一樣，啪啪啪地輕盈跑過懸崖邊。他看著拉拉穆里人跑步邊學習，把原本習慣的大步幅跑步，改成 2 倍速的步頻。

在 50 歲時，許多跑者開始抱怨膝蓋痠和腰痛，將要永遠放棄跑步的年紀，卡巴羅才正要開始。卡巴羅在銅峽谷超馬賽時，越野跑界傳奇路易斯‧艾斯克巴（Luis Escobar）為卡巴羅拍下一張舉世聞名的照片，後來路易斯和他成為好朋友。路易斯曾告訴我：「他跑得實在有夠遠。如果他想跑，還可以再跑 2 倍以上的距離。」

「白馬」卡巴羅舒服地過著獨行俠生活，

他住的石頭小屋在巴托畢拉斯河（Batopilas
river）旁邊，白天就在平坦的台地上跑步，
傍晚坐在小屋邊看日落，日復一日，幾乎
每天都這樣，只要他不生氣的話。

並不是單一的謀殺事件惹怒了他，在毒
幫殺害他親密友人的兒子之前，他就已經
非常不爽了。當時他看到自己的好朋友瑟
爾維農・庫比薩爾（Silvino Cubesare）被毒
幫誘惑而惹上麻煩，他還看到有著長久而
優美的拉拉穆里跑者文化，一點一點被峽
谷外面的世界摧毀。

他開始把跑步視作一種力量，不再是興

趣或是運動，而是一種真實的力量。他很幸
運能夠和拉拉穆里跑者朋友交流，從跑者
身上得到改變一生的力量。現在輪到他了，
如果米卡把這種力量保留起來，沒有人會
知道他的故事。於是他不只研究如何跑步、
人生的意義，他建立了一個比想像中還要
厲害的東西。

這是米卡・真實的傳奇故事。他在銅峽谷
舉辦的超級馬拉松不只一場比賽而已，
更是一場嘉年華。提醒著大家，從人類有
歷史記載開始，跑步所帶來的意義遠不止
是我們自身而已。

只要掌握良好的跑姿，即使在岩石小徑上，穿著涼鞋也不成問題。

開始跑

4

大多數人學習跑步的方式都本末倒置了。

初學者一開始都很慢，想像當我們越來越好的時候也會變快，但其實是反過來的：首先，我們應該要開發你的速度，然後用這個過程培養肌力和拉長距離的技巧。想要跑得輕鬆，得先跑得快。

這是拉拉穆里人訓練小孩跑步的方式。拉拉穆里人剛開始接觸跑步是透過球賽，做短距離爆發力的衝刺，跑越快越好。玩球的精神在於讓所有孩童都能平等參與，不管是年紀最大還是最小的，跑得最快的還是最慢的。比賽中如果你是追的那一方，跑在最前頭的人正要調頭，球傳往你的方向，突然你變成帶球跑的人，變成你在進攻，而另一方要想辦法追上你。拉拉穆里人在練習時就以「跑更快」當成目標，只要他們能夠跑得快，就能跑得遠。

速度是一個超棒的老師。跑得越快才能逼出好的跑姿。如果你穿著頂級的跑鞋，可是沒有人教你跑步時你該如何著地，或是如何離地，你就是憑感覺照做而已。當今世界上，年輕一輩的跑者在中學時就採用類似拉拉穆里人的方式在訓練，一開始用短距離，隨著年齡增長，逐漸拉長距離。

先追求速度和肌力，再加上耐力。

但多數人沒有經歷過追求速度和肌力的階段。我們到了比較大的年紀才開始跑步，而且通常都是為了同一個原因：我們想要有良好的身材，認為最好的方式可能是做一件有難度的事情，像是半程馬拉松或是越野超馬。我們一開始把重點放在跑的距離，而不是用更好的方式跑步，這也是我們會遇到困難的原因。一開始建立在狹隘的目標上，只顧著堆積跑量，卻沒有學習如何適應各種環境和提升效率。當稍微出現一點不平衡，我們就完了。

90 天的「自由奔跑」重新設定就是為了解決這個問題，先蹲後跳，經過課程之後你會跑得更快、更強壯，而且更不容易受傷。一旦你掌握了技巧，你的餘生都將享受著跑步的樂趣。

每一章後面都有一些執行項目清單，「7步成師」從飲食開始，一路到樂趣與家人。當你熟悉了這些之後，你就已經準備好開始 90 天的「自由奔跑」課表了。

所以要什麼時候開始好呢？取決於你目前的程度在哪。你是菜鳥？老鳥？還是介於之間？以下的指南讓你可以決定你的「第一天」從哪裡出發：

菜鳥

〈90 天課表的準備期：3 ～ 4 週〉

- 這段時間練習跑姿和體能，以及一些「運動零食」（請見第 5 章）。
- 1 週輕鬆跑 3 ～ 4 次。不要跑到筋疲力竭，還有力的時候就可以休息。目標是輕鬆，而且保持穩定就好。
- 當你有自信可以跑「1 英里測試」（第 9.2 章），你就可以開始課表了。

介於菜鳥與老鳥之間

〈90 天課表的準備期：2 ～ 3 週〉

- 如果你有跑步經驗，但是不太穩定，有時候幾週或是幾個月休跑，那你先從每週 3 ～ 4 次跑步開始做準備。
- 當你有自信可以跑「1 英里測試」，你就可以開始課表了。

老鳥

〈90 天課表的準備期：1 週〉

- 如果你持續在跑步訓練，先讓自己休息 1 週，讓身體恢復。
- 用 1 週時間練習跑姿和體能，以及一些「運動零食」。
- 1 週後你就可以開始課表了。

如果你現在是傷兵

- 如果你現在因傷所苦，例如腳跟、阿基里斯腱受傷或是脛骨內側壓力症候群（splint

issue），你可以參考第 15 章治療方式。

- 你應該會感覺到漸漸恢復正常以及活動度，開始感覺變好。

- 如果沒有的話，建議你去看醫生。

- 只要你恢復健康，你可以參考「介於菜鳥與老鳥之間」的程度。

暖身：
只花１分鐘的「運動零食」

5

準備好囉，你的心情接下來會有高低起伏。

要改變跑步的方式不一定很困難，但是要說服你的大腦去改變可能沒那麼容易。我們本能會抗拒新的方式、新的跑步方式，人類從石器時代具備的生存直覺就是抗拒沒試過的東西。舉個例子來說，即便我們知道高空跳水很安全，第一次嘗試總是怕得要死，第二次就輕鬆多了。

跑酷與古老運動（ancestral movement）專家茱莉・安琪（Julie Angel）說：「先學會舒緩緊張的話，你面對改變就會輕鬆許多了。因為身體總會嘗試著自我保護，所以當你完成初體驗的時候，會感覺到特別開心。」

所以把身心準備好，來迎接陌生的「自由奔跑」運動課程吧！先從好玩、小量無負擔又可以轉換心情的「運動零食」開始，找出一些潛在的身體問題。

茱莉和她的夥伴傑洛・塔瓦索利安（Jared Tavasolian）了解阻礙人們學習新的跑步技術的最大障礙，並不是肌力或是協調性，而是信任感。他們因此發明了「運動零食」的概念。與其抗拒，不如試試看分成小部分各個擊破？「當你試著做得越多，你得

到更多安全感，提升了安全感，你就沒那麼焦慮，也會比較樂意去嘗試。」傑洛說。

「在現代的運動思維中，我們常常認為要動就要做逼出極限的大動作，但如果是做一些輕鬆的呢？」茱莉也說，「像是讓你覺得安全的、充滿力量的，還能舒緩緊張情緒的動作呢？」

一次偶然的機會，在倫敦郊區參與全女性跑酷活動，我變成「運動零食」的超級粉絲。當時我只是在旁邊當觀眾，但是隊長雪莉・達林頓（Shirley Darlington）要大家打招呼：人們圍成一個大圈，用熊爬的方式往中心移動，然後和其他人打招呼，然後再倒退回到原點。這是他們招牌的打招呼方式，我無處可逃。

在一群人中熊爬時還得用單手平衡，其實不容易，也很難避免撞到人。至少我是這樣，還有我周遭的與會者。爬行的過程中，從我的肩膀到阿基里斯腱一下收縮一下放鬆，我開始覺得越來越輕鬆。透過一個滑稽的動作，周遭的陌生人開始變成有共同目標的隊友們。

「１分鐘的運動就能夠改變你當下的感覺、想法還有你的下一步。」茱莉說，「每個人每天都有那１分鐘，卻從沒有想過那

> **試著做得越多，就有更多安全感，就沒有那麼焦慮。**

種釋放的力量，可以舒緩緊張，還可以找回精氣。」

自從那次跑酷聚會後，我每次去跑班或是演講時，都會多少帶他們做一點「運動零食」，效果就如同茱莉和傑洛所預料的，好極了。

茱莉說：「大家以為運動就是生理上的，動動你的肌肉而已，但你的心智、自我意識還有情緒也會波動。很多教練都不會提到這點。運動是一種行動，也是人類存活的必須。就像有些人跑步，就只是不斷地踩踏地面，但其實跑步可以很有趣，同時也可以麻痺你的心智，讓你感覺到憤怒或是焦慮」。

你可以自己嘗試看看「運動零食」，但找個伴一起效果更好，獨樂樂不如眾樂樂嘛。馬上就試試看吧，只需要1分鐘而已，一點也不費力，一天要做幾次都可以，越做越爽，越做越輕鬆。

死蟲式

步驟：

- 身體平躺在地面，膝蓋彎曲，腳放在空中，讓你的脛骨和地面平行（或是在不扭傷的情況下盡可能平行）。
- 把手伸直，延伸過頭。
- 抬起你的頭，讓下巴碰到你的胸部，雙眼視線看著雙腿中間。
- 用鼻子吸氣，感受腹部隆起，下背部貼緊地面。

- 用鼻子吐氣，感受腹部放鬆，維持原來的姿勢。

次數：5 次吸吐。

＊特別注意：下巴要收起來，視線看著雙腿間，舌頭往上頂（像吞嚥的動作），嘴巴閉起來，用鼻子呼吸。注意肚皮隆起與收縮。

目的：身體透過調整呼吸來放鬆，可以當作休息和舒緩緊張。

兩人快腳

步驟：

- 面對你的夥伴，舉起雙手，把你的手掌貼在他的手掌。
- 保持這樣的姿勢，然後帶領的一方去踩對方的腳趾。
- 另一人要閃開，在雙手維持固定姿勢下，盡可能不要被踩到。

- 換邊。

次數： 幾次都可以，開心就好。

＊特別注意： 手不要放開。

目的： 適合團體暖身，用有趣方式提高心律，也透過不同的腳步移動來刺激中樞神經系統。

深蹲：單人或雙人

步驟：

▌單人

- 雙腳與肩同寬，腳趾往正前方。
- 膝蓋彎曲蹲下，越低越好，維持核心用力身體放鬆。
- 初學者可以用椅子的把手，以舒服的方式來做。
- 停頓一下，然後再回到原本的姿勢。

▌雙人

- 兩人面對面，抓住對方的手腕。
- 往後拉，並慢慢蹲下，支撐住對方。
- 停頓幾拍，然後再把對方拉回原本姿勢。

次數：10 ～ 12 次。動作的幅度和控制穩定比速度重要。

＊特別注意：深蹲可以幫助擴展肢體動作的幅度，從脖子到腳底，可以放鬆緊繃的臀部與阿基里斯腱，和放鬆下背部緊繃。

目的：深蹲可以擴大你全身的活動範圍，從你的脖子到腳底，同時放鬆你緊繃的臀部、阿基里斯腱和舒緩下背部。

髖關節活動度訓練

步驟：

▌熱身

- 雙膝彎曲，左腳底頂在右大腿上，右膝彎曲，微微超過 90 度，成為一個封閉的三角形的姿勢（shin box）。身體挺直，眼睛看前方。
- 如果需要，雙手可以放在背後支撐。
- 往右看，雙腳往下貼著地面，然後左膝蓋往右移。
- 重複這個動作，然後換腳。
- 如果覺得比較舒緩了，手不用撐地，再做一個循環。

▌背著地搖擺訓練

- 雙膝彎曲坐姿。
- 左手放在左膝的上方左側邊，右手放在右膝上方右側邊。
- 挺胸坐直。
- 脊椎彎曲，背部蜷縮往後滾，讓肩胛骨碰到地面。
- 滾回坐姿。
- 重複上面滾動姿勢，保持節奏，然後以右臀為定點，雙腳都往左邊，呈現封閉的三角形的姿勢（如同上述熱身坐姿一樣）。
- 換邊。

次數：兩邊各做 5 次。

＊特別注意：背部著地時，嘴巴要閉起來，舌頭往上頂，用鼻子輕輕呼吸。搖晃時，保持脊椎彎曲，順暢且無痛地滾動。

目的：提升脊椎和臀部的活動度。讓臀部可以放鬆，保持柔軟，提升有效活動度，讓我們的肢體活動保持靈活。

熊爬式

步驟：

- 四肢著地，雙手在肩膀下方，膝蓋在臀部下方，頭部舒服姿勢，雙眼往前看，目視 30 ～ 60 公分的距離。
- 雙手平均支撐，腳趾頂地，膝蓋彎曲，離地面一段距離。
- 把重量放在左腳腳趾和右手，往前爬，然後再換右腳和左手。
- 往前繼續順順地爬，保持臀部穩定，不要左右搖晃，左腳右手一組、右腳左手一組，注意用鼻子呼吸。

次數：20 步。

＊特別注意：膝蓋離地面大約 5 ～ 8 公分。臀部要穩定，不要搖晃。可以暫停休息。

目的：

爬行能讓全身用力，訓練上半身和下半身的連結和協調性，也能訓練到股四頭肌。

直腿熊爬式

步驟：

- 四肢著地，雙手在肩膀下方，膝蓋在臀部下方，臀部抬高，雙腳打直。
- 脖子和頭部維持舒服的姿勢，雙眼注視雙手中間。
- 左腳右手一步、右腳左手一步，往前進。
- 往前繼續順順地爬，以手帶腳，手腳同時前進，前進時注意呼吸。

次數：20步（右手移動一次算一步）。

＊特別注意：保持膝蓋放鬆，不要過度用力。可以暫停休息。

目的：直腿熊爬式伸展腿筋和肩膀，放鬆因為久坐而緊繃的肌肉。對於跑者來說，這個動作可以讓動力鏈更為平衡。

三點蟹式

步驟：

- 四肢著地，雙手在肩膀下方，膝蓋在臀部下方（和熊爬式一樣）。
- 手指展開。腳趾縮起來，膝蓋離地 2.5 公分。
- 右手和左腳施力，舉起左手，右膝蓋往前移。
- 右腳撐住地面，左手舉起往後摸到地板，翻過身後，成為「螃蟹」的姿勢，這時你的胸部會朝上。
- 從上面的「螃蟹姿勢」開始，舉起你的右手，指向天空，左手與雙腳保持平衡，臀部縮起來，並穩住你的腹部。
- 盡可能提高臀部，並保持一直線。
- 維持這個姿勢閉氣，然後放下你的手，身體回到一開始的螃蟹姿勢。

次數： 每邊 3 次。

★特別注意： 是用手掌撐地而不是手指。螃蟹姿勢時要縮下巴並挺胸，這樣做就不會錯。可以暫停休息。

目的： 打開你的胸部，並強化你的上背部和肩膀，可以幫助你的呼吸。延展因為久坐而緊繃的髖屈肌群（hip flexor）。

忍者跳

步驟：

- 深蹲，然後往前跳，落地時越輕巧越好。
- 膝蓋要彎得夠，才能讓你落地時保持姿勢，而且輕巧。這方面的精準度要注意。

次數： 不同方向各 5 次。

＊特別注意： 要放鬆，落地時膝蓋保持柔軟，雙手保持平衡，活動度很重要。不要急，有效地訓練最重要。

目的： 喚醒爆發力與整條動力鏈。

Part 2
THE FREE SEVEN
自由奔跑之7步成師：實作篇

在夏威夷的歐哈納（Ohana）越野路上自由奔跑：（左至右）丹妮爾‧金奇（Danielle Kinch）、希耶娜‧阿基墨（Sienna Akimo）、凱瑪納‧拉蒙斯（Kaimana Ramos）、菊池史凱（Sky Kikuchi）和丹尼爾‧葛陶斯基（Daniel Gutowski）。

飲食：餐桌上的訓練

6

「**你**知道世界上最健康的飲食習慣是什麼嗎？」菲爾‧馬佛東（Phil Maffetone）問我。

「地中海式的？」我猜的。

「沒錯。但你知道它的起源嗎？」

「希臘？」

「滿接近的，」他說，「是克里特島（Crete）[6]」

「哇！還真的是……」我邊說話邊思考要怎麼接才能顯得更加聰明，但我被嚇到想不出來。世界上有這麼多地方，這麼剛好克里特島就是我來拜訪菲爾的原因。「哇！」我只能再次讚嘆這個巧合。

就這麼剛好，我拜訪菲爾在亞歷桑納州的家，就在一個以「甲骨文」為名的奧拉克爾（Oracle）[7]小城。甲骨文恰好是古希臘偉大的君王們找來的算命師，和大自然溝通的一種媒介。我沒有刻意強調這冥冥之中有多巧合，我找不到更適合的地點，可以向這位頂著搖滾樂手牛仔帽的鐵人三項比賽冠軍請教他所敬仰的古傳飲食方式。

在超級馬拉松和鐵人三項運動剛萌芽時，菲爾就已經和頂尖運動員合作了，當時大眾這些新興運動項目的需求是一片未知。馬拉松在那時還被稱為「終極耐力挑戰」。

突然之間，人類還能連續參加 4 場高海拔山地馬拉松，或是在跑一場 42.195 公里全程馬拉松之前，還先游泳 3.8 公里和騎 180 公里的自行車[8]。

你我都知道，頂尖的鐵人三項選手以月為單位的訓練不只是像撞牆而已，他們是直接用頭突破，撞得頭破血流。這些選手常常因為壓力性骨折或是韌帶撕裂而崩潰，也常常為了保持狀態和體重而掙扎痛苦著。

你可能會想，人體在這種極端的訓練挑戰下，不會壞掉嗎？攝取能量和維持體重一直是兩大謎團，直到菲爾‧馬佛東發現這兩者其實是同一件事情。他發現，你所吃的東西不只關乎著肌力和體重，也關乎你受傷的風險。

身為採用「馬佛東飲食法」（Maffetone Method）的先驅，我在《天生是英雄》（*Natural Born Heroes*，暫譯）書中提到史都‧米托曼（Stu Mittleman）這位超馬菁英跑者。當史都健康的時候，他有超凡的耐力和速度，可惜的是，他從來沒有健康過。不過他還是照跑不誤，史都在跑完一場 24 小時超級馬拉松比賽結束後，才發現他的腿部骨頭早在一開始就脫臼了，他還是撐完整場。在菲爾和史都第一次碰面時，菲

爾把史都的腳恢復原狀，但是警告他如果
不做任何改變的話，可能會受更嚴重的傷。

史都當然願意聽，只不過問題到底是什
麼？是我的跑步技術嗎？還是我的足弓不
夠強壯？

是糖。

糖？真的假的？

▌改變身體取得能量的方法

菲爾說，不只是糖果和碳酸汽水，義大
利麵、能量棒、鬆餅、披薩、柳橙汁、米飯、
麵包、麥片、穀片、燕麥，所有史都以為的
「跑者的理想飲食選擇」，都算在內。菲
爾認為它們都算醣類。人類本來就具有超
強的耐力，我們的祖先超越其他物種橫跨
地球大陸時，靠的可不是貝果和紅牛能量
飲料。他們只靠一種豐富而且乾淨的燃料：
身體上的脂肪。

「訓練的重點不在於你的腳能跑得多
快，」菲爾說，「而是改變身體取得能量的
方式。你需要燃燒更多脂肪，更少的醣。」
而史都的身體就是一頭消耗醣類、儲存脂
肪的怪物。

史都聽到這裡很納悶。好吧，那告訴我，
飲食又是如何傷害我的腳呢？

菲爾說，想像你的身體是一個熔爐，放
入耐燒的木材，它可以燒得轟轟烈烈而且穩
定，幾個小時沒問題。換成是紙張、淋上汽
油的破布丟進去燒，很快就燒盡，噼噼啪啪
地剩下零星的火光，直到你再投入可燃物。

> ❝你所吃的東西不只關乎著肌力和
> 體重，也關乎你受傷的風險。❞

這就是史都的寫照。菲爾說：「因為你
都餵垃圾給熔爐，如果你想要保持健康，
拿出最好的表現，你要教導身體把脂肪作
為燃料。」

「身體儲存的碳水化合物很有限，而相
較起來，脂肪的供應則是源源不絕。」菲
爾說。碳水化合物以醣的形式存在，它的
量跟脂肪比，大概就是小水窪比上太平洋。
我們的身體在任何時候都儲存大約 16 萬卡
路里的能量，其中 2500 卡路里是醣類，
65000 卡路里是存在肌肉裡的蛋白質，剩下
的近 9 萬卡路里則是存在脂肪中。

「即使是一位體脂率只有 6% 的運動員，
身上的脂肪也足夠他燃燒好幾個小時。」
菲爾繼續說，「當你燃燒越多脂肪，身體
會產生更多能量，碳水化合物提供的能量也
能夠維持比較久。當你教導身體靠燃脂取得
能量，身體燃燒碳水化合物的量也會下降，
同時降低你對於碳水化合物的慾望。」

但毋庸置疑，你的身體喜歡囤積脂肪，
脂肪是生理系統中的一種寶物，留著比燒
掉好。如果身體察覺到有其他燃料可以燒，
它會先燃燒，剩下的轉換成更多脂肪。要
擺脫這樣的醣類燃燒循環，史都要經歷一
段戒斷期：他只能吃肉類、魚、蛋、酪梨、
蔬菜和堅果，豆類、水果、穀類都不行。
豆漿、紅白酒和啤酒也都要拒絕往來。不

菊池史凱和丹妮爾·金奇驗證了每次跑步都可以是「運動零食」。

過純乳製品可以，像是優酪乳、起司，但低脂牛奶就三振出局。

老實說，最後說服史都的並不是菲爾這一套飲食邏輯，而是史都的腳，能幫他的腳止痛才是最大關鍵。史都決定試試看「馬佛東飲食法」。

自從嘗試了菲爾的飲食法後，史都所向披靡，靠著強健的肌力和跑步方式，他到處破紀錄。整個過程看起來像是一種藝術表演，而不是費力的運動。有一位記者這樣形容他的表現：「近乎完美的奔跑。」在 1000 英里比賽中，史都打敗了衛冕冠軍，而且跑出後半 500 英里跑得比還快的成績。不知如何的，隨著年紀增長，史都越來越強壯，在 45 歲左右時，他創下三項美國紀錄，包括 5 天跑了 577 英里的超馬賽，至今他還是這項賽事的紀錄保持者。「無論男女，沒有任何一位美國超馬跑者在全國賽事中，可以像我一樣跑得那麼遠。」他在獲選美國超馬名人堂後，上台致詞時這樣說道。

而且史都還不是菲爾最厲害的學生。在 80 年代，鐵人三項選手馬克・艾倫（Mark Allen）來向菲爾請教，當時他陷入表現不佳和受傷的循環裡。馬克的訓練夥伴當時以為馬克已經不行了。幾個月後，馬克遠遠地甩開他。

「我變成有氧運動機器人了！」馬克誇張地形容他的感受。「我開始能夠燃燒脂肪，而且有效率地利用，我能在一年中保持穩定的訓練節奏，而同樣的節奏我去年就體力透支了。」馬克在 2 年內連續贏得 6

場比賽，其中一次是 37 歲時，一場令人震驚的逆轉勝，那場的成績隔了 20 年才被打破。

「我已經不會有那種『下一場比賽我可能會受傷』的感覺了。」他說，「每次訓練後我都覺得煥然一新，而不是累翻了。」

因為對馬克的逆轉勝印象深刻，鐵人三項的明日之星麥克・皮格（Mike Pigg）也去找了菲爾請教。「我當時覺得很幸運，能和他見上一面。」麥克說。當他開始嘗試「馬佛東飲食法」後，贏了 4 座美國國內的鐵人三項賽事冠軍，而且運動生涯再延續了近 25 年。在更早之前，音樂界的巨星們就知道菲爾這號人物和他所做的事，也開始向他請益。搖滾樂團嗆辣紅椒（The Red Hot Chili Peppers）、歌手詹姆士・泰勒（James Taylor）和強尼・凱許（Johnny Cash）都採用「馬佛東飲食法」，讓他們撐過累死人的專輯錄製階段和巡迴表演。嗆辣紅椒的鼓手「跳蚤」（Flea）在 48 歲時，還在暴風雨中跑出 3 小時 52 分 59 秒的成績。隔年他再度挑戰，跑出快 10 分鐘的成績。

▊ 反抗軍的飲食習慣

「我有個奇怪問題想問，關於一種非常奇特的跑步行為。」我向菲爾請教。

我聽到一個故事，在第二次世界大戰時，有位希臘的牧羊人幫克里特島上的反抗軍傳遞信件，他用跑的穿越樹林，要跑 30 英里才到反抗軍在深山裡的據點，拿到回信之後，再飛奔到目的地，然後再跑回來。而且整趟都是處在挨餓而且隨時可能陣亡的情況下。

而且他還不是唯一一位。我越深入研究反抗軍，就發現越來越多神奇的故事，像是一群男女在黑暗中越過整座山，意外遇到德軍的前哨基地，把他們的槍枝和食物偷走，然後一大袋一大袋地帶走，在黎明前躲進山裡消失無蹤。

「這在生理上根本說不通啊？」我問菲爾。「這些人只是一般民眾，卻有超出常理的耐力，他們幾乎是在山裡越野跑，而且還攸關生死，回程還背了一堆東西。連奧運選手都做不到吧！」

我不是對他們的勇氣或是技術有疑問，而是生理上的能力。這些克里特島的反抗軍不是軍人，只是普通人在德軍入侵後躲進山裡打游擊。他們常常攀爬懸崖峭壁和長途跋涉，只能吃他們偷來的食物，缺乏能量可能致死，如果跟不上隊伍，也可能活不久。

「我相信這是有可能的。」菲爾說。

「怎麼可能？」

「就像這個。」他邊說，手指向他老婆準備好放在桌上的午餐，是一盤切成薄片的一分熟牛排，旁邊搭配生菜、番茄、小黃瓜和自家生產的羊乳酪做成的沙拉，加上橄欖油和新鮮香料葉。

好，這盤是比核桃、羊肉乾、無花果乾和克里特游擊隊救命軍糧好得多，但是追根究柢，這些元素跟人類一直以來存活必需品是相同的，或至少來說，是人類進入農耕時期、現代化耕作，取代傳統營養來源之後，這兩種組合是差不多的。

從南邊的非洲到北邊的冰島，從東邊的蒙古到西邊的美洲大陸，地球上每一個人類文明，靠著跟克里特反抗軍相同的飲食習慣生存了幾百年。如果你想聽聽飲食習慣的建議，幾乎不可能忽略克里特反抗軍的這套，它是一種典範。生理上來說，他們需要的能量源超過我們，幾乎每天的每一卡能量都不能浪費。東非的馬賽（Maasai）牧人每天跑上十幾英里；北極圈附近的因努伊特人（Inuit）外出打獵幾天都沒有休息；成吉思汗軍隊橫跨整個亞洲 900 萬平方英里的範圍。這些族群每天都吃自己做的肉乾，美洲印地安人則是用動物脂肪和煙燻肉，加上一些有甜味的莓果乾做成能量棒。

突然想到，那些厲害的拉拉穆里跑者在銅峽谷比賽之前，他們所吃的早餐也曾經嚇到過我。「白馬」卡巴羅和我們一行人狂吃蒂塔媽媽（Mamá Tita）的鬆餅。但拉拉穆里跑者阿諾佛（Arnulfo）和瑟爾維農（Silvino）就沒有吃那些碳水化合物，而是盛滿用大骨湯和豬肉肥肉塊煮成的濃稠玉米粥（pozole）。一般來說，拉拉穆里人在沙漠裡耕作玉米其實是很困難的，但這是唯一養出羊肉和鹿肉的方式，所以沒什麼好挑的。

如今他們吃著現代養殖的肉類，已經沒有到道德上的問題。我們用不道德的方式養殖食用動物，這是事實。但在營養及歷史上來說，我們的確需要肉類來維持力量和耐力。

「那些反抗軍無法從澱粉和糖分中獲得營養，因為當時的環境就沒有這些東西。」菲爾說，「如果他們只需要吃和跑步，他們需要可以穩定提供熱量的食物。」希臘戰場上沒有提供運動飲料和切好的橘子。逃亡的難民也不可能回頭尋找可以帶上路的食物，要活下去只能依賴兩種方式：選擇脂肪這類慢燃食物（slowburn），還有讓身體適應這樣的食物。

「食物本身還只滿足了一半而已。」菲爾繼續說，「你身體裡有世界上最棒的燃料，但沒有合適的引擎也是白搭。這分成兩組系統，一是輸入，指的是你吃進去的東西；二是輸出，把你輸入的轉化成能量。」

如何訓練身體把脂肪轉換成燃料的重點在於強度，強度要低到讓你的身體覺得並不是遭受到外在攻擊。你的基礎訓練越成熟，你的身體就會越來越少進入緊急模式，越來越少依賴快燃的醣類，轉而越來越依賴燃燒體內脂肪。低強度的練習很容易上手，而且一點也不痛苦。眾所周知，就是改變攝取快燃食物的方式。

「這就很有趣了，因為要改變真的很簡單。」菲爾說。

「是對於每個人來說？還是只有那些有經驗的運動員？」

「每個人。」

「要花多少時間？」

「兩個星期。兩個星期你就能出師。只需要兩個星期，你就能像反抗軍一樣燃燒脂肪。」

我把桌上的筆記本推到他面前。

菲爾開始快速地寫下他的筆記。我起身清理桌面，好給他一點時間寫。還是去走走好了？「寫完了。」菲爾把筆記本遞回給我。

我坐回座位，看他在筆記本寫的東西，還不到十來句。

「就這樣？這麼簡單？」我說。

「當然啊！」他攤手。「健康本來就這麼簡單啊。」

譯註

6. 希臘南方的島嶼。

7. oracle 為古代「甲骨文」。

8. 又稱超級鐵人三項（226），三項總計 226 公里。

6.1 拒絕高升糖食物：2 週考驗

菲爾在「考驗」兩個字下面畫線，好確保我有抓到重點：「2 週考驗」絕對不是要你節食。

節食既殘忍又可笑。它建立在犧牲和罪惡感的交互關係上，已經被反覆驗證過，節食總是會失敗。你不是因為懶才變胖，你也不會因為挺得住就變瘦。這不是人類生物運作的方式，就連其他動物也不是。

「即便節食明顯是違反自然的，我搞不懂還有人會相信這一套，但真的有人相信。」菲爾說。

人類是狩獵者也是採集者。我們的本性就是整天尋找食物，日復一日，然後一找到就狼吞虎嚥地吃完。進食本質上就是讓人快樂的一件事，挨餓是違反人性和演化的，我們只會因為被要求才選擇挨餓。任何事情只要違反自然法則，註定都會失敗。

所以還是吃吧，想吃什麼就吃什麼！我們要做的是「重新設定」你的飲食喜好，退回到原始人類狩獵和採集的食物，而不是後來人類創造的假食物。「2 週考驗」把你的新陳代謝系統恢復到原始狀態，就像出廠設定一樣，所以你之後不用再去想這食物對我有益還是有害，還是「熱量太高」，而是由你吃下去的感覺來決定。你未來會更追求那些讓你感覺良好的食物，回到人類最初進食的愉悅感覺。

菲爾說，當你擺脫了攝取澱粉的循環，回到原始的新陳代謝，你就不會再因為飢餓而感覺到痛，下午也不會血糖過低，晚上也不會被宵夜誘惑。你只要記住：不吃高升糖食物，14 天的時間就夠了。那些快速升高血糖的食物都不要，他們會讓你的胰島素開始囤積脂肪。

這項考驗中最難的部分是，注意你吃的食物到底是什麼。大部分加工食物為了更吸引人，提升甜味和柔軟的口感，都添加了糖分和玉米油。即便你以為是未加工的原型食物，像是火雞胸肉，也都有注射糖。潛艇堡的廣告上常說他們相較速食更為健康？但其實麵包裡都是精緻澱粉和糖類。在愛爾蘭，他們會把潛艇堡歸在糕點類。

當為期 2 週的考驗結束後，至少以醣類的角度來說，我應該是一張白紙了，擺脫了升糖的循環。之後我可以漸進式地開始吃碳水化合物，觀察它對我的影響。如果吃了一片麵包，覺得還不錯，那就好。如果讓我覺得很脹、昏昏沉沉或是很想睡的話，我就會知道這樣的糖類攝取量，對我的新陳代謝系統來說太多了。

▌喚醒體內原始監控中心

這個 2 週考驗主要的目的是喚醒你體內原始的監控中心。與其照飲食手冊教你該吃什麼，經過考驗後，你會在飲食後精準

地得到身體的反饋。

「你會精準地感受到，在正常胰島素狀態和理想的血糖濃度下是什麼感覺。」菲爾說。

當我從奧拉克爾回家時，我第一件事就是去超級市場。購物車裡裝滿了牛排、魚、綠花椰菜、酪梨、章魚罐頭、鮪魚、番茄汁、蘿蔓萵苣、優酪乳、一桶核桃，因為這些東西是我克制誘惑的替代品，還有幾項在「應該吃的食物」清單上的東西：蛋、起司、奶油、紅酒、蘇格蘭威士忌和莎莎醬。

但是沒有水果、麵包、米飯、馬鈴薯、義大利麵和蜂蜜，也沒有豆子，所以豆腐和任何豆製品都不行。沒有洋芋片、啤酒、牛奶和優格，更沒有早餐火腿和煙燻牛肉，因為他們通常都有加糖。火雞肉如果是你自己煮的話，就沒問題，但你還是得小心。就像我推著購物車經過火雞胸肉和冷凍肉品區時，我以為會是不錯的選擇，但我還是得看看它們的標籤上，有沒有注射糖。

「鷹嘴豆算是介於高升糖和低升糖食物中間，」我在做了一點功課之後，傳電子郵件給菲爾，「我想為鷹嘴豆泥拉點票。」

「考驗的第一步就是不准拉票。」他回信。

菲爾的科學學識和專業讓我無法挑戰，所以我偷偷去問了其他人，但我還是失敗了。

艾瑞克·歐頓百分之百支持 2 週考驗；而且也同意菲爾對於鷹嘴豆泥不公平的規定。「對我來說，營養攝取的問題比較跟心態

> **重新設定飲食喜好，回到人類狩獵與採集的食物，讓新陳代謝系統恢復到原始狀態。**

有關。」他說，「就像運動員一樣，你對於生活的一切都要有所覺察，包括你所吃的東西，這是一種生活態度。重點是沒有模糊地帶，要做就把它做對。」

因為一旦你開始為鷹嘴豆泥拉票，保留模糊空間，你就在破壞這項任務了。你要嘛真的成功地歸零你的飲食習慣，要嘛就完全沒有，跟治療藥物成癮一樣，你要做就要徹底，不然乾脆不要做。

我發現面對考驗的小技巧是一次解決一餐。早餐很簡單，我在墨西哥食物區找到一盒美金 1.98 元的罐裝章魚，包在蛋捲裡煎一下，加上莎莎醬，就可以享受美好的早晨。杏仁和辣肉條當作白天點心，泡杯咖啡加上一點奶油（不用牛奶與奶油各半的奶類）。午餐和晚餐就比較難搞了，在我想出該吃什麼之前，就已經因為飢餓覺得分心無法思考了。

菲爾·馬佛東的網站上有建議的三餐食譜。像是他的高蛋白早餐奶昔（半熟蛋加上綠葉蔬菜以及一點水果），還有焗烤千層茄子（兩片煎茄子中間夾番茄醬汁、莫札拉起司和牛絞肉）。

到第 4 天時，我已經找到舒服的節奏。我知道我想吃什麼、什麼時候該吃而且也能讓我感到滿足。我後來發現，最餓的是前 3

你該吃與不該吃的食物

應該吃的食物

植物類

南瓜
紅蘿蔔
番茄
綠葉蔬菜
檸檬和萊姆
綠花椰菜、白花椰菜
樹堅果（和其做成的堅果醬）
椰子
奇亞籽
酪梨

肉類與魚類

牛肉
火雞肉
羊肉
魚類
甲殼類

蛋奶類

未加工的硬起司
未加工的軟起司
奶油
蛋

液體類

蔬菜汁
咖啡和茶
油
醋
蒸餾酒
氣泡水
含糖量低的紅酒

不應該吃的食物

植物蔬果類

所有糖製品
糖果和點心
所有無熱量的甜味劑（不論是否為天然）
罐頭或是加工蔬菜
能量棒或蛋白質棒（不論是否有加糖）
番茄醬和任何醬料
精緻澱粉
餅乾
全麥麵包
全麥義大利麵
玉米
米飯
藜麥
馬鈴薯
莓果
葡萄柚
香蕉
甜瓜
蜂蜜

肉類

加工肉品
罐頭肉類、肉丸等再製品
煙燻製品

奶類

牛奶
牛奶與奶油各半的奶類
全脂優格
加工起司

液體類

白酒
果汁
蘿蔔汁
碳酸飲料
零卡碳酸飲量
提神飲料
運動飲料

天，難接受的是這個想法，而不是真正的食物。那時我常在想：「天啊，我現在就想來杯罪惡的薄荷奶昔。」然後我得等個幾秒才能讓這種衝動消退。

第 14 天比我想的還快就到了，而且的確也發生改變，我瘦了 11 磅，回到差不多 30 年前我還是大學划船選手時的體重。我感覺像是青少年運動員，不只是更瘦更輕巧而已，也感覺到更精力充沛。

更令人驚訝的是對於食物的慾望，以前的好朋友像是披薩、起司牛肉潛艇堡和甜甜圈，對我來說都沒有吸引力了，甚至有點噁心。大概在考驗結束的 1 ～ 2 週，我吃了半份的煙燻牛肉三明治當午餐，等了幾分鐘，開始思考：「滿好吃的，番茄有點少。」我再吃剩下半份……

那種感覺很熟悉又很陌生，但這次我知道從何而來，我吃完以後開始覺得眼皮沉重，昏昏欲睡，這是 2 ～ 3 週以來第一次感受到。剩下那半份三明治是關鍵，只吃一半還可以，但再一半就讓我的血糖飆升。這種感覺像是腳痛了大半生，結果發現有個小石頭在鞋子裡，把鞋子倒出來，突然之間你有了全新的感受。

我在 5 年多前把那顆小石頭倒出來。自從那次經驗之後，我還經歷過好幾次，但每次我都清楚知道它從何而來。我可以把剩下的一半吃掉，而且我也會預期接下來會出現什麼樣的感覺。

這就是「2 週考驗」的目標。並不是要禁

> **由你吃下去的感覺來決定。你未來會更追求那些讓你感覺良好的食物，回到人類最初進食的愉悅感覺。**

止你吃任何食物，變成節食狂熱分子，而是簡化你的大腦和肚子的溝通方式。你開始知道該吃什麼，如果你不確定，你的身體會告訴你。

在夏威夷的歐胡島（Oahu）的街道上，柯林・李（Colin Lee）把跑步和衝浪結合在一起。

6.2　補給站：凱莉的 2 週考驗

凱莉‧文森（Callie Vinson）23 歲時開發自己的「2 週考驗」，那時她的體重將近 400 磅，連呼吸都有困難。

她住在芝加哥的一棟公寓裡，那天她正要和朋友吃早餐，走了幾個街區後，她發現她走不動了。「我不能呼吸，雙腳很痛，全身都很痛。」她回想當時的情況。「然後我心想：『這不對，我可能會早死，我才 20 歲出頭而已。』」

奇怪的是，一切都發生得很快。她在佛羅里達奧蘭多念高中時，她因為身高的關係，被延攬進划船隊，她很有天份，幫助學校贏得全國冠軍。畢業後也有大學教練招募她，但她在划了 4 年後覺得燃燒殆盡，決定轉換跑道，去唸薩凡納藝術與設計學院（Savannah College of Art and Design）。

凱莉來自一個貧窮而且不幸的家庭，所以她從小就很拚，大學時她在餐廳和咖啡廳打工賺學費。但是這樣容易取得食物的環境，加上開始抽菸和跑趴，對於大學生來說並不是很理想。在畢業時，她已經很胖了，搬到芝加哥開始做廣告文案工作後，情況更加失控。她加班工作，然後又到處都是義大利牛肉三明治，還有她家門口就有一家波特羅熱狗（Portillo's）。

4 年之內，這位前全國冠軍划船選手胖了一倍。凱莉有些家庭問題，因此那些療傷系食物成為她舒緩生活壓力和心痛的解藥。

凱莉曾目擊她的媽媽差點因為繼父開槍射殺而死，而繼父最後自戕。凱莉的生父因為酗酒離開他們，凱莉的媽媽單親一手養大全家。凱莉的姊姊在青少年時期就離家出走，跑到墨西哥去，後來染上安非他命，最後離奇死亡，留下 3 個小孩給凱莉的媽媽照顧，其中一個患有自閉症，有一個曾被凱莉正在坐牢的姊夫性侵。

嗯，所以凱莉有滿多問題要面對。她以為美食幫助她度過難關，直到那天早上，她發現美食其實把她推向死亡，她之前沒有感覺到世界有所改變，直到她發現自己連走路去跟朋友吃早午餐都變成不可能的任務。凱莉知道她面對的是一項足以摧毀靈魂的挑戰：給自己 2 年的時間，用安全而且健康的方式減掉 200 磅。

好在凱莉是個天才，她用遺忘來解決問題。

也不是完全忘掉啦，我指的是那 2 年而已。凱莉計算出自己的「2 週考驗」，剛開始跟菲爾‧馬佛東的版本不太一樣，不過後來她調整到很相似。她發現花 14 天的時間，身體會發生很神奇的重組，就像電腦重開機一樣。

「我從小目標開始，每天自己準備午餐，兩個星期後就成為習慣了。」她說。她只逛超級市場最外圍的一圈，因為都是生鮮食品和原型食物，然後遠離中間罐頭和盒

> 我假裝自己有一個美食節目，向「觀眾」介紹我正在料理哪些健康食材。

裝食物的危險區域。

一開始她沒有真正的飲食計畫，只是吃大量的沙拉，和一點點穀物或是馬鈴薯而已。

「然後我決定自己準備晚餐。」因為認同吃單一成分的原型食物、在地食物這個概念，她開始研究原始人飲食法（Paleo diet）。「2 週每天都做，就成了習慣。我假裝自己有一個美食節目，向『觀眾』介紹我正在料理哪些健康食材。」

就像我剛剛說的，凱莉是個天才。她似乎很懂跑步，她那一套飲食方法就好像跑超級馬拉松前面幾英里，慢慢來，好好享受跑馬樂趣所在，眼前只專注在下一個補給站，而不是終點線。但我最愛的部分是她自學而且為自己加油。在她自己幻想的美食節目中，她會唸出新的食譜，好讓自己記住。「我開始學到很多食物的知識，然後有人開始打電話問我小撇步，其中一位是 300 多磅的女士。」那時她嚇傻了。「我在家的時候，我媽總會在冰箱準備一袋紅蘿蔔和杏仁奶油，是很好的脂肪和蛋白質來源。我學會利用冰箱食材做一些東西，用燕麥、杏仁奶油、薑泥和薑黃就可以做出類似乾肉餅的食物。完美！」

在自己的幻想廚房測試了 1 個月之後，凱莉準備來真的了。

應該算是吧？

「在我搞定飲食習慣之前，我還沒打算開始運動。」她說。「在我開始第一次練跑的幾週前，我覺得我會看起來很蠢、很丟臉，我的跨步、擺臂還有我該穿什麼跑鞋？」她後來在鞋店選了 Nike 的 Pegasus，一雙萊姆綠的跑鞋。「在鞋店裡慢跑了一下，開始幻想之後在外面跑步的旅程。」

「跑步會帶來新點子。」凱莉在開始跑步後得到新的體悟。她用一種方式來說服自己不要想太多，降低出門跑步的門檻。

凱莉是美國巧克陶族印第安人（Choctaw），巧克陶族人把跑步視為一種祝福，而不是一種懲罰。「早上起床就跑向太陽升起的東方，這是我的習慣。」凱莉說。「這時可以想想你現在所在的土地，有多少人曾經走過，把跑步當做一種雋永的儀式，和過去的無數人共享這一刻溫暖與陽光，是多麼棒的恩典啊！」凱莉利用晨跑來回想那些她所愛的人，還有他們現在遇到的痛苦，跟跑步時遇到的側腹痛相比，真的算不了什麼。在冰天雪地的芝加哥冬天跑步，好像一種連結家鄉的心電感應，和她的媽媽、姪子、姪女聯絡感情。她邊跑邊感覺到放鬆，不再那麼焦慮。凱莉經過一年固定跑步習慣後，跑長距離也沒問題了。抱著初生之犢不畏虎的心態，她決定來跑個半程馬拉松，不過只有一個條件，就是不能有其他參賽者。她一直以來都是獨跑，而且她也不想參加一個她可能會跑不完的比賽。所以她自己畫了路線，在破曉之前起跑。一步一步，為自己跑，不只向前，也探索自我。

她在她家公寓樓下停了下來，跑了 13.1 英里，腦中突然有個想法。「我感覺到身心都經歷了一場冒險，覺得非常興奮。」

她說，「我一直渴望充滿冒險的生活，現在感覺自己的身體跟得上了，外在的身體和內心的渴望終於相匹，感覺超開心的。」

現在看起來有點神奇。凱莉居然在清晨摸黑獨跑時，挖出了埋藏在內心深處的快樂。如今她是美國女性原住民跑步協會（Native Women Running）的推廣主力，協會幫助原住民找回傳統的跑步型態。凱莉因為從事廣告代理工作，只要有筆記型電腦和網路熱點，她可以在各地辦公。她的身體就像一台越野車，只要她的朋友開口，她就出發，天不怕地不怕。

「我要跑步橫跨美國，你可以當我的一人團隊嗎？」

「絕對沒問題。」

「要不要跑一場 100 公里的比賽？」

「什麼時候？」

「這週末。」

「水啦，算我一個。」

「幾個月後再跑個 240 英里超馬？」

「當然好啊。」

「再加上一個 250 英里的超馬，然後是在惡水（Badwater）超級馬拉松擔任工作人員。」

「好啊！好啊！不管你剛剛說的是什麼，都好！」

不知道凱莉怎麼辦到的，她在比賽與比賽的空檔期間，還有時間去搞其他事情，去幫助更多人跑步。

「嘿，如果你想知道眼中流露出真愛是什麼狀態，就去問馬拉松賽事的志工吧。」她

> **跑步帶來新的點子。早上起床就跑向太陽升起的東方，將跑步當做一種雋永的儀式。**

說，「我在野豬百英里超級馬拉松（Javelina 100）賽事中擔任掛牌大使，那種感覺像是連續跟 5000 個人求婚。這些人訓練好幾百個小時才能完賽，當他們通過終點線時，雙腿無力，精疲力盡，他們坐在地上抬頭看著你，你為他們掛上獎牌，他們當下眼神流露出的情感⋯⋯哇，太神奇了！」

凱莉並不是一個迷信的人，也不自負。她對自己的成就很滿意，還是會和人提到她瘦了 200 磅，從一個走路都會累的胖子，變成輕輕鬆鬆跑完超馬的跑者。去年冬天，她甚至還穿越冰風暴，從芝加哥開車到她在亞歷桑納的新家。

她睡了幾小時，在破曉前起床出門，往日出方向的山丘跑去，在爬山途中，她聽到陌生的聲音，她越爬越高，登頂的時候，有一位陌生人在打鼓，還邊唱著歌，迎接凱莉回家。

6.3 輕鬆帶著走：19 道健康食譜

康飲食的危險地帶區不是廚房，而是在其他地方。

準備三餐並不難，特別是在你通過「2 週考驗」之後，你知道一切都是選擇，你知道什麼該吃，吃完會有什麼感覺。如果你還不知道，接下來的食譜可以幫助你更快速、更方便處理三餐。

但是當你早上急急忙忙出門，或是在辦公桌前隨便吃點東西當午餐，還是在接送小孩去踢足球時，車上吃點東西裹腹，這些情況就比較難了。所以我們需要「外帶健康食譜」來幫助你。

以下食譜準備上都很輕鬆，做好後也很方便攜帶。這些食譜是由運動員設計的，他們了解一天塞滿事情，加上長時間訓練，沒時間好好吃東西，簡單準備一下，你就隨時能享用合適的食物。

*備註：有些食譜含有燕麥或水果，並不適合「2 週考驗」。但 2 週考驗是用來讓你回到原廠設定，並不是這一生的飲食限制。當考驗結束後，這些外帶健康食譜就可以用來當作跑步中的補給或是日常點心。幾乎所有成分的升糖指數都相對低。

▋凱莉的冒險燕麥糰（素食）

自從搬到亞歷桑納州之後，凱莉幾乎每週末都會出門，去沙漠探險，她不知道路途上有什麼可以吃的，也不知道健行要走多久，所以她的口袋裡會裝一些簡單的能量食物來止飢。

〈食材〉
- 80 克 傳統燕麥片（非即食燕麥片）
- 50 克 未加糖椰子乾片
- 70 克 磨碎的亞麻仁
- 75 克 堅果碎塊或碎片
- 1 湯匙 奇亞籽
- 240 克 堅果醬
- 80 毫升 龍舌蘭糖漿（agave）
- 1 湯匙 香草萃取物

> **小撇步**
> 加 1 ～ 2 湯匙薑黃粉或薑粉，可以抗發炎。

〈步驟〉
1. 把所有乾的材料都混在一起，然後再和溼的材料混合。
2. 用雙手滾出 4 公分的球，可以做成 6 顆。滾的時候要擠壓一下。
3. 放在冰箱 1 週之後就可以外帶出門，是冒險時的好夥伴。

艾莉絲和比利的超級食物廚房

史上最棒越野食譜的發明人居然是《天生就會跑》英文版封面主角「蠢蛋」比利‧巴奈（Billy 'Bonehead' Barnett），想不到吧？那個以前玩滑板，後來衝浪，又成為超馬跑者的比利。

現在回想起來，比利不只是因為帥才成為《天生就會跑》的封面人物，還有他的個性。當時卡巴羅根本就受不了我們其他人，而卡巴羅的年紀是比利的兩倍，他們卻還能成為好朋友。想起這些往事我們都覺得很好笑。當時我以為比利把卡巴羅當作是模範，後來發現其實是倒過來。卡巴羅希望自己能夠喜歡人，就像比利喜歡每個人一樣，而且隨遇而安。比利現在 37 歲，神奇的是他保持跟以前一樣精瘦而且還跑得很快。他跟前女友珍‧雪頓（Jenn Shelton）還是好朋友，珍在那場與拉拉穆里人的比賽中旗鼓相當，在賽後的派對玩起來也難分高下。他們倆極端的個性後來也決定了他們所居住的地方，珍搬到了阿拉斯加邊境，和她的新生兒一起住，而比利和他的太太艾莉絲（Alyx）住在夏威夷。艾莉絲是地球上除了珍以外，唯一能跟得上比利的人類。

「沒有什麼比一拳往臉上揍過去更讓人腎上腺素爆發了。」我跟艾莉絲剛見面時他就說過。艾莉絲的職業生涯繞來繞去，當過 MMA 鐵籠搏擊選手、全國馬術冠軍、拉斯維加斯的健美小姐、職業模特兒、鐵人三項選手，而現在則是自然療法治療師和耐力教練。

比利在娶艾莉絲之前就已經是個居家烘焙高手了，他們兩個一起組成夢幻隊，創造自己的食譜，還可以在長時間訓練中測試他們的食譜，兼顧美味和提供一天充沛的能量。

▌艾莉絲的奇亞籽早餐布丁

艾莉絲設計這套食譜時，是為了一位擔任校長的三寶媽客戶，她的老公是軍人長期被分派在外地。這位客戶也是一位鐵人三項選手，對麩質和蛋類過敏。對她來說，可以給她和小孩們健康又簡單的食物是一件重要的事情，也是一項挑戰。

「我建議用玻璃寬口罐來做早餐或是點心。你可以每 1 週做一次，然後想拿就拿。也可以把點心當做早餐，很不錯吧？」艾莉絲說。

〈食材〉
- 250 毫升 椰子、腰果、杏仁或豆漿（可以用全脂的椰子牛奶當成密度更高的高熱量餐）
- 4 湯匙 奇亞籽
- 甜味劑：例如糖、蜂蜜或甜菊糖
- 花俏的配料：例如大麻籽、新鮮水果、堅果、椰子片或是燕麥片

〈步驟〉
1. 把牛奶和奇亞籽混在一起，然後等待奇亞籽膨漲。
2. 幾分鐘之後再攪拌一次，確認沒有結塊。
3. 依照喜好加入甜味劑。艾莉絲曾經養過蜜蜂，所以她喜歡加蜂蜜，但甜菊糖或是羅漢果也是不錯的選擇。
4. 等它冷卻變稠，再加入你喜歡的水果或是花俏配料。

▌蘿蔔葉青醬

艾莉絲說：「這個香味撲鼻的食物可以減少浪費食材，是家庭主婦的心頭好，放在冰箱備用幾週也都沒問題，捲起來當作長距離訓練的補給也很適合。還可以用來當晚餐的醬料，是我家小朋友寇斯摩（Cosmo）最愛的早餐。」

〈食材〉
- 一把紅蘿蔔葉（如果一把的量太少，兩把也可以）
- 125 ～ 250 毫升 檸檬汁，或是 3 ～ 5 顆的檸檬榨成汁（依照你喜好的口感來調整）
- 150 克 生核桃或是其他堅果（我們家也喜歡松子和夏威夷果）。
- 一大把生大蒜（「我用一堆，不過一般沒那麼重口味的可以用 1 ～ 2 顆丁香代替。」艾莉絲說。）
- 2 ～ 4 匙橄欖油，增加口感和健康的油脂
- 一把薄荷葉（大概 30 克，非必要）
- 視情況加入蜂蜜或是甜菊糖，平衡風味。適量食鹽和胡椒。

〈步驟〉
全部丟進食物攪拌機打碎，弄成糊狀。

▌梅棗能量膠

當跑前吃的點心或是速度訓練中補充能量最棒。

市面上的能量膠太稠，而且缺乏水分，這配方好消化又有提升能量的效果。

〈食材〉
- 1 湯匙 奇亞籽
- 10 ～ 12 顆去籽椰棗
- 8 ～ 10 顆草莓或 20 ～ 25 顆蔓越莓
- 1 湯匙 檸檬汁
- 食鹽（我們用喜馬拉雅鹽，但是猶太鹽或海鹽也可以）
- 3 ～ 4 湯匙 水（至少讓食物攪拌機不會因太少水而壞掉，慢慢加水，然後依喜好調整濃度。）
- 龍舌蘭糖漿或蜂蜜（非必要）

〈步驟〉
1. 把奇亞籽泡在 2 ～ 3 湯匙的水中，直到膨脹。
2. 把所有食材放進食物攪拌機，慢慢混合，如果有需要的話可以加水。
3. 放進可重複利用的軟管容器（gel flask）中，等待冷卻。

▌比利的補給鬆餅

艾莉絲說：「比利想要低升糖的補給品，在越野跑之前或是長跑訓練中可以吃。這種鬆餅放在夾鏈袋裡，放車上或背包口袋裡都可以，也不用放冰箱。」

〈食材〉
- 25 克 杏仁粉
- 2 顆雞蛋
- 2 湯匙 奶油起司
- 1 湯匙 椰子油
- 肉桂粉、切碎的香蕉、莓果或其他選擇的水果（非必要）
- 花生或杏仁醬、蜂蜜或楓糖漿（非必要）

〈步驟〉
1. 把杏仁粉、雞蛋和奶油起司混合後，倒入平底鍋，加入適量椰子油，煎到兩面金黃。
2. 撒上肉桂粉，擺上水果、堅果醬、蜂蜜或是楓糖漿。

▌比利的長距離小鬆餅

當我們在銅峽谷的時候，學到了慘痛的教訓。在 2 個小時不停爬升之後，我們躲進一棵樹下休息，同行有些人拿出燕麥棒來補給。但史考特·傑洛克最聰明，他打開水袋的小口袋，拿出墨西哥玉米捲餅，裡頭包了鷹嘴豆泥和紅豆泥。

自從那次經驗之後，比利向 7 屆西部越野賽冠軍史考特下料理戰帖，他開始會在家準備鬆餅，可以在越野跑時放進口袋。

〈食材〉
- 120 克 白麵粉或全麥麵粉
- 40 克 燕麥片
- 適量蜂蜜
- 適量肉桂粉
- 3/4 茶匙 小蘇打粉
- 1 茶匙 泡打粉
- 1/4 茶匙 鹽
- 2 顆雞蛋（可以用優格代替）
- 120 克 磨碎胡蘿蔔（一大根胡蘿蔔）
- 150 克 泥狀熟透香蕉（一根中等尺寸的香蕉）
- 180 毫升 蘋果醬
- 185 克 煮熟的藜麥
- 1 茶匙 香草精
- 40 克 葡萄乾
- 40 克 切碎的堅果（腰果或杏仁不錯）
- 40 克 無花果乾
- 羊奶起司（非必要）

〈步驟〉
1. 預熱烤箱到華氏 350 度／攝氏 180 度。
2. 均勻噴灑烹飪噴霧油在 12 洞的小鬆餅模具上。
3. 拿一個大碗，把所有乾的食材混在一起。
4. 拿一個中碗，把溼的材料混合，混入雞蛋與香草精。
5. 把中碗的內容物倒入大碗，然後攪拌到變成滑順糊狀物，加入葡萄乾、堅果和無花果乾。
6. 用湯匙把糊狀物放進模具中。
7. 把起司做成球，放在模具中的糊狀物上，輕壓，讓起司跟糊狀物稍微融合。
8. 烘烤 25 分鐘。

▋瑪格的 3 種鮭魚乾*

瑪格‧華特斯（Margot Watters）不只是世界級的耐力運動員，也是家庭料理界的發明家，她創造獨有的機能食物。我們想要用美味食物來取代含有大量糖分的能量棒，於是請她用肉乾來試試看，很容易上手。瑪格給我們一份大師的經典食譜。

＊注意：烤箱、食物風乾機和煙燻機可以根據你家裡有的器材來替換。

〈食材〉
- 500 ～ 600 克帶皮或去皮鮭魚
- 125 毫升 醬油
- 1 茶匙 糖蜜
- 1 湯匙 新鮮榨檸檬汁
- 2 茶匙 現磨黑胡椒
- 1 茶匙 煙燻液（liquid smoke，僅用於以下提到的食物風乾機和烤箱）

瓶裝煙燻液基本上是燃燒木材後的煙霧濃縮而成，過濾後再蒸餾，封裝在瓶子裡。）

〈步驟〉
1. 把鮭魚放在冷凍庫 30 分鐘，這樣比較好切片。
2. 把醬油、糖蜜、檸檬、胡椒和煙燻液（如果會用到的話）都加到一個碗裡，然後放旁邊備用。
3. 從冷凍庫把鮭魚拿出來，切成每條厚度 5 公釐左右，長度大約 8 ～ 10 公分的鮭魚條。
4. 把切好的鮭魚放入大夾鏈袋，把備用的醬汁倒進去，蓋過鮭魚。混合均勻後放進冰箱等 4 小時，時間充裕的話也可以放過夜。
5. 將鮭魚放入漏勺中充分過濾醬汁，然後用紙巾拍乾。
6. 以下 3 種方式可以把鮭魚條脫水，不要直接料理它。試著讓每一條都分開，空氣可以包圍著它，當鮭魚條變得乾燥而且有嚼勁時就可以了，不要到脆的程度。每種方式所需要的時間長度不同，所以最好時時照顧，確保你的鮭魚條不會過度脫水，變成脆脆的鮭魚乾。
   a. **食物風乾機**：用華氏 145 度／攝氏 60 度，進行 3 ～ 4 小時（或是根據說明書設定）。
   b. **煙燻機**：用華氏 200 度／攝氏 90 度，烘到乾，但還是有嚼勁的狀態，大約 3 ～ 4 小時（如果你用煙燻的方式，就不用加煙燻液了）。
   c. **烤箱**：調到最低溫華氏 170 ～ 200 度／攝氏 80 到 90 度，一條一條放在裁好的烘焙紙上，放在烘焙羊皮紙或矽膠不沾烘焙墊。送進烤箱脫水 3 ～ 4 小時，適度翻面。
7. 放在密封罐裡幾週。

*原註：此食譜改編自 Food Network 美食台的節目主持人奧爾頓‧布朗（Alton Brown）。

▌素食乾肉球

素食乾肉球適合拿在手上，不管是在家裡或是外出，放口袋裡去跑個長距離訓練，當點心也不錯。

〈食材〉
- 80 克 杏仁粉或玉米粉
- 15 克 碎亞麻仁
- 40 克 燕麥片
- 40 克 水果乾（例如：藍莓、無花果、櫻桃、蔓越梅、葡萄乾。你可以實驗一下不同的比例混在一起。）
- 1 個蛋
- 3 湯匙 溫起來的椰子油
- 2 湯匙 液狀甜味劑：蜂蜜、仙人掌漿果糖、楓糖漿

〈步驟〉
1. 把烤箱預熱到華氏 325 度／攝氏 165 度。
2. 把所有食材混合。
3. 用混合物把 12 洞的小鬆餅模具填半滿。
4. 烤 15 ～ 20 分鐘。

提醒
不用擔心看起來易碎，冷卻後就會變硬了。

▌瑪格的能量核桃椰棗

「水果之王」椰棗有豐富的纖維，鉀含量是香蕉的 2 倍，富含果糖，是高強度訓練中間很好的補給品。在長距離越野跑途中，你需要含有大量 Omega-3 脂肪酸的核桃來補給。

〈食材〉
- 整顆椰棗
- 切半的核桃

〈步驟〉
1. 把椰棗長邊剖半。
2. 把核桃塞進去。
3. 放進塑膠袋。

露西·巴塞洛繆的「潛力廚房」

來自澳洲的露西·巴塞洛繆（Lucy Bartholomew）在 15 歲時橫空出世，出現在超級馬拉松的賽場。露西擔任她爸爸第一場 100 公里超馬比賽時擔任補給員，不過她並沒有待在補給站，而是跑在她爸爸的前面，幫爸爸在樹林裡清出一條路。

「我把所有障礙清除，他抵達的時候就會說：『喔，露西，這裡的山坡有階梯。』」她回想起當時的情況。「然後我說：『對啊，我剛剛才清出一條路的。』」同一時間，賽事總監到處問人：「那個金髮小女孩是誰？怎麼到處跑？」

露西很快地就在超馬選手中嶄露頭角，世界排名直線上升，她初登場在西部百英里超馬賽就拿下女總三的名次，後來成為 Salomon 品牌的贊助選手，而當時她還是青少年。但是隨之而來的名聲也帶來負面的聲音，她在西部百英里的表現，獲得很多額外的關注，開始對她的身材指指點點。可是這些人並不知道露西在 12 歲時有飲食失調的問題，這些網路關注確實造成了不好的影響。

「如果你是女性運動員，人們會期待你的體重很輕，看起來就沒問題。」露西說。「一夕之間，突然有 5 萬多人在指指點點，而且還直接寄信給我！對我的外表有意見，說我看起來有點胖，開始為我的體重編造故事，指導我該怎麼吃，指導我的身材應該如何如何。」

露西當時陷入一個深深的漩渦裡，直到一次在尼泊爾的旅行才解脫。那次她意外地報了尼泊爾的行程，結果卻是靜坐課程。「這就是典型的我。」她說。「我以為我可以在喜馬拉雅山盡情地跑，但一當我抵達那裡時，他們把我的裝備都拿走了，給我一套袈裟，讓我坐

在超馬賽事中，露西·巴塞洛繆比較喜歡食物，而不是有糖分的能量膠。

在座墊上。」獨自一個人坐著，腦袋裡不好的想法都跑出來。「你的心中充滿了外人對你的指指點點，就好像在讀網路留言一樣。」

但漸漸地，她開始看見不同的一面。「我後來了解到，這不只是關乎跑步而已。」她說。「在超馬界來說，我們學著假裝面帶微笑，忍到事情有所轉變。但這樣的方式讓我越來越不健康。外界總是告訴著我：『你正在實現夢想！』好吧，那讓我告訴你其實夢想並不是這樣……」

如今露西把飲食作為力量來源，當她在廚房的時候，她看到無窮的可能性。當我們越重視飲食品質，你就可以跑得更遠、做得更多。露西現在從料理中找到快樂，為了冒險而注重飲食。她把自製食譜「維持好能力」放在網路上給大家下載。雖然她是吃素的，但她還是把對料理和生活的理念寫在食譜中：

「我希望幫助你有更好的表現和更快樂的生活。如果你想加其他的東西，也沒有問題，你就做你自己，我舉雙手雙腳贊成。」

▍番薯椰棗片

「這是我設計的第一個越野跑補給品。」
露西說。「我喜歡它沒那麼甜的味道，而
且番薯、堅果和種子還是令人有飽足感。
薑黃有抗發炎的功效，黑胡椒幫助消化，
薑幫助你的胃在跑步時更舒服。」

〈食材〉

- ½ 條中等的番薯，蒸熟，去皮
- 70 克 無花果
- 70 克 杏仁
- 4 個椰棗
- 40 克 切碎的乾果（露西：「我喜歡蔓越
  梅和乾薑塊。」）
- 1 茶匙 鹽
- 2 湯匙 溫起來的椰子油
- 2 湯匙 可可粉
- 2 湯匙 浸泡後變軟的奇亞籽
- 2 茶匙 薑黃粉和／或肉桂粉
- 1 茶匙 薑黃粉
- 黑胡椒粉

〈步驟〉

1. 把所有食材丟進食物攪拌機打碎。
2. 把糊狀物倒在烘培盤上。
3. 把烘培盤放進冷凍庫，等上至少 12 小時。
4. 切成片，放在夾鏈袋。

提醒

這些番薯片最好是冷的
吃。如果你在溫暖的天
氣下跑步，椰子油會融
化掉，讓番薯片變得糊糊
的，也很美味。

▋ 杏仁渣南瓜布朗尼

「你在我的食譜書裡會看到我把南瓜運用在大餐裡。我超愛南瓜。我認為南瓜在料理後，放在廚房桌上是賣相最好的蔬菜。你可用那些大餐後剩下的南瓜來做接下來的食譜。」

〈食材〉

- 自製杏仁奶（詳見下一道食譜）剩下的泥
- 110 克 去皮去籽蒸過的南瓜，搗碎或者是買罐裝的南瓜泥
- 1 茶匙鹽
- 60 毫升 楓糖漿
- 50 克 可可粉
- 3 大茶匙 亞麻仁粉
- 250 毫升 杏仁奶
- 115 克 椰棗，泡在熱水中 10 分鐘
- 125 毫升 椰棗浸泡水
- 2 茶匙 肉桂粉
- 90 克 燕麥粉
- 2 茶匙 泡打粉
- 碎堅果、巧克力豆、椰子片（加入麵糊中或者撒在上面的，非必要）

〈步驟〉

1. 預熱烤箱到華氏 350 度／攝氏 180 度。
2. 把所有食材倒進碗中，攪到變得滑順。
3. 把攪好的糊狀物倒進塗好油的烘焙容器裡，可以加上額外的配料。
4. 烘烤 30 分鐘，要硬一點的話就再久一點。當刀子伸進去碰到布朗尼不會沾黏，就可以拿出來了。
5. 放涼 10 分鐘。
6. 切好就可以吃了。

▋露西的自製杏仁奶

　　如果你買市面上的杏仁奶，其實你錯過最好的那一部分了。「製作杏仁奶剩下來稠稠的杏仁泥有很多好東西和營養成分。」露西說。「不要丟掉，如果做完當下沒有要用，可以冰凍起來，之後用來做其他越野跑能量補給品。」

〈食材〉
- 150 克生杏仁，泡在約 750 克的水裡過夜
- 1 小撮的鹽
- 1 顆去籽的椰棗（非必要）

〈步驟〉
1. 把所有食材丟進食物攪拌機，高速運轉 2 分鐘。
2. 用乾淨的過濾布過濾，倒進大碗中。
3. 把杏仁奶倒進罐子裡。
4. 把剩下的渣分開來放。

▋露西的萊明頓素丸

　　「萊明頓（Lamington）是一種海綿蛋糕，外層是巧克力加上椰子粉。我們澳洲人和紐西蘭人都在爭奪到底誰才是萊明頓的發明國。無論如何，這些能量球有巧克力和椰子風味，是我們家最喜歡的食物。」

〈食材〉
- 460 克 椰棗，泡熱水 10 分鐘後晾乾
- 50 克 可可粉
- 1 茶匙 鹽
- 一些自製的杏仁奶泥
- 2 茶匙 肉桂粉
- 80 克 傳統燕麥片
- 70 克 切碎的杏仁
- 50 克 椰子粉

〈步驟〉
1. 除了杏仁和椰子粉之外，把所有食材加入食物攪拌機。
2. 打到滑順的程度。如果嚐起來有點甜，可以再加入約 20 克的燕麥。
3. 把稠狀物倒進碗中，拌入杏仁。
4. 拿一湯匙的稠狀物，用手揉成球，然後均勻滾上椰子粉。
5. 放進密封罐裡，然後置於冷凍庫。要吃之前解凍 10 分鐘即可。

▍阿諾佛的賽前烤甘藍菜玉米粥

滿可惜的是，我從銅峽谷只帶回了蒂塔媽媽的鬆餅食譜，我應該多看一眼她的玉米粥食譜才對。若干年後，我想要從記憶中複製出那個味道，整理下面這個版本我覺得還算滿意。

這是可以慢慢煮的一道菜，你可以在星期天早上開始處理食材，然後去跑個長距離，下午就可以吃了。

如果你不吃肉，則可以把牛肉換成茄子或蘑菇，以蔬菜高湯來替代肉湯。

〈食材〉
- 1 塊帶骨豬肩（pork butt），約 2.3 公斤
- 阿多波（adobo）風味的辣椒
- 350 毫升 深色啤酒或廉價紅酒
- 1 大罐的碎番茄
- 1 個大的甜洋蔥，切碎
- 大量切碎大蒜
- 350 毫升 牛肉湯
- 適量的鹽和胡椒
- 無糖烤肉醬，瓶裝或自製都可以
- 1 罐墨西哥風味的玉米粥（可以使用普通的罐裝玉米粥，但玉米粒更小）

〈配菜〉
- 切碎的甘藍菜
- 萊姆切片
- 香菜
- 酸奶油

〈步驟〉

豬肉版本
1. 把豬肩肉放進你拿得起來的最大慢燉鍋。
2. 除了烤肉醬和玉米粥罐頭之外，其他食材全下。
3. 把慢燉鍋火力調到高，煮 3 小時，直到骨肉分離。
4. 把豬肉撈出，放在大碗裡，用叉子把骨頭去除。
5. 把豬肉切碎，拿一個中空湯匙過濾豬肉，盡可能把豬肉瀝乾，湯汁放進慢燉鍋裡。
6. 把烤爐火力調到大。
7. 瀝乾的豬肉放上烤盤，塗上烤肉醬，送進烤爐烤 5 分鐘，烤到有點焦就可以。
8. 豬肉有點脆脆的時候，把玉米粥罐頭加入慢燉鍋，開火。
9. 用小火慢煮。
10. 觀察烤爐裡的豬肉，有點脆脆但還沒烤乾時，從烤爐拿出來，但記得不要關掉烤爐。
11. 把豬肉加到慢燉鍋裡，慢煮 30 分鐘，直到你覺得已經可以吃了。
12. 把碎甘藍放在原本烤豬肉的烤盤，送進烤爐烤個 2 ～ 4 分鐘，直到它有點脆脆的。
13. 把甘藍放碗裡，放旁邊備用。
14. 用杓子盛出玉米粥到碗裡，加入配菜、萊姆、香菜和酸奶油，還有剛烤好的甘藍。

素食版本

1. 除了玉米粥，把所有非肉的材料倒進慢燉鍋裡，用蔬菜高湯來取代牛肉。

2. 把慢燉鍋火力調到大，然後慢慢燉。

3. 把烤箱預熱到華氏 400 度／攝氏 200 度。

4. 切 2 顆茄子，或是 1 顆大一點的茄子。把蘑菇去蒂，均勻鋪在 1 ～ 2 個烤盤上。

5. 把蔬菜送進烤箱裡，烤 15 分鐘，然後加到慢燉鍋裡。

6. 加入玉米粥，文火煮 30 分鐘。

7. 把碎甘藍放在原本烤豬肉的烤盤，送進烤爐烤 2 ～ 4 分鐘，直到它有點脆脆的。

8. 把甘藍放碗裡，放旁邊備用。

9. 用杓子盛出玉米粥到碗裡，加入配菜、萊姆、香菜和酸奶油，還有剛烤好的甘藍。

▌皮諾爾能量棒

當我拜訪阿諾佛在銅峽谷谷底的家，他從 5 加侖的油漆桶裡，舀了一杯乳狀的食物給我，當下我不知道那是什麼玩意兒。吃了幾口之後我才發現是「皮諾爾」（pinole），這食物已經有幾世紀的歷史，是拉拉穆里人稱霸越野跑界的幕後功臣。

其實在「白馬」卡巴羅到銅峽谷之前，他就已經信拉拉穆里人那一套了。因為他在 1994 年里德維爾百英里越野挑戰賽中，看到拉拉穆里人奔馳在洛磯山脈中，路上從腰包拿出來的補給品就是皮諾爾。卡巴羅搬到銅峽谷後也和他們一樣，不論什麼時候，遠征上路前總會帶一些皮諾爾。

所以到底什麼是「皮諾爾」呢？其實基本上是烘烤過的玉米粉，但重點是皮諾爾的原料是低升糖品種的玉米粒做成的一種碳水化合物的食品，剛好介於提供立即能量與慢燃營養中間的甜蜜點。我們的第一選擇是「藍色皮諾爾」，這名字的由來主要是因為他是用「舊世界」（Old World）這個品種，他們認為與藍莓同樣健康，所以是「藍色」。再來是因為這品種的發明人艾迪·山多瓦（Eddie Sandoval），小時候和從事公路工程的墨西哥裔父親在堪薩斯州第一次喝到「藍色皮諾爾」，是從來自奇瓦瓦州（chihuahua）的親戚給的藍色玉米粒。

以下我們用的是人稱「單一原料大廚」的越野跑者安德魯·歐森（Andrew Olson）所寫的食譜。

〈食材〉
- 2 茶匙奇亞籽，浸泡在 4 茶匙的水裡
- 320 克 原味藍色玉米粉（安德魯更喜歡平底鍋烤玉米粉的方式自製材料）
- 115 克 碎椰棗
- 125 毫升 水
- 3 湯匙蜂蜜（安德魯更喜歡用糙米糖漿）
- 一撮肉桂粉

〈步驟〉
1. 預熱烤箱到華氏 350 度／攝氏 180 度。
2. 把奇亞籽泡在水裡幾分鐘，當它軟化時，把所有食材倒入食物攪拌機或果汁機裡。
3. 當食材變得濃稠時，可以視情況加入水或是玉米粉。
4. 把糊狀物倒在鋪好不沾黏烘焙紙的烤盤上，成為 4 ～ 5 個圓形餅乾的形狀。
5. 送進烤箱烤 10 ～ 12 分鐘，直到外表有點焦，有點酥脆的樣子。
6. 拿出來讓它冷卻。

＊**安德魯提醒：**「我喜歡切半來吃，一半跑前吃，一半回家吃。如果是長距離的話，另一半我就用塑膠袋裝著，在路上吃掉。如果在家吃的話，我強烈建議加點花生醬，會更好吃喔。」

▌玉米糊（跑後飲品）

食品科學家最近發現咖啡可以幫助肌肉恢復，但其實墨西哥農夫和法國自行車選手早就知道了。那些參加多日賽的自行車選手，結束每天賽事後就會喝一杯熱呼呼的咖啡牛奶，而且加很多糖，因為咖啡活化了葡萄糖的新陳代謝，快速補充你隔天需要的能量。而在奇瓦瓦州，在一天的工作之後，補給飲料就是用玉米粉泡的玉米糊，冷的熱的都好喝。傳統喝法是雀巢咖啡加煉乳，但我們用濃縮咖啡、薑黃、蜂蜜和杏仁奶來取代，減糖又可以抗發炎，還添加一點堅果風味。

〈食材〉

- 2500 毫升 水
- 2 茶匙 原味藍色玉米粉（或是其他種玉米粉也可以）
- 1 茶匙 薑黃粉
- 調味用蜂蜜
- 250 毫升 杏仁奶（請參考第 85 頁，露西的自製杏仁奶）
- 2 小杯濃縮咖啡（或是其他種類咖啡）

〈步驟〉

1. 用一個中型尺寸的鍋子煮水。
2. 在等待水煮沸的時候，把玉米粉倒入碗中，加一點冷水攪拌到滑順。
3. 把攪好的糊狀物倒進滾水中，充分攪拌。
4. 轉成文火，持續攪拌到所有玉米粉都溶解，而且水已經蒸發一半的狀態。
5. 加入薑黃粉和蜂蜜，持續攪拌，再加入杏仁奶和濃縮咖啡。
6. 繼續加熱和攪拌，讓所有食材充分混合。
7. 倒入馬克杯中，可以加入冰塊，即可飲用。

■ 伊斯凱特（奇亞籽水）

我第一次喝到「伊斯凱特」（iskaite）是在拉拉穆里校舍，那時我們的長距離訓練還沒開始起跑，峽谷內開始變熱。偷偷告訴你，我當時躲在仙人掌後，他們給我一個凹掉的錫杯，第一次看到「伊斯凱特」時，我其實想倒掉，因為杯裡的東西看起來太瘋狂了，我實在不敢喝。

在那個時候，奇亞籽在外頭的世界只是一種廉價的玩意，可能是聖誕老公公剩下 5 塊錢可以買的東西。沒人會吃它，除了拉拉穆里人。拉拉穆里人幾世紀下來已經把奇亞籽當成他們的超級飲料配方。還好，我在倒掉之前搞清楚了杯子裡面其實是寶物。

我記得在 19 世紀，有位名字叫做卡爾·朗姆霍茲（Carl Lumholtz）的冒險家跟我的遭遇一模一樣。「我抵達洞穴的時候已經是傍晚，有一位女士正在做這個飲料。」朗姆霍茲在書中記載。「我那時候非常累，也失去方向感，找不到我大概在海拔 2000 呎附近搭的營帳。但是當我止饑而且也喝了伊斯凱特後，我感覺到一種新的力量，讓我煥然一新，輕輕鬆鬆又爬到更高的高度。後來每次有朋友需要幫忙，我都給他喝伊斯凱特，不但強化也提神，整個感覺就像一場冒險。」

〈食材〉

- 2 湯匙 奇亞籽
- 500 毫升 水
- 1 顆萊姆，榨成汁
- 1 湯匙的蜂蜜

〈步驟〉

1. 把奇亞籽放進水裡等幾分鐘。
2. 加入蘭姆汁和蜂蜜。
3. 攪拌，然後冷卻，就可以喝了。
4. 倒入可重複利用的軟管容器最方便。

亞米許人的運動飲料

史考特・傑洛克（Scott Jurek）在打破阿帕拉契小徑（Appalachian Trail）越野賽紀錄時，要順道來我在賓州的家拜訪，當我聽到這個消息時，心中的自豪感油然而生。有個老農夫在路口拿了一個怪怪的水壺迎接史考特，要他喝裡面的東西。

史考特從來沒有聽過薑醋飲（switchel），其他家裡有電力和夾鏈袋的地球人也沒聽過。我在桃底鎮（Peach Bottom）的亞米許族裔好鄰居們，喝薑醋飲有好幾個世紀的歷史了，是下田耕作時補充能量的飲料。史考特認為喝一口裝在莫名罐子裡的飲料太瘋狂了，更別提老農夫還是在樹林小徑裡拿給他的，但身為一個和善的明尼蘇達人，他不想傷老農夫的心，他禮貌性地嚐了一口，從此愛上薑醋飲。

「薑醋飲真是超級好喝的啦，有薑味和醋，在大熱天喝最棒了。」史考特把薑醋飲捧上天了。除了味道很棒之外，史考特知道薑和蘋果醋也有抗發炎的效果。可是他不知道的是薑醋飲也是超級通寧水（Super Tonic）的近親。亞米許人用超級通寧水來治療消化系統，從喉嚨疼痛到腸不適都可以喝。這兩個症狀我都有，雖然我個人比較喜歡薑醋飲，但當你覺得不太舒服的時候，我還是推薦你喝一小杯超級通寧水，會讓你舒服到升天。

▍薑醋飲

〈食材〉

- 2 公升的水
- 100 克 薑末
- 2 湯匙 蜂蜜
- 1 杯 / 250 毫升 蘋果醋
- 1 顆檸檬榨成汁（非必要）

〈步驟〉

1. 把水和薑末放入平底鍋，然後煮沸，煮沸後開文火，然後加入蜂蜜攪拌 2 ～ 3 分鐘。然後移開火爐，讓它冷卻。

2. 把混合物倒進大瓶罐裡，再加入蘋果醋和檸檬汁（如果有的話）。

3. 把水加滿，放涼就可以喝。

▊ 亞米許人的超級通寧水

- 1 公升水
- 100 克薑末
- 2 ～ 3 個大蒜，切碎
- 1 個黃洋蔥，切碎
- 1 大匙 紅椒粉或新鮮辣椒
- 240 克 西洋山葵，切碎
- 蘋果醋

〈步驟〉

1. 把水和薑末放入平底鍋，煮沸後開文火，煮 2 ～ 3 分鐘。

2. 把混合數加入 2 公升的罐子，加入大蒜、洋蔥、西洋山葵和紅椒粉，加入蘋果醋直到加滿。

3. 充分攪拌，然後放到陰涼處。每天攪拌一次，讓它慢慢變化。

4. 2 週後就可以喝了，放到乾淨的瓶子裡享用。（應該可以算是享用吧？）

6.4 補給站：檢查你的血液

下次你有機會和兩個朋友一起跑步時，請注意一下，你們三人之中的一位，在毫不知情的情況下，處於接近一種致命疾病的邊緣，而我們只需要驗一滴血就可以及時挽救。

跟俄羅斯輪盤一樣，我們三人之中就有一位是糖尿病前期的患者，而且有八成的患者發現時為時已晚。糖尿病的威脅無所不在，在我們開始「2 週考驗」前，建議你先找醫生或是自己測一下糖化血色素（A1C），知道血液中的血糖濃度。

如果你及時發現罹患糖尿病，絕對是來得及治療的。第一型糖尿病是基因造成的，因為常常在年輕時發現，通常稱為幼年型糖尿病。第二型糖尿病則是因為後天飲食不斷累積，兩種糖尿病都是因為你的胰臟無法產生足夠的胰島素，來降低血糖。這也是為什麼糖尿病患者需要施打胰島素。同樣的，糖尿病前期患者如果處在危急狀況，也需要施打胰島素。

糖化血色素檢測只能顯示出你近 3 個月平均血糖濃度，剛好配合得上 90 天的「自由奔跑」課表。血糖受到兩個因素影響，第一個是高升糖食物，第二個則是運動，後者正好是「自由奔跑」的重開機範圍。透過糖化血色素檢測，你可以知道兩件事，一是你是不是有糖尿病前期的風險，再來是將你的血糖濃度做為一個標準，監測你之後的血糖變化。在 90 天的課表之後，經過 3 個月更健康的飲食、改善了你身體的不平衡，而且也提升了跑量，也比以往更認真地跑，血糖濃度應該會有顯著地改善。

但老實說，我自己從來沒測過，未來也不會測。我 3 天前在藥局買了一份測試組，讓我有點進退兩難，我今年在飲食上沒什麼控制，我有點擔心結果。可是我也受不了那個白色的盒子放在我的辦公桌上，一直提醒我為什麼家裡都沒有人吃肉桂麥片。

我會陪你的，等我說完這段就去測。為什麼呢？有以下 4 個原因：

1. 如果你好奇哪一個朋友可能有糖尿病，你先想想你自己：你是男性嗎？你超過 45 歲嗎？微胖嗎？1 週運動少於 3 次嗎？如果是的話，你可以不用再繼續想了。
2. 你有得過新冠肺炎嗎？因為病毒對於胰臟細胞的影響，你罹患糖尿病的機率成長 40%。如果你先得了糖尿病，再得到新冠肺炎的話更慘，會出現嚴重的併發症。
3. 我們之中多數人都是高風險族群。如果你是黑人、拉丁人、美洲原住民、太平洋島嶼原住民，或是家族裡有人罹患糖尿病，你的風險就很高。
4. 別欺騙自己，如果你覺得不檢測就知道結果，你可大錯特錯了。糖尿病前期的

> **高升糖食物與運動，是影響血糖的兩個因素。**

症狀幾乎無法察覺，這也是為什麼八成的人完全不知道自己已經罹患糖尿病。

托許・柯林斯（Thosh Collins）因為以上的原因，他開始檢測自己的血糖濃度。你看到托許，你大概以為他健康得像是可以活到250歲。他很認真訓練，而且注重健康飲食。第一次我們見面時，他正在收成仙人掌芽來做晚餐。他是美洲原住民健康飲食的專家，但他知道自己也處於糖尿病高風險族群。

「對於大多數年齡接近40歲的美洲原住民男性，而且生活在第二型糖尿病盛行的區域，通常都是高風險族群，這情況聽起來滿難以置信的。」托許說。「現在那些不知道自己身體生物標記資料的人，到了一定年齡，健康風險就非常高。如果我們可以早期發現血糖問題，可以採取行動來避免第二型糖尿病。」

在過去5年裡，托許定期做糖化血色素檢測，他把結果公開貼在Instagram上，這讓我決定也效法他，不再扭扭捏捏猶豫不決。

糖化血色素測包有三樣東西，迷你的血液蒐集管、檢測試劑盒和血糖儀。首先先用刺血針刺指尖，比我想得簡單。再來，滴一滴血到蒐集管裡，然後搖晃它，讓它和液體混合。等到血液溶液好了，把卡匣接上血糖儀。最後一步，把蒐集管接上血糖儀，然後等5分鐘之後，結果就會出現。血糖儀呈現的數據會介於下列的範圍：

正常：低於 5.7%

糖尿病前期：5.7% ～ 6.4%

糖尿病：超過 6.5%

我的結果：5.2%

為了保險起見，我把血糖儀重開機，等了15分鐘再測一次，第二次是5.4%，我認為比較高的讀數才是準確的，第一次檢測的結果就丟掉不管。我比托許高出0.3%，記得他花這麼多功夫控制血糖，我這樣其實還可以，但也不到好，只差0.3%就達標。這個過程讓我最緊張的是在檢測前。我們會期待比賽那一天，因為那是我們訓練的目標，雖然有點緊張，但是內心知道自己是準備好的。不過檢測之前，我們其實沒有認真看待血糖，這也是為什麼我把血糖測試組放在桌上3天都不敢動。

昨天我的訓練目標是要在5個月內準備好參加「手中鳥」半程馬拉松。今天我的目標是做糖化血色素檢測。半馬的紀錄只是一時的勝利，但是把血糖降到跟托許一樣低？那才是真正的勝利。

凱瑪納‧拉蒙斯是第一型糖尿病患者，他在長距離訓練時戴著貼片監測血糖。

6.5 飲食行動 5 步驟

1. 在進行「2 週考驗」的準備期間，知道你什麼該吃，什麼不該吃。
2. 整理出低升糖的食物組合。你可以在菲爾・馬佛東（Phil Maffetone）的網站上找到很多資訊。直接在網路上蒐集也可以找到成千上萬的「低升糖飲食」。
3. 在廚房裡準備低升糖點心。開始把準備這些點心當成日常，讓它變成習慣的食物。
4. 做一次血糖檢測。
5. 繼續做「運動零食」。（請見第 5 章）

以馬內利・魯內斯（Emmanuel Runes）利用他天生的彈跳能力成為一名優秀的越野跑者。

體能：自己的肌肉自己救 7

時間拉回到 1878 年，當時有位體弱多病的青少年叫做華特‧喬治（Walter George）發現了一件事情，至今都還被視為跑步界的圭臬。華特因為氣喘，又在藥局當學徒，每天工作 14 小時，他的跑量並不多，但他當時仍堅信自己能打破 1 英里的世界紀錄。

他哪來的信心呢？

因為華特有「百抬腿」（The 100 Up）訓練法。華特從日常工作加上靈感，發明了這套訓練法，他每天在藥局從早忙到晚，站在櫃台後面服務顧客，他需要一些簡單而且可以在室內做的運動。但真正的關鍵點在於，他觀察到跑步最原始的機制，以前他也像大家一樣，認為跑步就是一種往前移動的方式，帶你從甲地到乙地，而且越快越好。

可是這也沒什麼不對啊？難不成跑步不是從甲地到乙地，而是從甲地到甲地？你想想，其實你在跑步的時候，是用一隻腳跳起來，同時另一隻腳著陸，對吧？華特想，如果先排除往前移動的部分，跑步其實就是一個垂直上下的跳躍運動。

所以華特就在藥局裡練習，在櫃台後方有時間就做原地抬腿的實驗，從基本的部分開始拆解，像是由膝蓋驅動、背部打直、擺臂，然後用腳掌中段著地，把這些動作變成垂直方向，而不是水平。華特花了一些時間在試錯，不過很快地，他就發明了一個原地跑步的動作，而且各個環節都有顧到。

他把這個訓練稱作「百抬腿」，因為其實就是這麼單純直白：抬腳各 100 下。百抬腿只有 3 個要點，但華特在訓練學員時可一點都不馬虎，他強調：「我要以身作則給學員看，每次的動作都要求完美。一旦沒有做到，就要先停下來。」

完美的「百抬腿」有 3 個要點：
- 在地上畫兩條平行線，間隔與肩同寬。
- 雙腳各站在一條線上。
- 保持背部打直，把膝蓋抬到跟臀部等高，然後放下，換另一腳做同樣的動作。

基本上就是原地跑，超簡單的，對吧？

先別急著下定論，華特‧喬治的鬼魂已經等在一旁，準備打擊你的信心。「乍看之下很簡單就能做到這些動作，做個 1000 下也可以。」他這樣警告學員。「但其實表示你的膝蓋沒有抬到跟臀部等高，這才是訓練的重點，或是你可能只是把腿抬起來一下下，動作也不正確。」

百抬腿訓練的精髓就在地上那兩條線，是診斷你動作正確與否的工具，它們用來抓出你動作裡的不平衡，那些不平衡可能是身體沉痾的根源。當你做了 50 下抬腿，把注意力都放在把膝蓋抬到腰部高度，這時你低頭一看，可能會發現身體失去原本的平衡，腳已經不在線上。如果你的左邊臀部很緊，或是核心不夠力沒辦法保持背部打直，百抬腿訓練都可以抓出這些問題。

華特建議剛開始把目標放在 20 下或 30 下就好，然後找一個朋友在旁邊看，幫你看腿部動作和身體的姿勢哪裡有問題。

當你可以做 100 下完美的抬腿動作後，你就可以從「小聯盟」畢業了，晉升「大聯盟」，開始真正的「原地跑」。大聯盟階段先從效法《小子難纏》開始，一腳踩著球，腳跟離地，另一隻腳抬到腰部高度。然後用踩球的那隻腳躍起，再輕輕著地，落在另一隻腳上，同時擺動你的雙臂，就像在跑步一樣。

這有用嗎？跳來跳去有幫助嗎？

拜託！華特‧喬治就已經示範給你看了啊。他曾經整整一年只做百抬腿訓練，當他開始真的跑步的時候，氣喘改善了，雙腿的步頻快到不敢置信。在他 21 歲時，那個在藥局當學徒的無名小卒，已經搖身一變成為國際巨星，頻頻打破世界紀錄，橫掃 800 碼到 10 英里的各項比賽。他最傲人的事蹟是曾經狂飲 24 小時，然後在爆滿的田徑場中參加 1 英里比賽，跑出 4 分 12 秒的新世界紀錄，而這項紀錄高懸 30 年都沒有被打破。

「藉由持續的百抬腿訓練，我在田徑場上創造許多紀錄，也成為至今史上拿過最多業餘徑賽賽事冠軍的跑者。」華特‧喬治曾說過。

你可能會想，現在 Nike 花這麼多錢，還用奈米科技來打造更強更快的超級跑步選手，世界上應該會有人發明出更好的訓練工具才對，可是百抬腿訓練還是屹立不搖。在人類的發明史上，百抬腿訓練跟捕鼠夾都在 19 世紀時出現，兩者都用很簡單的原理解決生物問題，簡單到幾乎每個人都會使用，所以兩者的地位持久不墜。

華特‧喬治的故事中最棒的部分其實有些諷刺：如果這個窮小子沒有被困在藥局櫃台後面，他可能也沒有機會跑這麼快。他靈光乍現，發現提升跑步表現的另一個關鍵就在於肌力訓練，而不是速度本身。在踏上賽道之前，他已經透過訓練，建立了紮實的跑步基礎，並打造出可以承受日復一日操練的身體素質。即便在他一鳴驚人的初登場十幾年之後，他還是能夠打敗世界上一流的跑者。

可惜的是，我們之中只有很少數的人是在藥局裡當學徒。我們總是期望跑得更快更遠，但從來沒有好到可以滿足期待。有些人跑步是為了保持身材，但沒有人減肥是為了跑步，事實上我們很難做到像華特那樣。我們遇到的問題是華特當時不會遇到的，像是有車代步、高科技的快遞服務、軟軟的跑鞋、串流節目，還有必須把身體

抬起你的膝蓋，其他動作就會跟上。

黏在椅子上的日常工作。

　　也因為如此，我們如果要跟隨華特的腳步，不能只抬腿 100 下，要做得更多，要激發雙腳的潛能、喚醒關節，找到跑步的節奏。欸，別被嚇到了啊。之後要談到這些技巧其實跟百抬腿一樣簡單，而且也不會讓你受傷。在之後的章節，我們要幫助你找回身體主控權。

7.1 7 種腿部肌力訓練

Ⅰ 足底核心訓練

　　常常有人告訴你要訓練腹部核心，但沒人跟你提過足底核心，其實它可能更重要。足部由肌肉精密地組成，同時關乎著你的健康和跑步表現。透過訓練足底核心，可以減少許多活動度上的障礙。也就是說，站得穩不穩，會影響我們活化身體其他肌群的程度。

赤腳金雞獨立

＊**提醒**：這不是抬小腿的訓練，只有垂直方向的動作，不用其他移動，保持平衡就好。

步驟：
- 用單腳站立平衡，前腳掌著地，踩在硬地板上，腳跟略微抬起，感覺到足弓用力。
- 如果有需要，可以扶牆或是椅子，也可以找夥伴視情況扶著保持平衡。

＊**特別注意**：腳底的感覺。有些人會覺得沒力，有些人覺得足底有力，但是小腿或臀肌無力。

次數：每隻腳做 30 ～ 90 秒，直到你覺得累了就可以休息。

側抬腿

＊提醒：這是平衡訓練，而不是腿部的活動
　度訓練。

步驟：

- 用右腳前腳掌赤腳站立，可以扶牆或是椅
　子，也可以找夥伴視情況扶著保持平衡。
- 右腳打直，左腳往側邊抬起來（想像剪刀
　只有一邊打開的樣子）。
- 把左腳舉到臀部還可以穩定的狀態，然後
　再放下，回到原狀。

次數：抬 15 ～ 20 次再換腳。

抬膝

步驟：

- 用右腳前腳掌赤腳站立，可以扶牆或是椅
　子，也可以找夥伴視情況扶著保持平衡。
- 右腳打直，腳跟抬起來。
- 再抬起左膝蓋，越高越好，然後再放下。
　這個動作要慢慢地做，確保你能控制住。
- 把注意力放在站立的腳，而不是移動的那
　隻腳。

次數：15 ～ 25 次，然後換腳。

II 下肢剛性訓練：讓腿更有彈性

軟軟的跑鞋是偷走能量的小偷。雖然它們又精緻又軟，但那些小偷也是在你覺得自在的時候把東西偷走的。那些緩衝科技其實是讓你跑得更辛苦，而不是更輕鬆。腳下的鞋底越軟，你能利用身體天生的彈性就越少。在跑動時，你的能量都被鞋底的海綿給吸收了，而不是從地面彈起，鞋子反而讓你抬腿更費力。

其實你真正需要的是跑起來更輕鬆，而下肢剛性（leg stiffness）就是關鍵。

下肢剛性指的不是肌肉緊繃或是活動度減少，而是關於你下肢的彈性，腿部肌肉和韌帶能像弓弦一樣快速回彈。如果回彈越快，你就越不容易受傷。腳在半空中時是安全的，只有你接觸到地面時才會有受傷的風險。也就是說，當你兩次著地中間騰空的時候是安全的，但單腳著地時，單腳要承受全身的重量，你回彈的速度越快，膝蓋、小腿、足底或是阿基里斯腱承受身體晃動的壓力就越少。

記住卡巴羅的至理名言，接下來我們要揭曉「跑得輕鬆」的祕密。

彈簧跳

目的：利用足弓和小腿來活化人體的彈性而獲得能量。我們要減少接觸地面的時間，最大化我們的彈性能量（elastic energy）。

＊特別注意：離開地面要快，短而快的彈跳是這個訓練的目標。

▌雙腳跳

步驟：

- 赤腳最好。
- 垂直上下跳，從腳踝發力，膝蓋稍微彎曲發力。
- 想像你在搖滾演唱會最前排的位置。
- 當你開始跳得順的時候，可以加一點變化，往兩側來回跳、前後跳，你喜歡哪種就用哪種。

次數：盡情地跳，大概 30 ～ 45 秒，或是你發現跳的速度慢下來了，接觸地面時間變長就停止。

█ 單腳跳

步驟：

• 這下要挑戰用單腳囉。

• 跟雙腳跳一樣，只是用單腳。

次數： 10 ～ 15 次。在覺得累之前就停下來吧，速度變慢的話接觸地面的時間就變長了。

Ⅲ 基礎跑步運動訓練

百抬腿訓練

目的：訓練活化肌肉的模式，特別是前腳掌著地和膝蓋驅動。因為如果用腳跟著地的話，是沒辦法完成百抬腿訓練的。

＊特別注意：站著的時候背部要打直，你應該會感覺到臀部和下背部在用力。在抬腳前，往下用力，然後注意腳步是不是穩定和保持在線上。

▍小聯盟程度

步驟：
- 赤腳最好。
- 在地上畫兩條平行線，間隔與肩同寬。
- 雙腳各站在一條線上。
- 保持背部打直，把右膝蓋抬到跟臀部等高，左手臂往前擺動。
- 放下右腳，回到原點。
- 換左腳做同樣的動作，把左膝蓋抬到跟臀部等高，右手臂往前擺動。基本上，就是原地踏步。

次數：姿勢和精準度最重要。一旦你偏離兩條線，或是無法把膝蓋抬到指定高度時，就休息。

▍大聯盟程度

步驟：
和「小聯盟程度」一樣，只是將「原地踏步」改為「原地跑步」。

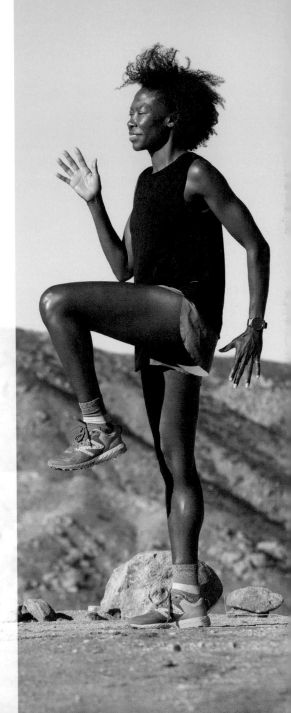

單腳靠牆深蹲

目的：重新恢復股四頭肌和臀肌之間的平衡。許多跑者用股四頭肌在跑，比較少運用臀肌，可能就會造成髂脛束（IT band）、跑者膝和臀部旋轉肌的問題。沒有平衡地運用肌肉是產生肌肉緊繃的主因。

★特別注意：由臀部和臀肌來驅動深蹲動作，就像坐在椅子上，要避免膝蓋向前超過腳趾。

步驟：
- 赤腳最好。
- 左邊靠牆站著。
- 右腳離牆面約 60 公分。
- 舉起你的左腳，然後稍微往後。
- 左手扶牆平衡，右腳做深蹲動作。
- 記得臀部發力。
- 左手推牆，讓你的左腳試圖平衡。
- 右腳深蹲下降至大腿與地面平行，然後起身。

次數：每隻腳 15 ～ 30 次。

跑姿弓箭步

目的：如果有一個動作練習很難精通，那弓箭步肯定排名第一。一個健康而且穩定的跑者要做到這個動作，必須在肌力、穩定度、靈活度和擺臂同步上都到位。

＊特別注意：當你做弓箭步動作時，要擺動手臂，這很難，如果有鏡子可以看的話會很有幫助。

步驟：
- 赤腳在硬地面上。
- 做出弓箭步的動作，不用蹲太低。
- 1/4 深蹲的程度，右腳在臀部下面，左腳則是在正後方。
- 舉起你的左膝蓋並往前，往前舉到越高越好。
- 用跑動的姿勢擺動你的右手臂。
- 換邊。

次數：目標是控制身體和穩定度。只要你能做就盡量做，目標設在 25 次以上。讓你的身體自然地找到平衡點。

7.2 體能訓練 3 原則

1. 透過這章的訓練，慢慢地熟悉自己的身體，慢慢來，重點是學起來，不是訓練量。

2. 設計一個實驗訓練組合，包含「運動零食」和這章的訓練內容。你可以自由挑選訓練項目，組合成讓你覺得最舒服的訓練計畫，讓你在家裡也可以訓練，才能達到90天課表的目標。

3. 開始吃低升糖的食物，養成訓練後肚子餓吃健康食物的習慣。

在經歷了一生的跑步傷病之後，卡瑪・朴透過改變跑姿，她也改變了人生。

跑姿：輕鬆的藝術

8

艾瑞克承諾他可以在 10 分鐘教會任何人跑姿，真要算的話，我認為他至少錯估個七、八十倍吧。所以我接受他的提議，到實驗室接受測試。

- 打開手機裡的〈Rock Lobster〉。
- 距離牆面半步，我按下播放。
- 開始跟著音樂節奏原地跑步。

我按下暫停，然後檢查我的手錶。然後再試一次，每一次我都認為艾瑞克的估計差個十萬八千里，根本不到 10 分鐘啊。頂多 5 分鐘吧，一首歌、一面牆、3000 秒。如果有人早點跟卡瑪・朴說這件事的話，或許能夠提前拯救她悲慘的人生。

卡瑪在從軍期間的故事是一場災難。海軍軍方真的想不透，卡瑪到底是真的不會跑步還是太會演，她這樣的人怎麼能通過海軍的新人營訓練，至今還是一個謎。

神奇的是，卡瑪也就只有跑步不行而已。如果在汪洋中把她丟下船？她也沒問題。伏地挺身、仰臥起坐還是捲腹，都是小意思。卡瑪從小就是游泳健將，也是角力好手，2 小時的訓練對她來說只是日常生活，但如果要她跑個 1.5 英里呢？在 13 分鐘內跑完？那可是天方夜譚了。每次挑戰最後都是不行了只能用走的，她握著肋骨，皺著眉頭，雙腿痛到不行，痛到大聲嘶吼。

「我非常相信當時招募官竄改我的體能測試報告，好讓我可以入伍。」卡瑪說，「我跑完時想說『糟糕，我比入伍標準慢了 1 分鐘。』可是招募官卻說我沒問題。」

入伍後，卡瑪全力以赴，咬牙挺過基礎訓練。加入海軍是她通往夢想生活的門票，所以她說什麼也不會放棄。當時卡瑪 25 歲，她的太太在法學院念書，而她希望成為一位外科醫師。以財務上的考量來說，從軍是當時最穩當的選擇。此外，她也有貸款要還。卡瑪在 11 歲時從南韓移民來美國。對了，或許阿拉巴馬州並不是太歡迎外國小孩，而且她當時有性別認同的困擾。儘管如此，卡瑪還是很感激她的家人帶她來到美國。

「我真的很想報效國家，」她說，「但是在新人營時，我在船上一直反覆生病。」卡瑪用訓練官的口號催眠自己——「痛苦只是表面的！腳跟！腳尖！再來！腳跟！腳尖！」可是她越用力跑，就越痛苦。「一開始他們可能發現我沒有跟上，因為也有些新兵不想跑步，所以假裝跑不動，我看起來很像是他們那一夥的。不過我真的痛

到不行，他們才發現不對勁。」

最後海軍醫官診斷出卡瑪是慢性臀部脫臼。她被調往醫務室住院，可能待上 1 個月、半年甚至一年，依照她復原的情況，也有可能直接離開軍隊。當時她有兩個選擇：快點復原不然就申請退伍。

卡瑪覺得很崩潰，但也是解開了內心的謎團。小時候她的媽媽為了幫助卡瑪融入新生活，幫家族報當地的 5 公里路跑賽事，卡瑪知道她自己跑不動。「我爸跟我說，我可以在人群後面用走的。我覺得那真是太蠢了。我們有汽車也有腳踏車，為什麼要跑步？我其他運動都很強，唯獨跑步不行，我試了又試，都沒進步。」

退役後回到平民生活，卡瑪過得不好。她暫停了學業，開始管理一家潛艇堡速食店，好賺錢讓她的太太能夠完成法學院學業。她開始變胖，每當她想要嘗試開始運動，腿部的舊傷就會出現，後來她知道是因為風溼性關節炎。處方藥物讓她昏昏欲睡而且變胖，她的身體痛到需要拐杖才能走路。

卡瑪陷入一個可怕的惡性循環旋渦中，沒人能幫她。除了她太太的情人。

「我的太太有了外遇，外遇對象非常的精瘦。」卡瑪說。「當我和她當面對質時，她說我太胖了，實在徹底傷了我的心。」後來她和太太分居，卡瑪決定用最痛恨的事情來懲罰自己。「我決定用生理上的痛苦來蓋過心理上的痛苦。」她說，「從海軍退役後，我再也沒有跑步，我恨透了跑步，這輩子再也不想跑步。但這次我決定向墳

墓跑去，我恨自己，我也恨跑步，我們同歸於盡吧。」

曾經有一次，她的舊傷救了她一命，她的腿比她的心跳先停了下來。她只好再找別的方式來折磨自己，這時她幸運地遇到了雪瑞登（Sheridan）。有了雪瑞登美好的陪伴，卡瑪心中某部分開始慢慢癒合。面對性別認同的疑慮，這是她人生第一次有信心採取行動，喚醒深埋已久的自我，開始轉換性別。

她也再一次下定決心要恢復身材。如果你有印象的話，卡瑪已經嘗試跑步 3 次，結果是三振出局。這些年來，我聽過好多次那些放棄跑步的前跑者們的故事，包括我自己在內。我聽到卡瑪要捲土重來，心想或許前一次就是最後一次了，她應該會自此永遠放棄，但卡瑪出乎意料地決定再來一次。在雪瑞登產下她們的長子時，卡瑪下定決心不要讓自己的孩子看著她拄著拐杖，希望能活著看到孩子長大。

「我就是從這樣開始學習正確的跑步方式。」她說。

卡瑪這次用不同的角度來解決問題：會不會有可能其實問題出在她的想法，而不是身體呢？卡瑪生長在醫師家庭，是個數學天才，一旦她發現套公式最後出來的解答是錯的，多少會有點不爽，重算一次也沒用。與其更認真地去跑步，她想說或許應該用更聰明的方式去跑步。

她終於豁然開朗，她發現跑下坡時她的腿比跑上坡時更痛。「那如果我一直跑上坡呢？」她突然有這個想法，開始用前腳掌跑

步，而不是用之前別人教的「腳跟、腳尖、腳跟、腳尖」這樣的跑步方式。

「當我跟朋友提到這件事的時候，對方馬上回說：『你沒讀過《天生就會跑》嗎？那本書就在談這個啊！』」

卡瑪買了一本，在書中，她找到改變她一生的模範。那個人不是差點在里德維爾百英里越野賽中擊敗拉拉穆里人的勵志人物理化老師安·崔森（Ann Trason），也不是從明尼蘇達度過困苦童年，成為史上最強超馬跑者的英雄人物史考特·傑洛克（Scott Jurek）。卡瑪對「太陽守護者」珍·雪頓（Jenn Shelton）也沒有共鳴，靠跑步療傷的「心碎孤狼」卡巴羅也不是她的菜。

都不是這些傳奇人物。當卡瑪看著鏡子，她看到的是赤腳泰德正在對著她微笑。

我對於這個選擇不太滿意，但是當卡巴羅和我第一次遇到泰德·麥當勞（Ted McDonald）時，我們要猜拳決定，誰去把泰德敲昏，然後把他推到峽谷裡。泰德老是說：「我的人生是被壓抑的大爆炸。」這種說法讓我懷疑他到底有沒有搞懂「被壓抑」是什麼意思。

我後來才發現珍、「蠢蛋」比利以及拉拉穆里族的曼努爾·魯納（Manuel Luna）也喜歡泰德。在惡水超馬賽時，我跟泰德正和路易斯·艾斯克巴參加比賽，比賽正激烈時，我威脅泰德要把他丟在死亡谷的路邊等死，他回嗆我：「我才不管你是什麼咖！我要打爆你！」我們之間經歷過好幾次爭

上圖：赤腳泰德穿著自製涼鞋跑完里德維爾百英里越野賽，旁邊是擔任配速員的本書作者克里斯多福·麥杜格。

下圖：2006 年時，赤腳泰德和魯納學習製作拉拉穆里人的涼鞋。

執，但後來我懂了。

我的確不能忽視其實很多人喜歡泰德，他雖然常常處在低潮，但他是個體貼的朋友，而且有自己的一套做法。有次我告訴泰德，我的亞米許超馬朋友們要路過西雅圖，到加拿大參加雷格納接力賽（Ragnar

Relay），他二話不說立刻把他的涼鞋店開門，臨時做了一個宿舍接待我的朋友。

泰德幾乎每一年都會南下到銅峽谷，給曼努爾・魯納一筆現金。魯納不只是跑者也是一位藝術家，他教會泰德製作涼鞋。不是因為他們是夥伴關係，他們是真的朋友。想到路易斯聽到我要邀請泰德來加州寇爾頓拍照時，他氣得冒煙的樣子，畫面真是令人發笑。這48小時的活動中，路易斯一句話也不說，但我跟他偷偷在傳簡訊，例如在報到時傳笑臉符號。感覺不太像在等朋友出現，反而比較像被連環殺人魔跟蹤。

沒想到的是，當赤腳泰德搭乘美國國鐵在聖伯納迪諾（San Bernardino）站下車時，他像是聖誕老公公背著一大袋東西，裡面裝的是製作涼鞋的材料。他坐了6小時的車，一下車就開始製作客製化涼鞋給賽事志工。他手正忙著製作涼鞋，嘴巴也沒停下來，一口氣滔滔不絕了30分鐘，伶牙俐齒又舌粲蓮花，講到我們的下巴都掉下來了。他講的東西都是他剛剛在火車上被困在座位時想的東西（「你有把所見的東西變成食物的超能力嗎？」這是我唯一記得的一句話）。在做完一打涼鞋後，他當晚搭計程車回到聖塔芭芭拉。他就只是為了做涼鞋跑這一趟。人也太好了。

在跑者界，泰德是真正革命性的代表人物。以跑步極簡主義來說，他領先美國跑者好幾年。並不是說他的想法沒有吸引力，而是他本來做事的方式就是如此，只有像他這種自稱猴子的人才會走這條路。

如果你記得之前的故事，泰德一開始跑步是為了成為美國「復古風」鐵人三項選手，我們不知道他的起心動念，總之他想要在40歲生日時完成一次226公里鐵人三項比賽（游泳3.8公里、自由車180公里，加上跑一個42公里全程馬拉松），而且用的是1890年代的工具。若要說有什麼比泰德的運動神經更厲害的，那肯定是他的自信心。他用這種復古的工具完成游泳和自行車，但跑步就吃鱉了，不是他身體做不到，問題出在跑步本身。

的確，答案很接近，是跟跑鞋有關。當泰德第一次打赤腳跑步的時候，他的身體運動的方式改變了。「我嚇到了，怎麼這麼爽。」泰德說。「鞋子讓我的腳很痛，我把鞋子脫掉的瞬間，就像被困在岸上的魚回到水裡一樣舒爽。」

在他的「赤腳部落格」上，他寫了「3大原則」：

- **鞋子能夠止痛，但不能耐震。**
- **痛楚能讓我們學習如何跑得更舒服。**
- **當你開始用赤腳跑步，你就改變了跑步的方式。**

說到改變跑步的方式……

原本泰德學到的跑步方式，都跟後來他所提倡的完全相反，而且也不管用。另外，他的3大原則很符合常理，你想想，哪一個傑出的籃球選手是把球丟到空中，然後開始祈禱進球的？又有哪一位網球選手揮拍

在十幾年後，泰德依舊幫跑者們製作涼鞋。

會像揮棍子一樣？泰德在日本教過幾年書，他知道壽司師傅和武術家花好幾年才能將基本功做好。在跑步的世界中，跑姿和技術就是最高指導原則。

當時泰德在現實生活中不認識任何一位赤腳跑者，只和他們在網路上認識，所以他自己改造自己。他聽過一個故事，第二次世界大戰時有位捷克士兵在晚上站崗時，想像自己參加奧運，於是把腳抬高，抬超過積雪的高度，他開始原地跑，還要小心被聽到聲響，得穿著沉重的靴子輕聲落地。泰德覺得自己的情況很像他。

戰爭結束後，士兵回到家，從雪地到了溼漉漉的洗衣房，他用腳踩的方式洗衣服，把衣服在肥皂水盆裡，然後在衣服上跑步。（百抬腿先生，你看到了嗎？只要一滑倒，你可不是重新開始，你會直接送急診。）

這些看起來很怪異的家庭實驗最後收到很好的效果。這位捷克士兵叫做埃米爾·扎托佩克（Emil Zatopek），後來他跑出奧運田徑史上最驚人的成績：在 1952 年的奧運比賽中，他連掃三項長距離比賽冠軍，其中馬拉松他還是初次參賽。先不管埃米爾跑得有多快，他的表情管理真的不行。上坡時，埃米爾像是恐怖片的角色，有位體育記者形容他臉上的痛苦表情像是被人在心臟刺了一刀。埃米爾跑步的時候頭垂下來，手抓著胸部，好像體內的外星人寶寶要從肋骨中間生出來。可是這位體育記者錯過了最重要的部分，埃米爾的下半身跑起來像是機器一樣，有節奏、精準、無懈可擊。

泰德後來從沒有執行過「復古風」鐵人三項，至少到現在還沒參賽過，不過他已經夠強了。當他打通跑步的任督二脈後，不再覺得跑步是一種懲罰，他心中的「猴性」開始有了目標。

在之前，他其實就已經獲得波士頓馬拉松的參賽資格，而且在波馬也取得下一次

馬拉松的參賽標準,勢不可擋,後來他從長距離路跑轉向挑戰高山超級馬拉松。

但是卡瑪所羨慕泰德的並不是以 24 小時完成里德維爾百英里挑戰賽,也不是他雪板的世界紀錄(在 24 小時內,滑行 242 英里,約 389.4 公里)。卡瑪不是想像泰德跑得一樣快,她只想要跑得健康,她想要像泰德一樣,從「容易受傷的泰德」變成「快樂泰德」。

「我下定決心擁抱用前腳掌跑步的跑法。」卡瑪說。

或許「擁抱」這詞不夠精確。自從 2014 年 5 月 3 日,卡瑪每一天都跑步,沒有中斷過。不管她所在的阿拉巴馬州伯明罕有沒有颱風下雨,或是感冒、診所工作忙到翻,她每天晚上都還是穿上涼鞋出門跑步。

她開始 8 年多不停地跑,很有泰德的作風,就是怪。在變性之後,曾經發誓不再跑步的卡瑪,居然帶了一面馬拉松獎牌回家。沒有拐杖、也沒有風溼性關節炎了。透過改變跑姿,卡瑪發現她的體感也改變了,她很快就從全程馬拉松轉戰 50 公里賽事,然後就一發不可收拾。在她跑完第一場超級馬拉松的隔天,她決定挑戰身體的乳酸,輕鬆跑個 2 英里,她沒想到跑完居然感覺更好了,於是隔天又出去跑,隔天又隔天,然後一跑就跑了 8 年多。

卡瑪每天至少跑 1 英里來維持她的紀錄,但這只是底標。在第一年時,她還跑了 3 次超級馬拉松,還曾經連續一整年每天至少跑 5 英里,一度有 10 個月每天都至少跑 7 英里,甚至連續 1300 天每天至少跑 3 英里。儘管她創下這麼多不休跑的紀錄,她還是想從赤腳泰迪那邊借點東西:一雙魯納式的涼鞋,來提醒自己要跑得順、跑得輕鬆。

直到泰迪在聖伯納迪諾下車之前,卡瑪和泰迪從來沒有碰過面,卡瑪一見到泰迪

就衝上去拍照，四眼相對的瞬間，泰迪的快腳當下也不知所措。

卡瑪在幾年前聯絡過泰德，當時她被困在男兒身裡，正在進行兩次可怕的變性手術。當卡瑪和泰迪時相見時，卡瑪已經挺過難關。一直以來，泰迪是卡瑪的明燈，泰迪也知道卡瑪值得一個特別待遇。

「如果你有任何想問的，就問卡瑪。」泰迪對一群老經驗的超馬跑者說明極簡跑步時這麼說，「她懂得的跟我一樣多。」

> 自從 2014 年 5 月 3 日，卡瑪每一天都跑步，沒有中斷過。

8.1　~~10 分鐘~~ 5 分鐘搞定跑姿

跑姿在本質上有點棘手：你要低頭看你的跑姿有沒有跑掉，但你一低頭，你的跑姿就肯定跑掉了。

艾瑞克必須找到一個替代方案來取代人的眼睛，像是生物監測儀器之類的東西，在視覺上能偵測動作，並且在錯誤時立即給予警告。後來，他找到一個絕佳的科技產品。

一面牆。

再來，他還得解決節奏的問題。跑步跟跳舞一樣，不是只是移動肢體而已，還需要節奏。兩者缺一不可。所以艾瑞克需要一個防呆的系統，讓跑姿跟節奏訓練能同步進行。還好，有前人想出辦法用簡易的科技產品就可以搞定。

消費性的錄影機在 1980 年代問世，讓每個人都可以是街頭攝影師，兩屆的奧運現代五項[9] 選手傑克‧丹尼爾斯（Jack Daniels）就是其中之一。在他退役後成為大學徑賽教練，丹尼爾斯開始用攝影機記錄菁英選手，他注意到一件神奇的事情：這些選手的步頻幾乎都在每分鐘 180 步，每隻腳 90 步，不管是跑得快還是慢，都接近這個頻率。加速時，就把步幅加大，步頻保持不變，依然維持每分鐘 180 步。丹尼爾斯後來觀察初學跑者，注意他們的步頻慢了不少，大概每分鐘 160 步左右。丹尼爾斯發現，那些跑者對於要加快步頻就更費力這件事情感到困惑。其實步頻越快是應該跑起來越輕

鬆，越像是在跳躍，而不是跑、停、跑、停，你跳躍越快，就會得到更多額外的動能。

但以現實面來說，有誰想要在跑步時邊算步數邊盯著碼錶看？艾瑞克的「10 分鐘搞定」要以更無痛的方式來把跑步沉浸在節奏中，讓肌肉記憶住那種感覺。這次我們要再感謝一次 B-52s 樂團。

B-52s 樂團的〈Rock Lobster〉這首歌 1 分鐘有 92 個拍子，如果你不喜歡 80 年代的另類搖滾風格音樂，也可以換成雷蒙斯樂團（The Ramones）的〈Listen to My Heart〉，泰勒絲的〈ME!〉，或是我們最愛的左撇子小姐（Lady Southpaw）的〈Verrazano〉——這是一首龐克搖滾風格的歌，歌手本身也是馬拉松選手，整張專輯的歌曲都設計在 1 分鐘 90 個拍子的節奏。（你在第 11 章面對面跑步訓練時，會聽到更多「左撇子小姐」的作品）

有了這些，你該怎麼把它們結合起來呢？

1）原地彈簧跳。不追求高度，你要用腳踝來跳。接觸地面的時間要短，讓你的前腳掌自然地接觸地面，腳跟則是輕輕地碰到地面。

2）繼續跳，直到你跳起來很輕鬆，好像可以跳一整天都不會累，像拳王阿里（Muhammad Ali）在場上來回跳動，或是像關‧史蒂芬妮（Gwen Stefani）在混亂嘉

年華（Riot Fest）舞台上愉快地跳著。

3）抓到重點了嗎？現在靠牆站，背部幾乎貼在牆上，然後原地輕鬆跑。你不是在原地跳了，你在跑步，但還是維持那種彈晃跳快速、輕盈的感覺。

4）如果你的腳跟碰到了牆，表示你放得太輕鬆了，要把你的腳抬高一點。你要用膝蓋驅動跑步，不是只有彎曲膝蓋而已。這是原地跑的精隨，記住這一點就不會錯。你不會用腳跟著地，你不會過度跨步。你唯一可能出錯的地方就是放太輕鬆了，所以還需要後面有一面牆來幫你矯正。

5）現在是最後一步了：把你的背貼在牆上，然後播放〈Rock Lobster〉，跟著歌曲的節奏跑。

6）感覺到了嗎？你已經學會了完美的跑姿。

譯註
9. 包含射擊、擊劍、游泳、馬術和跑步。

精通跑姿的技巧訓練

障礙木訓練

▌PART 1

目的：一般的全方位訓練。幫助你訓練節奏、著地、站立腿、推蹬和腿部伸展。訓練的重點是幫助你提高步頻。

＊特別注意：這不是敏捷度訓練，不需要快速地移動腳步，你要的是順暢而且自然地跨過障礙木。

步驟：

- 放 12 支小的障礙木，排成等距像階梯一樣，障礙木間隔約 90 公分。如果你沒有木頭，也可以用捲起來的毛巾，或是直接用畫線的也可以。我們在訓練營是直接用鞋子替代。
- 跑起來，單腳落在障礙木之間。
- 用輕鬆的速度跑，感覺是自然地跑動。
- 用膝蓋驅動，想像障礙物有 15 公分高，要跨過去。

次數：直到你累。

▌ PART 2

目的：藉由把障礙木的間隔距離拉遠，我們開始要拉大步幅，前腳對地面施予力量才能跨過障礙木，同時也提升了速度。

＊特別注意：你要用站立的那隻腳對地面施予力量，才能加大步幅，而不是用抬起來的那隻腳。

步驟：

- 重新調整障礙木的間隔，稍微加大一點距離，讓每一步還可以逐漸加大，你可以用肉眼判斷，但大概抓增加 8 ～ 13 公分的間隔就好。例如：第一根障礙木和第二根的距離是多 8 公分、第二根和第三根間隔多 9 公分、第三根和第四根則是多 10 公分。
- 持續調整距離，讓你還可以維持在跑步而不是跳躍的程度。
- 繼續練習，把注意力放在施予地面更多力量上，藉以增加步幅。

次數：想做多少都可以，開心就好。

原地跳

目的： 有些跑者在跑步時常常不知道怎麼擺手，他們在原地跳也會遇到困難，這樣在跑步時會減少效率和穩定性。擺手擺得不好的話，會造成身體不平衡和浪費能量。

＊特別注意： 要學習感受放鬆和用力。你需要透過呼吸和運用核心來交替放鬆與用力，幫助你在原地跳時能跳到一定高度。

步驟：

- 在正常的跳躍動作時，把前腳膝蓋抬高，專注在高度上，而不是往前的距離。
- 想像套用到跑姿上，你的另外一隻手和另一隻腳的膝蓋往前抬高。
- 跳躍的腳步步伐要小，加上用力、誇張的擺手來增加力量。
- 如果你手腳同步有困難，可以先從一般的跳躍開始，感覺到進步後，再逐漸增加高度。

次數： 每隻腳 6 ～ 8 次，不用多。高度越高越好，手腳協調也很重要。你做的次數越多就會越累，如果太累就失去訓練的目的了。

單腳跳

目的：用來訓練減少著地時間，同時運用核心。

＊特別注意：蹲下時不超過 1/4 深蹲的範圍，腳部肌肉繃緊，沒有上下跳動的動作。

步驟：

▌基礎版

- 單腳站立然後往前跳，用同一隻腳著地，微蹲。
- 著地後數到 3，然後再用同一隻腳往前跳，重複這個循環。

▌加快版

- 單腳站立然後往前跳，用同一隻腳著地，微蹲。
- 著地後立刻跳起，然後再用同一隻腳往前跳，重複這個循環，腳越快離地越好。

次數：每隻腳 8 ～ 10 次。

腿的記憶

肌肉記憶是真的存在。

比我們知道的還更加強大。研究人員發現當我們運動時，有一種類似幫助恢復的規則正被記錄在我們的肌肉細胞裡。這些記錄了我們如何變強壯的過程，不管我們停了多久沒有訓練，幾個月或甚至是幾年，我們都可以隨時找到那些記錄。這不是什麼神奇藥方，但它的確是一條捷徑。你在過去所累積的力量和敏捷度，都比你當初打基礎時還更快就能恢復回來。

健身魔人比研究人員更早發現了這個事實。做重量訓練的人，如果停止訓練一陣子，肌肉變軟了，但是一回來訓練，馬上就能恢復到一定水準，比預期的還要快。他們稱之為「動作神經刻蝕訓練法」（greasing the groove），主要的概念是一旦你訓練過，當你的身體再度面對挑戰時，身體很快就能恢復到之前的狀態。

阿肯色大學和肯塔基大學的研究人員為了測試這個概念，合力設計了一個超棒的實驗。他們訓練老鼠們在有阻力的滾輪裡跑步，有點像是負重的心肺訓練。在訓練 2 個月後，老鼠們休息了 3 個月。因為實驗室老鼠只有 3 年的壽命，這段期間差不多等於人類休息 7 年。

當休息足夠的老鼠再回到滾輪裡，和那些剛開始訓練的老鼠相比，你猜怎麼了？原本訓練過的「老」鼠，遠比新的老鼠快多了。「老」鼠剛回來時都胖得不像話，但一開始跑滾輪，過渡期很快就過了，馬上又回復身材。

在自行車界，老派的自行車選手都稱之為「腿的深層記憶」（deep legs）。這些肌肉不只是在騎車過程中越來越強壯，而且也越來越聰明。這也是為什麼有經驗的自行車選手，在受傷恢復後回到訓練上，很快就能跟上，可能跟新手花一樣的時間訓練，就能恢復到原來的狀態。一旦你的雙腿學會怎麼樣跑才是輕盈的，它們永遠都不會忘記。

8.2　跑姿訓練音樂清單

你不一定要選前面提到的〈Rock Lobster〉，只要選一首每分鐘 90 拍的音樂，深深地烙印在你的大腦海馬迴裡就可以。如果 B-52s 樂團不是你的菜，可以從艾瑞克‧歐頓的「自由奔跑」音樂清單裡挑一首：

左撇子小姐（Lady Southpaw）
〈Why I Run〉或〈Verrazano〉
令人陶醉的音樂！左撇子小姐的這兩首歌都是每分鐘 90 拍節奏，是「自由奔跑」課程的代表歌曲。

雷蒙斯樂團（The Ramones）
〈Listen to My Heart〉
大師級的三部和聲，加上完美的每分鐘 90 拍的節奏，整首歌短而快，適合入門跑者。

Palace Winter
〈H.W. Running〉
自由奔放的歌詞帶你沉浸在每分鐘 90 拍的節奏中。

齊柏林飛船（Led Zeppelin）
〈Rock and Roll〉
一對傳奇鼓手和吉他手，用每分鐘 86 拍的節奏幫助你的腳來熱身，感受搖滾的熱力。

泰勒絲（Taylor Swift）
〈ME!〉
找一個夥伴一起享受這首每分鐘 91 拍的流行合唱曲。你一整天都會哼著這首歌，並且找到完美的跑步節奏。

滾石合唱團（The Rolling Stones）
〈Everybody Needs Somebody to Love〉
滾石樂團永垂不朽，你也會跟著這首每分鐘 89 拍的藍調搖滾歌曲一直跑下去。

披頭四樂團（The Beatles）
〈Help!〉
節奏很符合，而且歌一放就有感覺。鼓手林戈（Ringo）在你後面頂著，每當你快要跟不上節奏的時候，他的鼓聲就會越來越大聲。

奧莉維亞（Olivia Rodrigo）
〈deja vu〉
要跟上節奏不容易，但這首殺手級作品值得一試。

愛美蘿‧哈里斯（Emmylou Harris）
〈Born to Run〉
節奏上是有點慢，但我們總是要挑一首跟書名一樣的吧，挑這首是因為布魯斯‧史普林斯汀（Bruce Springsteen）那首同名歌曲太慢了。

8.3 跑姿訓練 6 技巧

1. 先從障礙木訓練開始做實驗，用你可以
   取得的東西來做為障礙木就可以，鞋子、
   用粉筆畫或是毛巾都可以。

2. 練習百抬腿，可以邊做邊看電視，但要
   記得把膝蓋抬到腰部的位置，而且確保
   你的腳留在地板的兩條線上。

3. 播放〈Rock Lobster〉或是其他每分鐘 90
   拍的音樂，然後開始背靠牆原地跑步。

4. 觀察自己隨著音樂跑步的掌握程度，是
   否夠輕鬆？輕鬆到邊跑步可以邊唱歌的
   程度？

5. 當你可以駕馭〈Rock Lobster〉了，開始
   調整你的移動方向，可以往前往後跳、
   往側邊跳，或是對準節拍。

6. 開始練習這章的所有內容，好讓你在開
   始 90 天課表之前，身體已經習慣這些動
   作，能夠像呼吸一樣自然。

ALTRA圍繞著兩個設計核心
「Balance Cushioning™」以及「FOOTSHAPE™」

平衡緩震
BAL|NCD™
CUSHIONING

平衡緩震設計有助於維持身體平衡，減緩足部落地時的衝擊，降低受傷的機率。

自然鞋楦
FOOT|SHAPE™

自然鞋楦設計使雙腳在鞋內有充分空間，可以發揮最佳的力量。

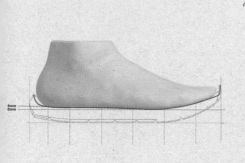

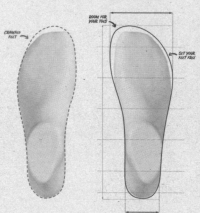

ALTRA 的設計保有機能以及使用目的，卻又能讓雙腳和身軀回到自然原始的狀態。

全台 ALTRA 授權通路
AMOUTER、MW 馬拉松世界、OUTDOOR MAN、玉山戶外用品社、悠樂森活、墾趣戶外旅遊用品

ALTRA台灣總代理 翔雁國際
客服專線 02-8512-1331
email: altra@freetimegears.com.tw

ALTRA™

來自美國的自然跑鞋

回歸原始步態

創造舒適的高表現跑鞋，促使你「自然地」移動。

艾曼‧威克森在加州的山丘上嘗試越野跑。

專注：
更快、更遠、更持久

讚啦！感謝艾瑞克的肌力課程，你的身體現在已經是一台越野車，蓄勢待發，準備爬坡和高速移動了；百抬腿和其他跑姿技巧，就像是你的防刺胎；你的油箱已經裝滿高級汽油。而且你已經像凱莉·文森一樣，重新設定，回到乾淨的飲食習慣。

大腦、身體、胃：輪胎、車體和燃料。

你還缺什麼？

一部引擎。

空氣是你這台越野車能夠啟動的關鍵。呼吸的方式決定了你能跑多快、能跑多遠和你的恢復速度。每一位運動科學家在分析跑者潛能時，第一個看的就是呼吸：他呼吸的能力如何？就像買一台車，看的是引擎蓋下面的東西。沒有學會呼吸，就沒辦法。

「氧氣能夠點燃身體裡每一個細胞。」衝浪界傳奇人物雷爾德·漢米爾頓（Laird Hamilton）曾經跟我說過，「呼吸的方式洩露了敗相。你看拳擊手和任何運動員，當他們開始用嘴巴呼吸、喘氣時，他們差不多要完蛋了。你可以好幾週不吃東西，好幾天不喝水，但幾分鐘缺氧，你就要從人生遊戲中登出了。掌握呼吸是一種重要的能力。」

我之所以請教衝浪神人如何呼吸，而不是去問跑步教練，是因為在某一個瘋狂的

下午，有兩個人卡在隧道裡，幾乎沒有活命的機會，其中一位是雷爾德，他們靠著掌握呼吸的 3 種速度檔，最後獲救生還。

這 3 檔分別是：全速前進、逼近臨界點和低速。

在運動科學的課本裡，分別稱它們為「無氧」（喘氣）、「閾值」（正常呼吸）和「有氧」（充足呼吸）。你都經歷過這 3 個階段，很清楚這些是什麼感覺，但你知道怎麼控制他們嗎？你知道你可以在無氧狀態「全速前進」撐多久嗎？或是你知道什麼時候該從「逼近臨界點」轉換到「低速」，避免跑到一半就喘不過去嗎？

如果你沒辦法駕馭呼吸，那麼你也無法成為凱撒的羅馬軍團裡統領萬軍的百夫長了。凱撒大帝是史上最偉大的軍事家之一，你想想他的部隊靠雙腳行軍千里，這些士兵也不見得都體態健美，但他們卻有著驚人的速度，造就凱撒軍聞風喪膽的名聲。敵軍首領好整以暇地等待著凱撒大軍抵達，認為自己有機會擊敗羅馬人，卻只聽到劃破天空的咻咻聲，背後劍雨齊發，凱薩的羅馬大軍早就徹夜跑了 30 英里，跑到敵軍後面殺個措手不及。

凱撒大帝並不需要去各地挖掘長跑人才，

因為他用神奇的「節奏」訓練出了長跑大軍。在羅馬人加入軍隊最初的 4 個月，菜鳥日以繼夜地訓練呼吸的節奏，把控制呼吸的簡單技巧深深地刻印在肌肉記憶裡。即便在深夜裡，一萬名士兵用他們習以為常的呼吸節奏，可以整齊快速地移動到目的地。

凱撒大帝統領史上最驍勇善戰的羅馬軍團，他可不喜歡碰運氣。凱撒的大軍在「低速」輕鬆跑的狀態下，可以在夏天時跑 5 小時，推進 20 羅馬單位里，換算成英里的話，是 15 分鐘 1 英里。再加速前進的話，是 13 分鐘半跑 1 英里（5 小時跑 22 羅馬單位里）。你想想，在崎嶇的山路，背著 45 磅的裝備行軍，能跑出這樣的速度，令現在的超馬跑者都望塵莫及。

再切換到「全速前進」檔的話，嗯，想像他們向你衝過來……這是他們進攻的速度，當他們距離敵軍 1/4 英里時，他們會進入到全力衝刺的階段，但不能暴衝超越同袍，靠近敵人時，手拿劍蹲下也要一秒鐘停頓才能揮劍砍殺。如果你覺得很簡單的話，可以試試看衝向標竿，然後在全力衝刺下，看看你最後能不能準備好面對敵軍士兵。

看起來很妙對吧？奔跑是一回事，狂奔還得保持專注，在訓練時注意跑步的節奏，這是非常難的。雷爾德說的「呼吸的方式洩露了敗相」，另一面就是凱撒大帝，他成功的關鍵就是呼吸，在剛好維持在需氧量的極限下，羅馬大軍還能夠快速推進。

現在想像你是凱撒大帝，那時還沒有心率監測儀器和碼錶，你正面對著四面八方而來的高盧大軍，羅馬帝國的命運全決定你如何算出行軍的速度。

你要怎麼算出來每個階段可以行軍多少里呢？

為什麼不是在夏天時以 5 小時跑 18 羅馬單位里呢？這樣的速度很快啊。或是跑 25 英里而不是 22 英里？看起來也還撐得過去。要記得，如果你有一點點算錯，你的羅馬大軍可能會晚到一點，或是比往常更累一點了，你的項上人頭可能就被敵軍帶回家。

凱撒的解法很巧妙，到現在都還沿用著。

就是邊跑邊唱歌。

如果你想測試菁英選手是不是達到極限，可以試著讓他們唱歌。再來加速，再試試看跟他們聊天，直到他們上氣不接下氣，幾乎說不出話來。繼續挑戰他們，看他們可以吼出幾個字來。

同樣道理，羅馬軍隊的指揮官們也是用這個方法。雖然當時流行的軍歌已經失傳，但他們急行軍時保持同步，不讓士兵落後，靠的就是唱歌。傳說當時唱的都是歪歌，講的都是凱撒搞外遇的風花雪月。

兩千多年後，美國軍隊還是用凱撒這一套。在訓練時，美國士兵腳下的軍靴跟羅馬士兵綁的涼鞋踏著相同節奏。節奏是一樣的沒錯，但羅馬士兵唱的粗俗多了。

在全美國，每一個美軍菜鳥營都用「輕鬆」的呼吸狀態和諧地唱著軍歌：

我們是第 1 小隊
超強的第 1 小隊
勇猛善戰的第 1 小隊
百發百中的第 1 小隊
比第 2 小隊強
比第 3 小隊猛
第 3 小隊算三小⋯⋯

如果要加速，帶隊的中士可能會把歌詞
砍幾個字，讓士兵可以保持穩定地呼吸和
回答：

中士：在海裡游的——
士兵：是龍蝦！

中士：龍蝦吐泡泡——
士兵：吐泡泡！

中士：龍蝦搖啊搖——
士兵：搖啊搖！

合理，只不過軍隊裡並非真的這樣喊*。
根據美國陸軍公告中的第 3 章第 21 節第 5
點、第 2 段，第 4-14 點寫到：軍官在加速時
要保持準確的每秒 180 拍。跟傑克‧丹尼爾
斯說的一模一樣。

*原註：真實的歌詞是：
中士：第 3 小隊，你去哪裡了？
士兵：我去環遊世界回來了！
中士：第 3 小隊，你怎麼去？
士兵：一台通訊車慢慢嚕過去！

在低速檔下，你不需要過度用力奔跑。

> **呼吸的方式決定了你能跑多快、
> 能跑多遠和你的恢復速度。**

9.1 呼吸換檔真的重要嗎？嗯……

2007 年的 12 月某天早上，有人告訴雷爾德今天的浪很猛，雷爾德和他的朋友帶了衝浪板很快騎上水上摩托車，一路往茂宜島外海飆過去。他們在離海岸非常遠，大約 2 英里的島上休息。即使雷爾德已經在夏威夷住了一輩子，他也是最近才發現這個地方。島上的衝浪者看著大浪嚇傻了，脖子幾乎都要抽筋。

雷爾德曾經征服過人類史上最大的幾個大浪，但這次可是不同等級的。

「這是我自己主演的《海神號》電影。」雷爾德的一位朋友說，「而且更可怕 10 倍。」

雷爾德只能依靠自己呼吸換檔的能力來征服大浪。大浪看起來像是生物基因實驗失敗後產生出來的怪獸，人類完全不是對手。換句話說，這浪很難被征服，水量非常大，衝浪者試圖往海岸滑去時，會被海浪向後吸走，當衝浪者乘著浪越來越高，直到浪頭破碎，衝浪者最後被浪拍下，墜落到海底。

雷爾德不畏巨浪，還是拿著衝浪板往海浪方向滑行。

接下來所發生的事情，蘇珊·凱西（Susan Casey）的書《浪》（The Wave）都有寫，包含引人入勝的細節。儘管故事中的衝浪情節非常刺激，但它也是一個很好的寓言，向讀者傳達了學習和掌握基本呼吸技能的重要性，這也是為什麼你需要現在就學習和掌握呼吸換檔的原因！雷爾德突然警覺到，他的小命就靠觀察巨浪的 3 種速度變化，這時他感覺到巨浪正要崩塌了。

在巨浪垮下之前，雷爾德轉向浪那一方，他被浪甩出去、重擊、轉來轉去，最後又回到浪面上，那瞬間他同時感覺到希望和絕望朝自己而來。他的朋友布雷特（Brett）騎著水上摩托車要來救他，但是水上摩托車的後方又有一陣大浪襲來。在被大浪打下來之前，雷爾德剛好有足夠的時間吸飽一口氣，他和布雷特以及水上摩托車遭到崩落的大浪重擊，他們兩人浮出水面呼吸，然後又被一個接著一個的大浪推著，往前推了 500 碼到海洋深處。

雷爾德當時處在有氧低速檔。他並不知道巨浪的猛攻什麼時候會趨緩，他只能像前面提到的夜裡急行軍，承受著磨難。還好，海浪平靜下來，他張望四周，看到布雷特在 70 碼之外，躺在血泊中。

這時候雷爾德的呼吸換檔到無氧全速檔。布雷特的衝浪板上的金屬鰭刺進了他的腿骨，把外層的肉都掀開了，雷爾德說那看起來像是「被砸爛的橘子」。雷爾德很快把衝浪裝脫下來，綁在布雷特的腿上，當作臨時的繃帶。他們要馬上回到岸邊，而且要快，但是雷爾德望向海平面，想找那台水上摩托車，它卻在半英里之外，隨著海浪載浮載沉。

雷爾德把布雷特套上自己的救生衣,然後往水上摩托車的方向游去。他現在得靠自己「逼近臨界點」的呼吸方式來游泳,如果用有氧的方式,他肯定追不上,用無氧全力游,他也游不到。當你呼吸達到臨界點時,你的視力也會下降,這是你大量消耗氧氣的代價。在一般的奔跑狀況下,心率提升、呼吸變得急促,身體本能就進入求生模式,這是人類從古早之前就有的生物本能。其他相對不重要的身體功能就會被暫停,你的視線範圍變窄,只能看見正前方,而且也無法對焦。

如果雷爾德太用力,他除了很快就無法呼吸,還會無法判斷水上摩托車和布雷特的方向。最後他和布雷特都會迷失在汪洋之中。還好,雷爾德清楚他的極限在哪,在努力游了 15 分鐘之後,他爬上了水上摩托車。這時冒險故事便從「哇賽,我剛剛是怎麼做到的?」,進展到「哇咧,現在是怎樣?」的情節了。

水上摩托車的鑰匙在布雷特的手腕上。

雷爾德在摩托車的置物箱裡東翻西找,找到一組 iPod 耳機,然後在他對抗巨浪後,又要拯救朋友性命的壓力之下,居然利用耳機連結了電氣系統,發動了水上摩托車,然後往布雷特的方向急駛過去。

雷爾德透過無線電求救,把瀕死的布雷特放在摩托車上,騎了 1 英里回到岸上。

等到雷爾德上岸時,救護車已經在岸邊等待。救護人員圍著布雷特,緊急地包紮止血。雷爾德全身光溜溜地站著,深呼吸冷靜下來,望向差點要了他小命的海洋。滔天巨浪還是一波接著一波,彷彿在警告大家別靠近。

雷爾德借了一條衝浪褲,再找了一台水上摩托車,看了看布雷特的狀況,然後又往海洋的方向騎去。

怎麼能錯過比《海神號》刺激 10 倍的巨浪呢?

> ❝他現在得靠自己「逼近臨界點」的呼吸方式來游泳,如果用有氧的方式,他肯定追不上,用無氧全力游,他也游不到。❞

9.2 專注度訓練：
運動能力就是覺察能力

當 我第一次遇到艾瑞克·歐頓時，我展開了自己的「雷爾德式冒險故事」，那天在丹佛的一座公園裡，我為《男士雜誌》（Men's Journal）採訪，要把艾瑞克多元化的耐力訓練方式記錄下來。但做完一輪訓練測試後，艾瑞克把所有訓練都拿掉了，只留下一項。

艾瑞克只看一眼，就知道我的跑姿完全不行，在一些簡單的練習後（他後來在拍攝書籍照片時，也用同樣的方式測試珍娜、艾曼和以馬內利）很快就找出我肌力的問題。雙腳和身體很明顯需要加強，但最大的疑慮是我的引擎。

如果我想要跟卡巴羅一起站在起跑線，和拉拉穆里人來一較高下的話，艾瑞克得知道我這部引擎能換檔到什麼程度，他才能規劃出訓練計畫。他說跑者有 8 種檔次：

第 1 檔 超低速：做技巧訓練的速度
第 2 檔 低速，輕鬆跑
第 3 檔 馬拉松配速
第 4 檔 半馬配速
第 5 檔 臨界點配速：10 公里配速
第 6 檔 5 公里配速
第 7 檔 全力衝刺（可維持的速度）
第 8 檔 終點線前衝刺

看看標示底線的 3 個檔次：低速、臨界點配速和全力衝刺，這 3 個呼吸檔次是你可以自動切換的，可以不用思考，自然地運用在所有活動上。

那剩下的 5 個呢？他們是你排檔中的高速檔和低速檔，你知道它們的存在，但你並不常用，當你需要用的時候，甚至不太記得開 S 檔全速前進或是 L 檔拖曳載重是什麼樣的感覺了。

透過監測心率和穿戴心率帶，你可以清楚地了解自己當下在哪一個檔次。但你真的會想在跑步的時候按按鈕，然後不停瞄手錶或手環嗎？還是你希望練出一種體感，馬上就知道你現在速度多少？是不是處在合適的檔次呢？

所以艾瑞克在那次公園碰面時，他教了我重新設定呼吸檔次的技巧，就好像「2 週考驗」恢復我們原廠設定的飲食習慣一樣。

他跟我說，當你學會這一套之後，你就能馬上知道自己是不是在正確的呼吸檔次上。

艾瑞克要我脫掉鞋子，我們開始赤足在公園裡跑步，他指著前方那棵樹。

「當我們跑到那棵樹的時候，就用衝刺的方式到下一棵。」他說。

「你是說……」我有點踉蹌，他的指令

簡單到讓我莫名有點困惑。上一次有人叫我衝刺，已經是我在高中打籃球的時候了。在那之後的 40 年，我做側翻動作的次數可能比衝刺還多，而且我根本不會側翻。任何一位曾經在和 9 歲小孩比賽跑步時拉傷腿筋的人，都知道該如何明哲保身，找到一個不會受傷的速度，用那種速度跑就夠了。有時候快一點，大多數時候慢一點，只要確保自己在跑了幾英里之後，還能處在「可接受的不適」的狀態就好。像我這樣的人就不要衝刺，根本是自尋死路。

「盡全力跑，」艾瑞克說，「大約衝刺 30 秒，然後再回到慢跑。」

衝刺 20 秒左右，我就沒力了，必須要用走的。我很久沒有衝刺這麼長的距離，我根本忘了要怎麼衝刺了，這感覺既丟臉又令人生氣。這到底在幹嘛啊？難道我要提醒艾瑞克，我是在為 50 英里的比賽作訓練，而不是 50 碼嗎？

艾瑞克沒給我時間沮喪，當我恢復過來，我們就再做一次衝刺，然後一次又一次。在第 4 次還是第 5 次的時候，我注意到一種奇怪的感覺，那種感覺像是你撞到手肘麻掉，突然又活了過來的感覺。比起剛開始跑的時候，我的雙腳開始覺得越來越放鬆、越來越有力、越來越輕盈，反而感覺不到疲勞。而且跑越快，感覺越好，我的背挺直了，透過腹部在呼吸，能靠著膝蓋驅動跑起來。

「感覺不錯吧？」艾瑞克問我，「感覺雙腳很彈？」艾瑞克說，衝刺可以自動校正跑姿，慢跑容易讓你傾向錯誤的跑姿。我想

> **練出一種體感，馬上知道自己現在速度多少、是不是處在合適的檔次。**

這是我常常受傷的主要原因，我跑得太慢，雙腳著地時間太久，讓我上半身的重量壓在這些軟組織和肌腱上，還不斷地隨著身體扭動。這些年，我就像是「淑女車版本」的赤腳泰德，而且還沒有變速。

「這不表示你必須都在衝刺狀態，」艾瑞克說，「但技巧都是相通的，信不信由你，要學習跑得慢，最好的方式就是學習衝刺。」

因為不管速度多快，我的節奏都不應該改變。我應該還是要像〈Rock Lobster〉以每分鐘 90 拍、180 步的方式啪啪啪往前跑。艾瑞克解釋，要跑得快一點，我只需步幅略略加大一點。這個觀念的改變對我影響很深遠，我減少受傷，也增加了肌力和耐力。

在艾瑞克跟我說話的同時，我恍然大悟，原來這就是卡巴羅所說的，「先專注在跑得輕鬆」啊。那時候我以為他是在說一些嬉皮呼麻的鬼話，但經過艾瑞克這麼一指點，我才聽懂卡巴羅說的話。他所說的其實就是拉拉穆里人最重要的跑步智慧：

輕鬆跑就是最重要的，但也不是真的輕鬆 [10]。

還好，我不用在銅峽谷隱居 15 年，艾瑞克已經有一套系統方法可以教會我怎麼輕鬆跑。

在我回到家後，他就告訴我用衝刺跑 1 英里，然後回報給他時間。我家附近沒有學校的田徑場，所以我用貨卡在附近最平的道路上量出 1 英里。

我回家停好車，然後輕鬆地跑 2 英里到我量好的起跑線，用腳在土上畫的。我設定好手錶計時，深呼吸幾次，然後起跑。我喜歡那種〈Rock Lobster〉的快節奏，加上剛學會的挺直背，以及用膝蓋驅動的跑法。

前面有半英里是在泥土路上跑，然後再到平路上，照著我的計畫開始加速，我等待一上到柏油路就提升速度，像彈弓一樣把我的身體射出去。媽的，離終點線還有 1/4 英里的地方，我就沒氣了，只能走路。我從口袋裡拿出手機，很氣自己，氣消了再打電話給艾瑞克。

「很好。」樂觀先生艾瑞克對我說。「寧可用力跑但沒跑完，總比跑完但不知道你的極限在哪裡來得好。」

艾瑞克要我休息一天，休息夠了再開始。這次我倒著跑到起跑線，我把專注力放在距離、節奏還有感覺我的呼吸上。

在 6 分鐘的衝刺後，我臉上露出笑容，按下手錶上的停止。

1 英里測試

為什麼是 1 英里：中距離是一個很好的計算基準，用來計算可以維持相對穩定的長距離下，還有沒有到達「氧債」（oxygen debt）前最快的速度。你的 1 英里成績可以做為你呼吸的參考，也是進行 90 天課表的基礎。

★注意：等到開始進行 90 天課表之後再做。

場地：為了準確度和可重複性，1 英里測試最好是在田徑場上進行。如果你沒有辦法找到跑道，盡可能找平坦而且沒有車輛和十字路口的場地。

暖身：
- 輕鬆跑 15 分鐘。
- 做 1 ～ 2 組技巧訓練（可以參考第 7.1 章的彈簧跳和第 8.1 章的原地跳／單腳跳）。
- 做 5 組 30 秒的漸速跑，在 30 秒內逐漸加速，最後到輕鬆狀態下的極速。如果覺得太累，表示你跑得太用力了。每次衝刺前休息 1 ～ 2 分鐘。

測試：用你能跑得最快而且穩定的速度跑 1 英里。不要太快（別像我一樣，咳咳）。

休息：輕鬆跑 5 ～ 10 分鐘，或是用走的。

譯註

10. 原句為：Easy is everything, except easy.

專注度訓練

如何進行專注度訓練：太多跑者透過累積大量慢跑跑量，試圖提升耐力，而不是提升肌力和速度。這樣的錯誤觀念是可以理解的，但還好我們有埃米爾·扎托佩克（Emil Zatopek）告訴你該怎麼破除這樣的觀念。當埃米爾參加生涯中第一次馬拉松——1952年奧林匹克運動會之前，他訓練的方式就是跑 100 碼衝刺，而不是跑長距離。

「我已經知道要怎麼慢跑了。」他聳肩表示。「我想重點是要跑得快。」
埃米爾最後拿下奧運金牌，足以證明他的觀念是正確的。不過多數跑者以完成時間為目標持續訓練，而不是訓練基本功。問問你自己，如果你的夢想是 4 小時完賽，你每天是不是在跑每英里 9 分鐘（約為 5.5 分速）的訓練？如果是的話，你並沒有提升速度和耐力，你只是很會慢跑而已。

解方：不要為了 42.195 公里而訓練。學習穩定在 1 英里跑步中跑出速度，然後重複 25 次。

▌第 2 檔：低速

在這檔速度時，不只是減少了氧氣的消耗，還讓你可以運用身體其他的能量。讓你的心率穩定在低速檔，你的身體不會依賴快速燃燒的醣類和高升糖的碳水化合物，而會燃燒脂肪。

你的感覺應該會是：可以聊天的速度，然後還是覺得有在跑步。

你得專注在：保持足夠快的節奏、放鬆雙臂、保持輕鬆的狀態和韻律感。憑著意象，記得腳著地時要像障礙木訓練時的方式。視情況可以停下來原地跑，找回感覺後再繼續。

▌第 5 檔:逼近臨界點

這是你跑 10 公里的速度,能維持 45 分鐘到 60 分鐘的全速。太多跑者在累積跑量時低於這個速度,導致進步有限,長期處在高原期。第 5 檔是很神奇的,在這個速度會讓你在速度上和距離上都顯著地成長。

你的感覺應該會是:你會感覺呼吸從穩定到有點急促,但還是有韻律的,還不到上氣不接下氣的階段,但無法一口氣說完一句話,會斷斷續續的。這樣的速度能讓你穩定地跑 45 ～ 60 分鐘。每次訓練約在 4 ～ 20 分鐘之間。

你得專注在:對地面施加力量,來提升速度,不要刻意加大步幅。當你跑了幾分鐘之後,你的呼吸開始有韻律感,而且可以維持下去。還有保持放鬆和感覺雙臂的擺動。

▌第 7 檔:全速前進

最大攝氧量是跑界評量耐力的標準,因為它測量了你在呼吸時能吸收多少氧氣,然後運用在劇烈運動上。雷爾德·漢米爾頓(Laird Hamilton)曾說的「呼吸的方式洩露了敗相」,說的正是最大攝氧量,也就是你在缺氧前,能發揮多大的能量?

就像第 5 檔一樣,第 7 檔也是可以訓練的。當你想要提升第 7 檔的攝氧量,同時也提升了其他檔次的狀態。「全速前進」檔次是長距離訓練和加快速度的基礎。這正是埃米爾說的,他先跑得快,然後才跑得遠。

你的感覺應該會是:像你偷了東西要全速逃離現場的感覺。如果你可以維持這樣的速度 2 ～ 4 分鐘,那你跑太慢了。

你得專注在:試著吸二呼一的方式,而不是吸一吐一。注意這樣的呼吸方式能夠讓你專注,進入到心流狀態。每次的呼吸要和腳的著地節奏一致。保持腳著地的穩定,記得對地面施力,而不是追求速度。

配速與呼吸轉換表簡易版

以下的表格可以幫助你查 1 英里最快時間，轉換成長距離的配速。要記得，你的目標是習慣各個檔次的感覺，也可以用計算時間來比對。每一個呼吸檔次以 30 秒為區間（例如你 1 英里跑 12 分鐘，第 2 檔就是跑 16 分 43 秒～ 16 分 12 秒間）。適合你的時間就是兩個時間的區間。

提醒：配速區間是以英里／分鐘為單位

1英里時間	第1檔		第2檔		第3檔		第4檔		第5檔		第6檔		第7檔		第8檔	
12:00	>	16:43	16:43	16:12	14:55	14:24	14:24	13:48	13:32	13:12	12:51	12:36	12:15	12:00	11:34	11:24
11:55	>	16:36	16:36	16:05	14:49	14:18	14:18	13:42	13:26	13:06	12:46	12:30	12:10	11:55	11:29	11:19
11:50	>	16:30	16:30	15:58	14:43	14:12	14:12	13:36	13:21	13:01	12:41	12:25	12:05	11:50	11:24	11:14
11:45	>	16:23	16:23	15:51	14:37	14:06	14:06	13:30	13:15	12:55	12:36	12:20	12:00	11:45	11:19	11:09
11:40	>	16:16	16:16	15:45	14:31	14:00	14:00	13:25	13:10	12:50	12:30	12:15	11:55	11:40	11:15	11:05
11:35	>	16:09	16:09	15:38	14:25	13:54	13:54	13:19	13:04	12:44	12:25	12:09	11:50	11:35	11:10	11:00
11:30	>	16:03	16:03	15:31	14:19	13:48	13:48	13:13	12:59	12:39	12:20	12:04	11:45	11:30	11:05	10:55
11:25	>	15:56	15:56	15:24	14:13	13:42	13:42	13:07	12:53	12:33	12:15	11:59	11:40	11:25	11:00	10:50
11:20	>	15:49	15:49	15:18	14:07	13:36	13:36	13:02	12:48	12:28	12:09	11:54	11:35	11:20	10:56	10:46
11:15	>	15:42	15:42	15:11	14:01	13:30	13:30	12:56	12:42	12:22	12:04	11:48	11:30	11:15	10:51	10:41
11:10	>	15:36	15:36	15:04	13:55	13:24	13:24	12:50	12:37	12:17	11:59	11:43	11:25	11:10	10:46	10:36
11:05	>	15:29	15:29	14:57	13:49	13:18	13:18	12:44	12:31	12:11	11:54	11:38	11:20	11:05	10:41	10:31
11:00	>	15:22	15:22	14:51	13:43	13:12	13:12	12:39	12:26	12:06	11:48	11:33	11:15	11:00	10:37	10:27
10:55	>	15:15	15:15	14:44	13:37	13:06	13:06	12:33	12:20	12:00	11:43	11:27	11:10	10:55	10:32	10:22
10:50	>	15:09	15:09	14:37	13:31	13:00	13:00	12:27	12:15	11:55	11:38	11:22	11:05	10:50	10:27	10:17
10:45	>	15:02	15:02	14:30	13:25	12:54	12:54	12:21	12:09	11:49	11:33	11:17	11:00	10:45	10:22	10:12
10:40	>	14:55	14:55	14:24	13:19	12:48	12:48	12:16	12:04	11:44	11:27	11:12	10:55	10:40	10:18	10:08
10:35	>	14:48	14:48	14:17	13:13	12:42	12:42	12:10	11:58	11:38	11:22	11:06	10:50	10:35	10:13	10:03
10:30	>	14:42	14:42	14:10	13:07	12:36	12:36	12:04	11:53	11:33	11:17	11:01	10:45	10:30	10:08	9:58
10:25	>	14:35	14:35	14:03	13:01	12:30	12:30	11:58	11:47	11:27	11:12	10:56	10:40	10:25	10:03	9:53
10:20	>	14:28	14:28	13:57	12:55	12:24	12:24	11:53	11:42	11:22	11:06	10:51	10:35	10:20	9:59	9:49
10:15	>	14:21	14:21	13:50	12:49	12:18	12:18	11:47	11:36	11:16	11:01	10:45	10:30	10:15	9:54	9:44
10:10	>	14:15	14:15	13:43	12:43	12:12	12:12	11:41	11:31	11:11	10:56	10:40	10:25	10:10	9:49	9:39
10:05	>	14:08	14:08	13:36	12:37	12:06	12:06	11:35	11:25	11:05	10:51	10:35	10:20	10:05	9:44	9:34
10:00	>	14:01	14:01	13:30	12:31	12:00	12:00	11:30	11:20	11:00	10:45	10:30	10:15	10:00	9:40	9:30
9:55	>	13:54	13:54	13:23	12:25	11:54	11:54	11:24	11:14	10:54	10:40	10:24	10:10	9:55	9:35	9:25
9:50	>	13:48	13:48	13:16	12:19	11:48	11:48	11:18	11:09	10:49	10:35	10:19	10:05	9:50	9:30	9:20
9:45	>	13:41	13:41	13:09	12:13	11:42	11:42	11:12	11:03	10:43	10:30	10:14	10:00	9:45	9:25	9:15

1英里 時間	第1檔		第2檔		第3檔		第4檔		第5檔		第6檔		第7檔		第8檔	
9:40	>	13:34	13:34	13:03	12:07	11:36	11:36	11:07	10:58	10:38	10:24	10:09	9:55	9:40	9:21	9:11
9:35	>	13:27	13:27	12:56	12:01	11:30	11:30	11:01	10:52	10:32	10:19	10:03	9:50	9:35	9:16	9:06
9:30	>	13:21	13:21	12:49	11:55	11:24	11:24	10:55	10:47	10:27	10:14	9:58	9:45	9:30	9:11	9:01
9:25	>	13:14	13:14	12:42	11:49	11:18	11:18	10:49	10:41	10:21	10:09	9:53	9:40	9:25	9:06	8:56
9:20	>	13:07	13:07	12:36	11:43	11:12	11:12	10:44	10:36	10:16	10:03	9:48	9:35	9:20	9:02	8:52
9:15	>	13:00	13:00	12:29	11:37	11:06	11:06	10:38	10:30	10:10	9:58	9:42	9:30	9:15	8:57	8:47
9:10	>	12:54	12:54	12:22	11:31	11:00	11:00	10:32	10:25	10:05	9:53	9:37	9:25	9:10	8:52	8:42
9:05	>	12:47	12:47	12:15	11:25	10:54	10:54	10:26	10:19	9:59	9:48	9:32	9:20	9:05	8:47	8:37
9:00	>	12:40	12:40	12:09	11:19	10:48	10:48	10:21	10:14	9:54	9:42	9:27	9:15	9:00	8:43	8:33
8:55	>	12:33	12:33	12:02	11:13	10:42	10:42	10:15	10:08	9:48	9:37	9:21	9:10	8:55	8:38	8:28
8:50	>	12:27	12:27	11:55	11:07	10:36	10:36	10:09	10:03	9:43	9:32	9:16	9:05	8:50	8:33	8:23
8:45	>	12:20	12:20	11:48	11:01	10:30	10:30	10:03	9:57	9:37	9:27	9:11	9:00	8:45	8:28	8:18
8:40	>	12:13	12:13	11:42	10:55	10:24	10:24	9:58	9:52	9:32	9:21	9:06	8:55	8:40	8:24	8:14
8:35	>	12:06	12:06	11:35	10:49	10:18	10:18	9:52	9:46	9:26	9:16	9:00	8:50	8:35	8:19	8:09
8:30	>	12:00	12:00	11:28	10:43	10:12	10:12	9:46	9:41	9:21	9:11	8:55	8:45	8:30	8:14	8:04
8:25	>	11:53	11:53	11:21	10:37	10:06	10:06	9:40	9:35	9:15	9:06	8:50	8:40	8:25	8:09	7:59
8:20	>	11:46	11:46	11:15	10:31	10:00	10:00	9:35	9:30	9:10	9:00	8:45	8:35	8:20	8:05	7:55
8:15	>	11:39	11:39	11:08	10:25	9:54	9:54	9:29	9:24	9:04	8:55	8:39	8:30	8:15	8:00	7:50
8:10	>	11:33	11:33	11:01	10:19	9:48	9:48	9:23	9:19	8:59	8:50	8:34	8:25	8:10	7:55	7:45
8:05	>	11:26	11:26	10:54	10:13	9:42	9:42	9:17	9:13	8:53	8:45	8:29	8:20	8:05	7:50	7:40
8:00	>	11:19	11:19	10:48	10:07	9:36	9:36	9:12	9:08	8:48	8:39	8:24	8:15	8:00	7:46	7:36
7:55	>	11:12	11:12	10:41	10:01	9:30	9:30	9:06	9:02	8:42	8:34	8:18	8:10	7:55	7:41	7:31
7:50	>	11:06	11:06	10:34	9:55	9:24	9:24	9:00	8:57	8:37	8:29	8:13	8:05	7:50	7:36	7:26
7:45	>	10:59	10:59	10:27	9:49	9:18	9:18	8:54	8:51	8:31	8:24	8:08	8:00	7:45	7:31	7:21
7:40	>	10:52	10:52	10:21	9:43	9:12	9:12	8:49	8:46	8:26	8:18	10:03	7:55	7:40	7:27	7:17
7:35	>	10:45	10:45	10:14	9:37	9:06	9:06	8:43	8:40	8:20	8:13	7:57	7:50	7:35	7:22	7:12
7:30	>	10:39	10:39	10:07	9:31	9:00	9:00	8:37	8:35	8:15	8:08	7:52	7:45	7:30	7:17	7:07
7:25	>	10:32	10:32	10:00	9:25	8:54	8:54	8:31	8:29	8:09	8:03	7:47	7:40	7:25	7:12	7:02

1英里時間	第1檔		第2檔		第3檔		第4檔		第5檔		第6檔		第7檔		第8檔	
7:20	>	10:25	10:25	9:54	9:19	8:48	8:48	8:26	8:24	8:04	7:57	7:42	7:35	7:20	7:08	6:58
7:15	>	10:18	10:18	9:47	9:13	8:42	8:42	8:20	8:18	7:58	7:52	7:36	7:30	7:15	7:03	6:53
7:10	>	10:12	10:12	9:40	9:07	8:36	8:36	8:14	8:13	7:53	7:47	7:31	7:25	7:10	6:58	6:48
7:05	>	10:05	10:05	9:33	9:01	8:30	8:30	8:08	8:07	7:47	7:42	7:26	7:20	7:05	6:53	6:43
7:00	>	9:58	9:58	9:27	8:55	8:24	8:24	8:03	8:02	7:42	7:36	7:21	7:15	7:00	6:49	6:39
6:58	>	9:55	9:55	9:24	8:53	8:21	8:21	8:00	7:59	7:39	7:34	7:18	7:13	6:58	6:47	6:37
6:55	>	9:51	9:51	9:20	8:49	8:18	8:18	7:57	7:56	7:36	7:31	7:15	7:10	6:55	6:44	6:34
6:53	>	9:49	9:49	9:17	8:47	8:15	8:15	7:54	7:54	7:34	7:29	7:13	7:08	6:53	6:42	6:32
6:50	>	9:45	9:45	9:13	8:43	8:12	8:12	7:51	7:51	7:31	7:26	7:10	7:05	6:50	6:39	6:29
6:48	>	9:42	9:42	9:10	8:41	8:09	8:09	7:49	7:48	7:28	7:24	7:08	7:03	6:48	6:37	6:27
6:45	>	9:38	9:38	9:06	8:37	8:06	8:06	7:45	7:45	7:25	7:21	7:05	7:00	6:45	6:34	6:24
6:43	>	9:35	9:35	9:04	8:35	8:03	8:03	7:43	7:43	7:23	7:18	7:03	6:58	6:43	6:32	6:22
6:40	>	9:31	9:31	9:00	8:31	8:00	8:00	7:40	7:40	7:20	7:15	7:00	6:55	6:40	6:30	6:20
6:38	>	9:28	9:28	8:57	8:29	7:57	7:57	7:37	7:37	7:17	7:13	6:57	6:53	6:38	6:28	6:18
6:35	>	9:24	9:24	8:53	8:25	7:54	7:54	7:34	7:34	7:14	7:10	6:54	6:50	6:35	6:25	6:15
6:33	>	9:22	9:22	8:50	8:23	7:51	7:51	7:31	7:32	7:12	7:08	6:52	6:48	6:33	6:23	6:13
6:30	>	9:18	9:18	8:46	8:19	7:48	7:48	7:28	7:29	7:09	7:05	6:49	6:45	6:30	6:20	6:10
6:28	>	9:15	9:15	8:43	8:17	7:45	7:45	7:26	7:26	7:06	7:03	6:47	6:43	6:28	6:18	6:08
6:25	>	9:11	9:11	8:39	8:13	7:42	7:42	7:22	7:23	7:03	7:00	6:44	6:40	6:25	6:15	6:05
6:23	>	9:08	9:08	8:37	8:11	7:39	7:39	7:20	7:21	7:01	6:57	6:42	6:38	6:23	6:13	6:03
6:20	>	9:04	9:04	8:33	8:07	7:36	7:36	7:17	7:18	6:58	6:54	6:39	6:35	6:20	6:11	6:01
6:18	>	9:01	9:01	8:30	8:05	7:33	7:33	7:14	7:15	6:55	6:52	6:36	6:33	6:18	6:09	5:59
6:15	>	8:57	8:57	8:26	8:01	7:30	7:30	7:11	7:12	6:52	6:49	6:33	6:30	6:15	6:06	5:56
6:13	>	8:55	8:55	8:23	7:59	7:27	7:27	7:08	7:10	6:50	6:47	6:31	6:28	6:13	6:04	5:54
6:10	>	8:51	8:51	8:19	7:55	7:24	7:24	7:05	7:07	6:47	6:44	6:28	6:25	6:10	6:01	5:51
6:08	>	8:48	8:48	8:16	7:53	7:21	7:21	7:03	7:04	6:44	6:42	6:26	6:23	6:08	5:59	5:49
6:05	>	8:44	8:44	8:12	7:49	7:18	7:18	6:59	7:01	6:41	6:39	6:23	6:20	6:05	5:56	5:46
6:03	>	8:41	8:41	8:10	7:47	7:15	7:15	6:57	6:59	6:39	6:36	6:21	6:18	6:03	5:54	5:44

1英里時間	第1檔		第2檔		第3檔		第4檔		第5檔		第6檔		第7檔		第8檔	
6:00	>	8:37	8:37	8:06	7:43	7:12	7:12	6:54	6:56	6:36	6:33	6:18	6:15	6:00	5:52	5:42
5:58	>	8:34	8:34	8:03	7:41	7:09	7:09	6:51	6:53	6:33	6:31	6:15	6:13	5:58	5:50	5:40
5:55	>	8:30	8:30	7:59	7:37	7:06	7:06	6:48	6:50	6:30	6:28	6:12	6:10	5:55	5:47	5:37
5:53	>	8:28	8:28	7:56	7:35	7:03	7:03	6:45	6:48	6:28	6:26	6:10	6:08	5:53	5:45	5:35
5:50	>	8:24	8:24	7:52	7:31	7:00	7:00	6:42	6:45	6:25	6:23	6:07	6:05	5:50	5:42	5:32
5:48	>	8:21	8:21	7:49	7:29	6:57	6:57	6:40	6:42	6:22	6:21	6:05	6:03	5:48	5:40	5:30
5:45	>	8:17	8:17	7:45	7:25	6:54	6:54	6:36	6:39	6:19	6:18	6:02	6:00	5:45	5:37	5:27
5:43	>	8:14	8:14	7:43	7:23	6:51	6:51	6:34	6:37	6:17	6:15	6:00	5:58	5:43	5:35	5:25
5:40	>	8:10	8:10	7:39	7:19	6:48	6:48	6:31	6:34	6:14	6:12	5:57	5:55	5:40	5:33	5:23
5:38	>	8:07	8:07	7:36	7:17	6:45	6:45	6:28	6:31	6:11	6:10	5:54	5:53	5:38	5:31	5:21
5:35	>	8:03	8:03	7:32	7:13	6:42	6:42	6:25	6:28	6:08	6:07	5:51	5:50	5:35	5:28	5:18
5:33	>	8:01	8:01	7:29	7:11	6:39	6:39	6:22	6:26	6:06	6:05	5:49	5:48	5:33	5:26	5:16
5:30	>	7:57	7:57	7:25	7:07	6:36	6:36	6:19	6:23	6:03	6:02	5:46	5:45	5:30	5:23	5:13
5:28	>	7:54	7:54	7:22	7:05	6:33	6:33	6:17	6:20	6:00	6:00	5:44	5:43	5:28	5:21	5:11
5:25	>	7:50	7:50	7:18	7:01	6:30	6:30	6:13	6:17	5:57	5:57	5:41	5:40	5:25	5:18	5:08
5:23	>	7:47	7:47	7:16	6:59	6:27	6:27	6:11	6:15	5:55	5:54	5:39	5:38	5:23	5:16	5:06
5:20	>	7:43	7:43	7:12	6:55	6:24	6:24	6:08	6:12	5:52	5:51	5:36	5:35	5:20	5:14	5:04
5:18	>	7:40	7:40	7:09	6:53	6:21	6:21	6:05	6:09	5:49	5:49	5:33	5:33	5:18	5:12	5:02
5:15	>	7:36	7:36	7:05	6:49	6:18	6:18	6:02	6:06	5:46	5:46	5:30	5:30	5:15	5:09	4:59
5:13	>	7:34	7:34	7:02	6:47	6:15	6:15	5:59	6:04	5:44	5:44	5:28	5:28	5:13	5:07	4:57
5:10	>	7:30	7:30	6:58	6:43	6:12	6:12	5:56	6:01	5:41	5:41	5:25	5:25	5:10	5:04	4:54
5:08	>	7:27	7:27	6:55	6:41	6:09	6:09	5:54	5:58	5:38	5:39	5:23	5:23	5:08	5:02	4:52
5:05	>	7:23	7:23	6:51	6:37	6:06	6:06	5:50	5:55	5:35	5:36	5:20	5:20	5:05	4:59	4:49
5:03	>	7:20	7:20	6:49	6:35	6:03	6:03	5:48	5:53	5:33	5:33	5:18	5:18	5:03	4:57	4:47
5:00	>	7:16	7:16	6:45	6:31	6:00	6:00	5:45	5:50	5:30	5:30	5:15	5:15	5:00	4:55	4:45

9.3 專注度訓練 5 訣竅

1. 如果你還沒開始跑,這是一個好時機。要記得,初學者只需要每週跑個 3、4 次,每次 10 ~ 20 分鐘,中階的跑長一點,進階的如果你已經有 1 週沒跑,你也可以從少量開始跑。

2. 出發前記住第 8 章和第 9 章,記住跑步就像排練舞蹈,而不是運動。你的目標是有好的動作和韻律,而不是距離。要結合專注和放鬆並不容易,但這是目標沒錯。

3. 練習你的呼吸檔次。一開始從還可以唱歌開始,然後慢慢增加速度,到你一次只能說出幾個字的程度。

4. 持續練習轉換檔次,從低到高,也從高到低。透過幾次衝刺來記住無氧狀態的感覺。

5. 在你開始跑之前,準備好你的點心。養成回到家的時候就已經決定好要吃什麼,才不會被你兒子留在冰箱的果醬貝果給誘惑。

跑鞋：
先講求不傷身體

10

當《天生就會跑》出版時，其中的一句話引爆了輿論：

跑鞋是對人類雙腳危害最大的東西。

因為上面這句話，足科醫師和跑步用品專賣店說我是「危險人物」；運動科學專家指控我過度簡化而且誇大了事實。而我自己最喜歡的說法是來自某位前奧運選手，他後來成為馬拉松達人。他捏造說我因為赤腳跑步而導致壓力性骨折，然後躲起來不讓大家知道事實。

世界跑鞋大戰已經展開了，而我還只是在熱身而已。

「如果世界上從來沒有跑鞋，」我說，「更多人會開始跑步。如果更多人跑步，就會減少退化性的心臟疾病、心臟驟停、高血壓、動脈堵塞、糖尿病和其他西方文明病發生的機率。」

我堅信整個跑鞋產業都是建立在瞎猜和胡說八道上。

Nike 和 Brooks 還有其他跑鞋大廠沒有回應，對於我的指控，他們選擇冷處理，但實際上並沒有不當一回事。幾十年下來，許多研究指出跑鞋並沒有避免跑者受傷或提升跑步表現。還有一篇更令人覺得嘲諷

的報告，結果顯示越貴的跑鞋更容易造成跑者受傷。Nike 內部的首席科學家發現他們的跑鞋減震科技不但沒有幫助減震，反而產生更多衝擊力道。一位困惑的澳洲生物力學家找不到任何證據可以證明跑鞋能夠提升穩定性和控制性，因而質疑跑鞋品牌，要求提供他們的研究報告。

跑鞋品牌怎麼回應呢？

無聲卡一張。

我一點也不意外這些跑鞋公司決定保持沉默，不過我倒是沒想到其他人也會來參一腳。例如艾琳·戴維斯博士（Dr Irene Davis），戴維斯博士是美國頂尖的生物力學研究者，同時也是哈佛醫學院斯伯丁國家跑步中心（Harvard Medical School's Spaulding National Running Center）的負責人。艾琳研究人類運動有幾十年的時間，她曾經是跑鞋的擁護者。

曾經是。

「這 30 年我之所以不跑步，是因為我受

> **我堅信整個跑鞋產業都是建立在瞎猜和胡說八道上。**

傷了。」艾琳說，「我之前跑步都會用一些矯正輔具。而現在呢？我對天發誓，我每週跑 20 英里。自從開始赤足跑步之後，我再也沒有受傷了。」

讀到這裡停下來想一下，世界上最權威的運動傷害學家、哈佛醫學院的博士建議大家跑鞋可能是對她雙腳危害最大的東西。

她也只是在熱身而已喔。

「現代跑鞋是愚蠢的東西。」艾琳在播客節目上，和科學巨擘尼爾·迪格雷斯·泰森（Neil deGrasse Tyson）談到《天生就會跑》這本書時說。「早期的鞋子只是用來保護我們的腳，就像穿衣服一樣。真正愚蠢的地方在於我們加了一堆科技產品上去。我們的肌肉本身就有減震機制，跑鞋還加上減震科技；我們的雙腳肌肉本來就有控制性，我們還是加了號稱控制性的技術。這樣做其實是讓我們的雙腳退化了。」

尼爾馬上就懂了。「你把人類視為一種生物物種的話，我們光腳的時間比穿鞋的時間還長得多。」尼爾也同意這樣的論點。尼爾的父親就是美國國內頂尖的跑者，在大學畢業之後還是持續地參加比賽，而且他父親的跑鞋之簡潔，讓尼爾很吃驚。「他的跑鞋沒有多餘的橡膠和科技產品，也沒有強化的鞋跟。就只是把腳包住的東西而已。」

以艾琳這樣的科學家背景，像他一樣往極簡主義發展的很不尋常。不過這幾十年下來，她說她試過幾乎所有可能的創新科技，沒有一項是真的有幫助。彈性材料做成的避震系統和中底穩定系統都沒用。更別

> **人類原本像馬一樣，光腳跑了 200 萬年，而現在變成每 3 個月要花 200 元美金換一頭新的駱駝了。**

說 Asics 推出過的「月經跑鞋」（menstrual shoe）了，曾經有一位足部專家誘騙 Asics 這是女性所需要的，女性在經期需要特別的緩衝鞋底，減少荷爾蒙分泌帶來的不適感。好吧，或許你可以把月經跑鞋這種愚蠢產品排除掉，但其實在更早之前連醫師都相信這些東西對女性的身體有幫助。

這還是 2010 年的事情。

艾琳對於為跑鞋找到合理的科學解釋很感興趣，想認真了解這到底有多愚蠢，於是她問了 Nike 的首席設計師，而設計師的回答正好就是集體決策失敗的經典案例。

回溯到上世紀 80 年代，入門跑者因為缺少運動，阿基里斯腱變短，開始有肌腱受傷的困擾。「嘿，這很簡單。」足科專項的運動醫學醫師跟 Nike 說，「把鞋跟提高，這樣你就可以減少阿基里斯腱的壓力了。」帥啊！不過這下子你抬高了腳跟，你的腳就往前，足弓就塌了。

再回到設計會議裡，這次設計師不只把鞋跟提高了，還把前端變窄，加上抬高足弓的部分，用來固定腳部。

可惡，這樣一來腳在著地時就沒有空間了，反而會翻轉，對腳並不好。或許應該在中底加上硬物幫助固定？然後再加上更多泡綿來包覆？想當然一定要囉！

演變到現在，設計師一定也在想，等等，我們不是應該要告訴跑者們「跑前要熱身」就夠了嗎？這時跑鞋已經抬高鞋跟、縮窄前端、提高足弓、中底加厚還加上更多泡綿包覆了。人類原本像馬一樣，光腳跑了200 萬年，而現在變成每 3 個月要花 200 元美金換一頭新的駱駝了。

對此，艾琳認為：「原本是人類去學習、去適應跑步，而這些品牌反而讓跑者買了跑鞋後去適應鞋子。我認為結果對於跑者是弊大於利。」

既然那些專家都認為這些跑鞋是一點用都沒有的垃圾，為什麼他們還能繼續賣跑鞋呢？

「這些廠商投資了很多資源在研發緩震科技、支撐科技和其他放進鞋子裡的東西上。」艾琳坦白地說。

換句話說，基本觀念不會讓你發財，但是垃圾會。

艾琳在她的實驗室進行控制組與對照組跑者的電極實驗，最後得到了結論。而寇特・蒙森（Curt Munson）則是得在他的襪子裡找到答案。

在《天生就會跑》出版後，寇特是第一位打電話給我的鞋店老闆。他想要和我在店裡當面聊聊，他在密西根州的奧克莫斯（Okemos）有一家店叫做「Playmakers 機能鞋店」（Playmakers Performance Footwear）。他為什麼以為我會笨到去密西根州的森林裡赴約，而且那家店的老闆還在生我的氣。我其實不知道他為什麼約我，

但寇特打了幾通電話，我就被他的業務嘴給說服了。

當我停好車，寇特堅持單獨帶我到後面的房間，我覺得有點怪。我以為他是要飆罵我一番，不想讓店裡的客人聽到吧。所以我做好心理準備，準備迎接寇特好好「招待」我。相反地，他打開房間的燈，給我展示他的迷你跑鞋博物館。這些鞋子都有自己的故事，隨著時間演進，跑鞋越來越高，也越來越軟，Brooks 在 1992 年推出 Brooks Beast 跑鞋後，突然開啟了一場跑鞋越做越大、越做越生猛的軍備競賽。

「我一輩子都在跑步，」寇特說，「這50 年來，我看過各種跑鞋。你看看我腳上穿的是什麼。」

他指向他的腳。我嚇到了，我沒注意到他穿的是 Vibram 五趾鞋（Vibram FiveFingers）。

寇特跟我說他越來越老，傷痛讓他開始越跑越少，改騎越來越多自行車。某一個週末，他參加鐵人三項比賽，輪到要跑步時，他發現跑鞋不見了。

他只好赤腳跑，他不管蘭辛街上的運動鞋商店，就這樣穿著襪子跑過大街。

當他抵達終點時，身體輕飄飄的，感覺好像回到 30 年前。他的背、他的膝蓋、他的雙腳，什麼都感覺變得更健康了。他打電話給 New Balance，New Balance 常常聽取寇特的專業意見，這次寇特向他們提出一個想法，希望他們設計赤腳型態的跑鞋，如果成真，我會幫忙宣導教大家怎麼用。

因為這個提案，有兩件美好的寶物問世

了：知名的 New Balance Minimus 系列跑鞋，和 Playmakers 的《優秀跑姿》（Good Form Running）特刊。無論你是不是顧客，只要走進店裡他都會提供免費刊物，他也訓練競爭對手鞋店的店員如何推銷新款跑鞋。

「皆大歡喜啊！」他聳聳肩。我問他為什麼要引導買鞋的客人赤腳跑，而且還說服其他同業也這麼做？

「跑得健康才會快樂。」奧克莫斯的鞋店同業「跑鞋大王」說，「快樂的顧客才會信任你，而且不斷回購。他們總是有買鞋的需求，但他們必須學會怎麼使用鞋子，還有怎麼挑選。」

而霍克·哈波（Hawk Harper）並不期待有人來討好他。

在《天生就會跑》出版幾個月後，霍克在戶外用品零售中心外面遇到我，跟我說他這幾年都在自己改造鞋子。他在大學的美式足球隊打防守邊鋒，體重 240 磅，他的雙膝軟骨都報廢了。醫師警告他不要再跑步，但這對固執的霍克來說，這一席話反而開啟了他跑步的新篇章。

霍克後來完成七十多次全程馬拉松，還在聖喬治（St. George）的比賽中以 2 小時 22 分拿下冠軍。1980 年代，他在猶他州的奧勒姆（Orem）開設「跑者角落」（Runner's Corner）專賣店。這也是他把跑步當成事業的契機。霍克的店成為跑者們的聖地，那些被醫師告誡不要再跑步的跑者們，都來到他的店朝聖。霍克看到他們帶著疼痛一

跛一跛地走進店裡，也和他們大方地分享自己的傷痛，還有他如何扭轉醫師的判斷：

他說很簡單，就像肯亞人那樣跑步。

霍克用跑步擺脫了那些美式足球生涯帶來的傷痛。他研究世界頂尖的馬拉松跑者怎麼做，模仿他們的跑姿和跑鞋。他注意到菁英跑者都不穿厚底鞋，連訓練時也不穿，他們輕盈地跑，不過度跨步，不會把腳往前伸。

不過身為一個賣跑鞋的銷售人員，霍克發現市面上很難找到跑鞋沒有厚鞋跟和控制動作的鞋墊。他心想如果他買不到，不然就來自己搞。他決定用烤箱來「烤鞋」，設定在攝氏 135 度，讓鞋底的膠融化，把鞋底掰開來，拿掉海綿與其他添加物，再把鞋底黏回去。

登愣！霍克穿上這雙「怪鞋」，感覺超棒。他的雙腳終於能像肯亞人一樣輕盈地跑步。自從那次經驗，每次有顧客抱怨膝蓋痠痛，或是阿基里斯腱疼痛都治不好的話，霍克就會去把烤箱先預熱。

其實我真的想見的人是霍克的兒子，高登·哈波（Golden Harper）是個瘋狂的科學家，他比霍克更早就開始研究，霍克 30 歲才想到要自己拆解然後改造跑鞋，但高登在擺脫尿布時就已經展現他絕佳的跑姿和批判性思考了。

9 歲的高登就是店裡的顧客了，10 歲就開始跑馬拉松，12 歲他就創下分組的世界紀錄，2 小時 45 分現在仍舊沒有人能超越。

輕快的腳步和前腳掌著地，是適應各種地形跑步的祕訣。

> **連開創穩定型跑鞋的發明者，都承認他犯了大錯。**

不過當高登學習越多跑步知識，他就越來越懷疑他原本所相信的觀念。在他進到大學時，他已經不相信他爸爸創造的跑者聖地了。

「我這輩子都在說謊。」他後來才發現。「那些我跟顧客介紹跑鞋的話，都是廠商告訴我的科學謊言。」

高登在夏威夷楊百翰大學（Brigham Young University–Hawaii）主修生物力學，他有機會利用醫學和工程原理對跑鞋穩定性進行研究。他的結論滿有趣，這些宣稱的效果都沒有科學根據，都只是包裝成科學的行銷話術。

「我們以為工程師和生物力學專家是在Nike的實驗室設計新產品的。狗屁！」高登說，「事實上他們根本沒有真正的生物力學專家，都是行銷人員在設計的。」

高登之前一直很困惑為什麼跑鞋都沒有用，直到他後來發現到底是誰負責設計的。每6個月，跑鞋廠牌就會推出新的噱頭——高效海綿！碳板鞋！弧形鞋底！但是跑步的受傷率還是沒變。

「Nike把跑鞋的跟提高，但沒有任何人對此做相關研究。」高登氣呼呼地說，「自此之後，所有跑鞋品牌都模仿他們。因為Nike賺了很多錢，所以大家都抄他的。」

把故事拉回當時的猶他州，霍克還在痛苦掙扎、漫漫長夜的那段時間。「我爸如果沒有好的跑步技巧，他根本就跑不了。」高登說，「他的膝蓋完全毀了。他得靠自學肯亞人的方式跑步，後來我們也把這套教顧客，效果很好，只需要5分鐘就能教會。」

不過到底教什麼呢？「我們教每位顧客如何保護身體，「卻賣給他們效果完全相反的跑鞋。」高登很難過地說。

不可置信吧？連開創穩定型跑鞋的發明者，都承認他犯了大錯。在1985年，在卡加利大學（the University of Calgary）享譽盛名的人類表現實驗室，實驗室的共同負責人班諾·尼格博士（Dr Benno Nigg）曾提出跑步時如果腳在著地時內旋（pronate，或稱為「外翻」），可能會造成受傷。跑鞋大廠們根據這個說法，推出一堆穩定足部的跑鞋。但在2005年時，班諾反駁自己「腳掌內旋有害」的理論，認為他的想法造成跑鞋設計出了大錯。

大錯？

如果食藥署是這些軟又彈的跑鞋的主管機關，他們會宣布召回所有產品，並且立刻下架。透過專家和經過包裝的醫學推薦，數以百萬計的人們把自身健康託付給這些跑鞋，但當初提出觀念的人現在卻說「我錯了」，而且《英國運動醫學期刊》（British Journal of Sports Medicine）的追蹤報導也無情地指出每一位穿控制性跑鞋的女性在穿了13週之後，都會受傷，百分之百，無一倖免。這個結果顯示了跑鞋不但沒用，而

對卡巴羅來說，他喜歡早餐來一份墨西哥捲餅，一小杯咖啡，然後穿著破涼鞋跑上好長一段路。

且也很危險，更可怕的是——

報告出來後，市場完全不受影響，穩定型跑鞋的銷量還是持續成長。

「大家很重視腳掌內旋的這件事。」高登指出。「但沒有證據顯示這跟受傷有關。」那為什麼要重視呢？他突然暫停了一下，然後說：「因為這樣才能創造出更多型態的跑鞋然後去銷售。」

而提出穩定性的始祖，完全不想跟他扯出的大錯扯上關係。如果現在問他，班諾·尼格博士的建議聽起來就像是赤腳泰迪會說的話：「除了保暖和路上的碎石之外，你完全不需要任何保護。」這是世界上最崇高的運動鞋科學家說的。

高登現在可以有足夠條件來進行他的「鞋魔歪道」了：真正的科學知識，還有一個烤箱，與一群人體實驗的自願者。

他的目標很簡單，與其把跑鞋裡的垃圾

**❝ 我覺得我們應該要幫助這些跑者，
而且導正這個產業。 ❞**

拿出來，不如一開始設計跑鞋就不要用那些垃圾。所以他首先要設計出跑鞋該長成什麼樣子。這時候就需要那些自願者來測試了。

高登先把最簡單的部分處理好，把腳趾的空間拓寬。人類的腳跟跑鞋的形狀本來就不搭，我們的腳是方形的，但跑鞋的鞋頭則是尖的。在很久以前，霍克就知道他可以透過換更大的鞋子和把鞋帶綁鬆一點，就能解決 75% 足部不適的問題。

接下來高登拿出殺手鐧，他從特價區拿了幾雙 Saucony 的「原創爵士樂」系列跑鞋，然後找來鞋匠把鞋跟磨平，中底打薄，讓鞋底變成平的。他給新版本的跑鞋取名為「原點爵士樂」，因為現在鞋跟和指頭部位已

經沒有高度差距，回到原點。

「我們開始拿這些跑鞋給已經因傷走投無路的跑者們。」高登說，「這些跑者已經試過多數緩震跑鞋、支撐型跑鞋、矯正鞋墊等等，但還是不停受傷。」高登向這些人發問卷，如果 6 週內他們有回覆的話，就送給他們 10 元美金。

「在回收問卷之前，這些跑者的朋友們得知消息，紛紛來問我：『你給了喬一雙改造跑鞋，他的膝蓋就沒那麼痛了，可以也給我試試看嗎？』」

高登在一年內從這些自願者們回收了超過 1000 份問卷，他們都買了高登改造的怪鞋。「鞋匠改造的鞋子賣不了 1000 雙的，除非他們真的超讚。」高登說，「而且結果真的超乎想像，高達 97% 的顧客都降低了受傷或痠痛的機率，包含了足底筋膜炎、脛骨疼痛、跑者膝、髂脛束（IT band）和下背痛。」

這樣的結果已經超過高登所能負荷的了。他配合的鞋匠只能改造這麼多跑鞋，而且哈波父子只有一家在猶他州的店面。你想想，這麼多因傷所苦的跑者橫跨美國，甚至從世界各地來，就為了試試看這雙能讓他們免於痛苦的跑鞋。

霍克在製鞋產業中有一些人脈，而每一個廠商都叫手拿「97% 有效」跑鞋設計圖的高登滾蛋。當然，這樣叫人離開是不好啦。

高登一開始只是出於好奇而已，現在他戰力全開。「這些人根本不在乎跑者穿他們的跑鞋而受傷。」他氣呼呼地說，「所以我覺得我們應該要幫助這些跑者，而且導正這個產業。」

於是高登和他的「馬蓋先」姪子傑洛米（Jeremy）開始尋找盟友，很快地就找到一群地下工程師團隊，這些人已經受夠了被行銷部門使喚。「我把《天生就會跑》書中的內容讀給他們聽，然後他們就說：『對對對，我們知道他說的是正確的，但是行銷部門不會讓我們這樣做。』」

創造一雙理想的跑鞋變成了高登追求的目標。「我們嘗試模仿塔拉烏馬拉人（Tarahumara）跑步的經驗，」高登說，「《天生就會跑》真的影響了我們所設計的第一雙跑鞋。我們決定做塔拉烏馬拉式的涼鞋，同樣的厚度和性能，但用現代的材料來製造。」

他們現在有了團隊，心中也有夢想，只缺一個品牌的名字。這一群反抗軍為了理想而戰，不是為了自我實現，他們不想要用希臘女神或是羅馬字母，或是用人名來取名。而他們決定用一個字來代表對於當時跑鞋產業的厭惡和對於未來的盼望──

Altra[11]，有修復之意。

10.1 如何選擇各式跑鞋

當然，我們建議你用 Altra 的跑鞋來進行 90 天的「自由奔跑」重開機計畫。在討論過不同型號，也和幾位同樣觀念相近的資深跑者腦力激盪後，我們選出最終 2 組鞋款：

越野跑：

Altra Superior（零足跟差，鞋底 21 公釐厚）

平路跑：

Altra Escalante（零足跟差，鞋底 24 公釐厚）
Altra Escalante Racer（零足跟差，鞋底 22 公釐厚）

＊備註：Escalante Racer 原本是我們一致推薦的平路鞋款，但高登·哈波指出基本款的 Escalante 跟競速版的基本上只差在鞋墊而已，價差 10 元美金。我個人也勇敢地推薦 2 種 Xero 鞋款：Zelen 和 Mesa，但沒有被採用。因為這類極簡跑鞋對於大多數跑者來說，改變太大了。

為什麼選擇 Altra 呢？有 3 個理由：

1）**天然**：高登·哈波延續他的製鞋理念，這 2 組鞋雖然用的是現代材料，但穿起來仍然跟拉拉穆里人穿的涼鞋同樣腳感。Altra 有些跑鞋的緩震太多，不是我們的菜，那些跑鞋通常是給超級越野馬拉松的跑者在

極為艱難的賽道上穿的。

2）**彈性**：我們選擇這 2 組鞋是因為他們是 Altra 系列鞋款最輕而且最有彈性的，保護性也很剛好。

3）**長青**：我們不想推薦那些每 6 個月就改版的跑鞋，像是 Nike 的 Pegasus 系列。我們推薦的這 2 組都是經典長青款，不管你是什麼時候買的，都會是一樣的跑鞋。

不過如果你想要自己選擇，也沒問題，我們很欣賞你的叛逆性格！選你喜歡的，只要符合下面 4 個「天然跑鞋」的關鍵條件就好：

1）腳趾區要寬，兩側都沒有擠壓。

2）足夠的長度：你最長的腳趾還有約 4 公分的空間。

3）足跟差（drop 或 heel-to-toe offset）盡量少。

4）緩震極簡化。

如果你覺得前兩個都很顯而易見的話，再想想看，你是不是常常犯這些錯誤。

「每次有客人進到店裡挑鞋，我都非常確定他們挑尺寸太小了。」納森·李曼（Nathan Leeman）說。納森是北卡羅納州夏洛特市的極限跑步公司（Ultra Running Company）老闆。「挑大一點的鞋能夠輕鬆地解決很多問題，就挑大一點吧！但客戶很抗拒，如果我

們跟客戶說，他們應該挑 8.5 號，而他們一開始選的是 7 號，他們就不買直接走了。」

有很長一段時間，納森是自己店裡最糟的客戶。他原本是米其林的高層，常常一手拿著電話，另一手拿著奧利奧餅乾，就只是因為覺得這樣下去不行，所以開始跑步。他開始每兩天跑 1 英里，速度只比走路快一點就氣喘吁吁，但他的耐力開始進步，也對跑步越來越感到興奮。

「我以前常去摩押（Moab）和科羅拉多州健行，但從來不知道那些步道也可以跑步。」納森說。「那時候跑步開始變成我的興趣，它可以帶我去人跡罕至的地方。」正因為他開始感興趣，納森成為運動科學家，不停實驗如何提升跑步距離和速度。沒多久之前，他 1 週才跑 4 英里，慢慢成為超馬選手，他 15 小時可以跑 100 英里（沒錯，等於是連續跑 4 個越野超級馬拉松，而且每一個都少於 4 小時），還跑進傳奇賽道「巨人之旅」（Tor des Géants）前 50 名。巨人之旅是一場穿越阿爾卑斯山 205 英里的越野超級馬拉松，攀升的距離相當於爬 3 次聖母峰。

一開始，納森就只是照《跑者世界》（Runner's World）雜誌或是當地鞋店店員推薦來買跑鞋。但在輪胎業這麼多年，他還是有分辨實話和謊話的嗅覺，很快他就開始質疑這些建議，開始問一些尖銳的問題。

「我在跑步機上試跑一下，店員說我的跑姿不錯，然後給我一雙穩定型跑鞋。」納森回憶起之前的經驗。「等等，如果我沒有足部過度內旋的問題，為什麼我需要一雙防止內旋的跑鞋？我無法用簡單的說法向他解釋這原理，所以我繼續問，最後店員才說：『好吧，以你的尺寸來說，這雙是我們店裡最好的跑鞋。』」

懂了。「最好的」就表示「最貴的」。納森靈光一閃，突然發現他之前根本就被

搶了。他只能對自己生氣，如果他早點知道就好了。當然，這些鞋店也不會相信跑鞋真的有功效，不然他們為什麼每 6 個月就會告訴你要換跑鞋呢？ iPhone 都沒壞那麼快。

算了，管他的。因為納森找不到一家可以信賴的鞋店，所以他自己開一家。

「我們想出『學會愛上跑步』的店面宣傳口號。」納森說。「因為學習跑步知識，比起你穿上什麼跑鞋更重要。如果要我賣課程免費送跑鞋的話，我也可以。」

這就是他開店的起心動念。在 2013 年開店後，他一直遵循以下 6 條黃金準則：

#1 提供保護，而不是校正

「我告訴我的供貨商，如果他們能夠告訴我任何一篇有關『穩定型跑鞋可以幫助顧客跑得更健康』的研究，我就會進他們所有的鞋款。但沒有任何一家做到。有一段時間我們是美國東岸最大的 Hoka 跑鞋零售商，但我們沒有賣他所有的穩定型跑鞋鞋款。我告訴他們：『在你沒有捏造事實的情況下，我們支持你這個品牌。』」

#2 沒有花俏的鞋墊

「他們賣東西只是為了賺錢。他們不在乎跑者，完全不在乎。如果某家店賣鞋墊，對我來說他們已經沒有中心思想了。」

#3 足跟差不超過 8 公釐

這看起來有點太硬派了，但這是跑鞋的黃金標準。高登·哈波發明了「足跟差」（drop，或稱掌跟差，即指腳跟與前腳掌的高度落差）這種說法。像是 Altra 和拉拉穆里人穿的薄底跑鞋，就完全沒有足跟差。Brooks 的野獸系列（Beast）足跟差則是巨大的 17 公釐。Hoka 跑鞋即便有紮實的緩震系統，它的足跟差算是比較少，大概是 4～6 公釐。「我把上限壓在 8 公釐。」納森說。「超過的話，它會讓你的小腿拉直，腳跟會離開地面，而且跑得更慢。跑步已經夠難了，為什麼還要踩煞車？」

#4 跑鞋不是用來修復問題的

納森不認為跑鞋可以修正你身體的問題。因此他不會去測量你的足部內旋或是檢測你的「習慣動作路徑」（業界的新花招），來確定你「獨特的關節移動」。最重要的原則是，只要談到跑鞋，出現「獨一無二」、「特別」、「個人化」的話，你就準備要被搶了。

#5 〈Rock Lobster〉法則

就像艾瑞克·歐頓一樣，納森也找到適合自己的「5 分鐘跑姿教學法」。他會綁一個 Zwift RunPod 藍芽感測器在你的腳上，然後讓你在跑步機上跑步，跑步的過程中感測器傳送給跑步機顯示出你當下的步頻。「一般來說，新顧客跑起來就像大象，步幅超大，而且有很多垂直的擺動。」然後納森會告訴他們兩件事：縮短你的步幅，把步頻提升到每分鐘 180 次。這樣的改變很明顯，

突然之間他們開始彎曲膝蓋了，著地也變輕盈了，非常令人振奮。但有時候，這樣的魔法隨著跑步機停止就消失了，有些跑者希望找到魔法公式，讓他們可以跑起來更有力、更健康，其他人則對砍掉重練沒什麼興趣。這時候就是納森使出大絕招的時候了。

#6 跑步只是成人的休閒活動

「我的目標是讓每個人都很開心、健康，而且可望進步。如果有人最近這兩個月跑了 10 公里的越野跑，我會介紹他穿有緩震的跑鞋，但長期來說，我還是鼓勵大家穿極簡的跑鞋。我的中心思想是大家都可以赤腳跑步，但只有很少數的人願意花時間去赤腳訓練。如果你懂我在說什麼，我跑鞋牆上的都任你挑選。」

如果你常去其他的鞋店，納森的跑鞋牆真的是異類。你仔細看的話，會有一種奇妙的感受⋯⋯居然都看得懂。這裡的跑鞋沒有什麼花俏的噱頭，或是令人摸不著頭緒的術語，也沒有穩定型或控制型跑鞋。

你只需要管兩個規格：你想要多少緩震？足跟差要多少？

「絕大多數人都是走中間路線，足跟差和緩震都選中間值。」納森說。這些跑鞋也正好就放在跑鞋牆的正中間。納森根據足跟差從左往右排，越右邊差越多；最上面的緩震最少，最下面的則是緩震最多。所以 Luna 的涼鞋跑鞋在跑鞋牆的左上角（零足跟差、零緩震），右下角則是 Hoka 的

Bondi 跑鞋（4 公釐足跟差，33 公釐緩震），其他跑鞋就介於這兩款之間。

這面跑鞋牆有趣的地方在於它成為了跑者的動力來源。每次老顧客上門，都能透過跑者牆來估算自己的跑姿進步到哪裡了，視線從目前所及慢慢移到左上角的 Luna 涼鞋。極限跑步這家店還有一個有趣的地方，不管你穿的是哪一個鞋款或是第幾代，你都可以在這面牆上一眼看出每雙鞋的特色。

納森自己的口袋名單通常是 3 雙不同款式的跑鞋，隨著他的運動量增加，提升緩震的需求。例如星期二的時候雙腳還很有力，他會穿超極簡跑鞋。星期四開始有點疲勞，改穿中等緩震的跑鞋，週六長距離訓練時就穿加強緩震的跑鞋，像是被納森稱作「Hoka 史上最棒的非 Hoka 跑鞋」的 Saucony Endorphin Speed。

「我可以穿任何一雙鞋底足跟差少於 10 公釐的跑鞋跑步，對我來說沒有影響。但我畢竟是賣鞋的，我得跟你說，足跟差越少，你越有可能在身體重心正下方著地，這樣跑起來更輕鬆。」

當新顧客問納森哪雙鞋好的時候，他都會說：「我讓你穿這雙極簡跑鞋，然後你去跑個 1 英里，那將會是你此生最爽的 1 英里，感覺非常自在！但你接下來坐在沙發上 1 週，小腿因為過度緊繃開始有點痠痛，這時我就會讓你穿緩震跑鞋，你會穿得很舒服，而且可以繼續堆跑量。」

「但是，」納森接著說，手放在他的左胸上，這是他最喜歡的習慣動作。「我告訴

珍娜‧克勞佛德不只有透過越野跑訓練出的耐力，還有平路馬拉松 2 小時 51 分鐘的速度。

客人們，我們想傳達的不只是牆上的跑鞋，而是跑姿的觀念。要保持專注，知道自己在追求什麼。」

我個人並不是百分之百認同納森對於緩震鞋的使用方法，但也不是百分之百反對。

我們知道很多很厲害的越野跑者，像是「狂奔山羊」卡爾・梅爾策（Karl Meltzer）和鐵人三項傳奇布里・威（Bree Wee），都是用納森那一套方法。「越野女王」卡特拉・寇伯特（Catra Corbett）也幾乎只穿同一種 Hoka 跑鞋，對她完全沒有影響。卡特拉完成超過 100 次百英里超級馬拉松賽事，而且每天都很開心地跑步，還常常帶上她的臘腸狗一起跑。

但對於我們來說，緩震跑鞋是一種慢性自殺。如果你像納森一樣自律地練習，你可以有一段時間不穿，或是很長一段時間不穿，但我們認為當你減少腳感，很容易又養成過往的壞習慣，原本所追求的跑姿又消失不見了。

我就曾經有這樣的經驗。在 2007 年，當時我正在寫《天生就會跑》，有天我在倫敦參加天然姿勢的研討會，腳開始感覺痛。剛好那時研討會的重點就是在講人類的軟組織彈性，而且《天生就會跑》講的也是彈性幫助人們免於跑步帶來的傷害。

那搞屁啊！我的腳跟怎麼還那麼痠痛？

當時我已經跟艾瑞克一起訓練超過一年了，8 個月內我徹底改變我的跑步表現，已經完成 3 次超級馬拉松，我的跑姿棒極了，體能狀況在巔峰，甚至我穿得下大學時期划船隊的長褲了。

我只能一拐一拐地走路，這真的太怪了。我才幾個月沒跟艾瑞克訓練，因為也沒有需要了。我的目標是隨時隨地都能跑，而且跑多少都可以，不用擔心參加什麼賽事或是個人最佳成績，艾瑞克已經幫我達成這個目標了。有一天晚上，我和珍・雪頓一起跑了 20 英里，當時珍正在參加佛蒙特百英里超級馬拉松，她跑得很辛苦。過沒多久，因為我聽說我家附近的 50 公里超級馬拉松賽事，在中點有免費提供辣醬薯條，所以就報名了。

但突然那時有個熟悉的腳跟舊傷復發，幾週下來我都沒去管它，希望它自己復原。可是因為我在倫敦每天早上都走去研討會會場，幾天下來越來越痛。有個朋友建議我去找健身教練李・薩克斯比（Lee Saxby），他以前是拳擊手，在業界頗負盛名，這位密醫有一套神奇的方法。

結果密醫的傳言是真的，他在一家不起眼的旅館地下室的健身房有個房間看診。我到了以後告訴他我的毛病，他問我：「嘿，鞋子怎麼樣了？」

「我這陣子都赤腳跑步。」我說。在跑完銅峽谷馬拉松之後，我完全接納卡巴羅和赤腳泰德那一套，認為緩震鞋是不好的。但實際上我並沒有完全放棄緩震鞋，所以我還是找到折衷的辦法，穿 Nike 的中等緩震跑鞋。

「這是我選擇極簡跑鞋的原因。」我說。

「這雙跑鞋？」他嗤之以鼻。「這緩震都可以拿來做沙發了。」

李把我的跑鞋給丟了。他要我光腳拿空槓，把背挺直做深蹲。

「做 10 下。」他說。

「再 10 下。」他命令我，「你全身都在抖，給我真正的 10 下。」

我大概做了 40 下後才連續真正做到符合標準的 10 下。「好了。」他說，「現在到外面去。」

我們走到人行道上。李指向街道的另一頭，要我赤腳跑到轉角再跑回來。「1234，1234⋯⋯」他幫我打拍子。

跑完四趟之後，李說：「好了，你可以了。」

「可以？什麼意思？」

「就是可以了，沒問題了。你現在感覺怎樣？」

「我感覺⋯⋯哇！」有一秒鐘的時間，我忘記到底是哪隻腳的腳跟痛了。「感覺完美！」

「現在光腳跑回你的旅館吧。把這感覺牢牢記住。」

「真的假的？穿過倫敦市中心？」

「你沒問題的啦。你需要喚醒你的雙腳。如果我是你的話——」他指著我的 Nike 跑鞋，「我會把它們給丟了。」

這次經驗讓我花了一點時間去思考到底發生什麼事情，當我想通以後，我再也不穿緩震跑鞋了。李的深蹲療法治療了我的足底筋膜炎（腳跟附近），但他的赤腳跑步方式才是真正治本：我的跑姿走樣了。跑鞋品牌總是互相競爭，要推出最新款、最先進的、最緩震的跑鞋，但事實上他們都是在做逆向工程而已，因為你的雙腳本來就有這些機制。

艾瑞克教我要用快節奏、輕盈、前腳掌著地的方式跑步，但隨著時間一點一滴，我又慢慢回到原本的壞習慣。我以為我跑得像卡巴羅輕盈，但事實上我的腳步其實很沉重。原因出在緩震跑鞋，而我卻完全沒注意到。

我以為轉換到極簡跑鞋的過程漸進而且安全，但對於跑姿來說，這其實風險很高。緩震就像一種麻醉藥，你越依賴它，你的腳感就越不敏銳。所以艾瑞克和我都強烈建議你穿 Altra 訓練，或是用其他足跟差較少的跑鞋來替代。

但如果你比較支持納森的方式，需要幾天穿緩震跑鞋的話，可以採用我那聰明的老婆米卡（Mika）提供的技巧，她會一開始光腳跑，一手拿一隻跑鞋，當她覺得有點不舒服，像是小腿疲勞或是遇到碎石，她就會穿上跑鞋繼續跑。一開始光腳跑可以喚醒肌肉用正確跑姿，之後再穿上跑鞋就沒問題了。

在充滿石頭和泥土的歐哈納（Ohana）越野路上，克里斯喜歡穿著穿了 3 年的 Altra Vanish XC 跑鞋。

10.2 隱藏版好物指南

就像所有世間難得的寶物一樣，極簡跑鞋並不好找，但是尋找的過程很爽。

跑鞋大廠已經不再生產極簡跑鞋了，不過從另一個角度看，這其實是件好事，讓更多創新的創業家可以有空間發揮，像是赤腳泰德和 Xero 的純粹主義者史帝芬‧薩申（Steven Sashen），還有 Vivobarefoot 和 Inov-8 生產了少量的跑鞋，他們也對此深信不疑。當

然，可能當你讀到這裡的時候，有些廠牌已經消失了，所以請不要把這章節當作消費者指南，我想告訴你的不只是找到跑鞋而已，好的跑鞋其實到處都有，你或許可以做點功課，或是上 eBay 找。一旦你找到合適的跑鞋，穿著它在林間奔跑時，感覺像是穿手工的鞋子一樣，你會很慶幸你曾花時間在尋找跑鞋上。

極限跑步公司的跑鞋專家 艾咪·史東（Amy Stone）的 Top 5

「我因為出車禍的關係，有一塊鈦金屬在腳裡，所以我非常小心地注意跑姿和輕輕地著地。」艾咪說。她也是為女性挑選鞋子的專家，她對於女性犯的錯誤瞭若指掌，最常見的就是挑的跑鞋太小。

「很多人對於鞋子尺寸有誤解，認為都是統一規格的，但每個品牌 8 號的鞋子並不一樣大。」她說。「另外，如果你穿平底鞋或高跟鞋的尺寸是 8 號，那跑鞋你要選 9 號或 9 號半。穿太小的鞋子對於足部健康是有害的。」

艾咪有個超棒的撇步來幫助女性跑者挑鞋：當你決定要買哪一雙的時候，買同型號男款的就對了。「聽起來很瘋狂，整個跑鞋產業都認為女生的腳比較窄。」她說。「為什麼同樣身高的女性，她的腳會比同樣身高的男性窄？」還有，她拜託大家買鞋的時候不要看外觀來決定。「相信我，沒人在乎的啦。只有你自己會在意跑鞋好不好看而已。」

1. 長距離越野跑：Altra Superior
2. 短距離越野跑：Xero Shoes sandal
3. 平路跑：「我最愛的是第一代的 Altra Solstice，後來他們把它改成訓練鞋，搞爛了。所以現在我比較喜歡 Altra Escalante（第 4 名），還有幾雙 Xero 品牌的跑鞋（第 5 名）也很適合跑平路。」

納森·李曼的選擇

1. 平路跑鞋：在一週剛開始的時候先用 Altra Escalante Racer，然後再用 Saucony Freedom。「我喜歡在開始腳痠的時候，或是跑長距離訓練時穿厚底的緩震跑鞋。」
2. 超長距離訓練，像是超過 20 英里的訓練：Saucony Endorphin Speed。「Hoka 史上最棒的非 Hoka 跑鞋。大約有十年的期間，我都穿它的第一代 8 公釐跑鞋。」
3. 少於 13 英里的越野跑：Altra Superior。
4. 超過 13 英里的越野跑：Hoka Speedboat Evo。「我最愛的全方位厚底緩震跑鞋。」

高山越野跑者瑪格特·華特斯 （Margot Watters） 的 Top 5

瑪格特常常跑在岩石跑道上，或是在平路上做長距離訓練，她喜歡多一點緩震的跑鞋，但鞋底不能太厚，這樣比較不會影響她的跑姿。

1. Saucony Peregrine trail：瑪格特穿著她的 Peregrines 跑完阿爾卑斯山 200 英里越野賽，Peregrines 的底不厚，足跟差是還好的 4 公釐，但能保護足部不會因為路面岩石而受傷，而且有很好的抓地力。

2. Saucony Kinvara road：瑪格特最愛的長距離跑鞋，是 Peregrines 平路版本，足跟差也是 4 公釐。

3. Dynafit Feline Up trail：輕量的跑山鞋，鞋底足跟差一樣是 4 公釐，而且非常貼腳。瑪格特拿這雙用來做短距離高速的比賽，以及短時間的技巧訓練。

4. Inov-8 Roclite 290：用來跑山的跑鞋。適合乾燥、岩石表面的山路，像是懷俄明州的大提頓（Grand Tetons），也適合在各種路面上跑步。

5. Altra Escalante Road：緩震比 Escalante Racer 更多一點，這雙是瑪格特用來在平路做高強度與速度訓練時穿的。

艾瑞克·歐頓的 Top 5

艾瑞克住在大提頓，常遇到積雪和岩石路面，所以他選擇的會較耐用且抓地力更好。

1. Inov-8 TerraUltra 270：「對我來說，這是最棒的越野跑鞋之一。它的鞋底厚度和保護效果達到完美的結合，保有天然的彈性和輕量化，鞋底零足跟差。這雙跑鞋的回饋感很好，能給予你足夠的力量。」

2. VJ Spark：「它的足部中間比 Inov-8 貼合，這點我很喜歡，因為我的腳比較窄，但指頭部分的空間很足夠。穿起來感覺很靈活，薄底而且抓地力和保護性都很好。在一些需要技巧的越野路面上，它就是一台法拉利。」

3. Altra Escalante Racer：「以平路跑鞋來說，它是我的心頭好。Escalante 系列跑鞋很適合長距離的速度跑。對於要轉換到鞋底足跟差較少的跑者們來說，它也是一雙合適的過渡跑鞋。」

4. Xero Shoes Speed Force：「超輕量的極簡跑鞋，設計很周到，可以讓你的腳部很自然地運動。這雙跟拉拉穆里人穿的涼鞋一樣簡約風格，但還提供足夠的保護性，讓跑者可以在越野道路和平路上奔跑。」

5. Inov-8 Xtalon 210：「輕量而且簡約，大底花紋很大膽，提供越野跑時需要的抓力，在雪地跑步時，它非常棒，夏天在泥地和鬆軟土地的時候也很合適。當大底磨損後，我拿這雙來當一般跑步鞋。」

作者的 Top6（差不多吧）

專業建議：「我拿到鞋子第一件事情就是把鞋墊拆了。少了無用的軟墊，你會被真實的腳感驚豔到。」

1. Luna Sandals Leadville：「是赤腳泰德最原創、對我來說也是最多功能的鞋款。我第一次穿上它，泰德幫我綁上時，就是在里德維爾百英里越野賽賽前，後來我幫他配速跑了 13 英里。用越野賽道跑個半馬來測試這雙涼鞋並不是很好的選擇，但它完全沒問題。」

2. Xero Shoes Zelen：「為了表達對赤腳泰德的忠誠，我有好長一段時間遠離了 Xero 的跑鞋，但他們送我免費的新鞋試試看，我很高興我有接受他們的好意。Zelen 是平路和越野跑的夢幻跑鞋。Xero 的鞋墊是我唯一不會想拔掉的，它的份量剛好，整體的設計很完美。」

3. Xero Shoes Mesa Trail：「如果我在荒島上，只能帶一雙跑鞋的話，就是這雙了。Mesa 的前頭有點抬起來，但後面是採可以適應各種地面的設計，鞋底抓地力很好，就像越野車的輪胎一樣。表面網布排水性能很棒，可以快速排水，穿越溪流也不會覺得鞋子溼溼的。」

4. Bedrock Sandals Cairn Pro II Adventure：「對於所有涼鞋來說，水其實是一個潛在的問題，因為水會讓你的腳底變滑，而 Bedrock 的神奇魔法可以解決這個問題，還不用犧牲涼鞋原本彈性的腳感。我很愛它，它適合在各種路面上跑步。」

5. New Balance Minimus（MT00, M10v1, M10v4, MT20）：「是一款超越時代的傑作。New Balance 這款跑鞋有自然的腳感，緩震做得很薄，幾乎是赤腳的感覺。很遺憾他們不再繼續生產這款跑鞋，只能在 eBay 上找到。我最近找到一雙 MT00，瘋狂大膽的設計，看起來像是一雙透明的芭蕾舞鞋，鞋底還有泡泡。你得把我殺了才能拿走這雙鞋。」

6. Altra Vanish XC：「每次我穿上這雙薄如衛生紙的跑鞋，我都在想它為什麼不會破掉。鞋面是開放式的網布，在大熱天穿很棒，或許也可以做為兩棲跑鞋，游泳時也可以穿。」

10.3 補給站：腳底的大腦

2016 年，兩位佛羅里達州的訪問學者在蘇格蘭高地健行時，看到石楠花非常著迷，於是脫掉鞋子赤腳跑步。他們玩得很愉快，雙腳覺得很舒服，可是他們覺得心理上非常疲勞。

是什麼原因呢？他們好奇為什麼赤腳跑步會讓心理疲勞呢？

他們身為心理學家，決定來測試看看。羅斯・艾洛威博士（Dr Ross Alloway）、崔西・艾洛威博士（Dr Tracy Alloway）和北佛羅里達大學的運動心理學家彼得・梅格雅里博士（Dr Peter Magyari）攜手進行實驗。他們找了 72 位志願者，年齡從 18 歲到 44 歲，讓他們用赤腳和穿鞋跑 16 分鐘，在跑前與跑後測試和比較他們的工作記憶。

如果有 5% 的進步就超棒了，因為你記住的越多，你的感覺就越好。工作記憶不只影響你的學業和專業表現，也包括你的心理健康：一點點認知下滑，就會造成焦慮和社會摩擦。你可能不只是忘記鑰匙在哪、忘記名字、無法按照指示、做出不合適的決定、感受到壓力和焦慮。

這樣說來，提升 5% 就會非常驚人。但是佛羅里達的研究人員發現赤腳跑步是這個數字的 3 倍，工作記憶提升了 16%。「而穿鞋跑步則沒有顯著提升工作記憶。」他們的研究寫道。

為什麼呢？羅斯・艾洛威有一套理論：「可能是赤腳跑步需要更多的工作記憶區，因為觸覺和本體感受性更強烈，進而增加了工作記憶的表現。」

答案漸漸有點眉目了。每次赤腳跑步的時候，你不是用兩片海綿在踩踏，你的腳底正在掃描地面，在很短的時間內感受著地，心裡同時比較現在與之前接觸的地面有什麼不同：是柔順還是碎石地？刺刺的還是軟軟的？泥土地還是硬地？你的記憶區開始變得活躍，將你的身體和大腦連結在一起，負責處理決策大腦的額葉開始運作，根據你著地的感覺立刻形成超越思考速度的決策。

赤腳跑步並不會提高受傷率，反而還降低。足部醫學教授大衛・珍金斯博士（Dr David Jenkins）說：「如果赤腳跑者透過接觸地面有更好的本體感受力，那麼他們就更不會因為平衡或是地面不平而受傷。」大衛・珍金斯（David Jenkins）博士也是美國足部運動醫學會的董事會成員。「事實上，一些研究人員指出，赤腳運動員有更好的橫向穩定性和活動性，來控制腳踝的反向活動。」

難怪艾洛威夫婦在蘇格蘭草地上那麼累了。他們眼前看的雖然是美景，可是他們卻處在地雷區，腳下到處都是羊的糞便，隨時都得提防。對於赤腳跑者來說，踩到大便就像是玩益智遊戲一樣：「如果我們脫掉鞋子去跑步，」羅斯・艾洛威說。「我們跑完之後就會變得更聰明了。」

10.4 選擇跑鞋 6 要點

1. 把你最喜歡的跑鞋拿出來，抽出鞋墊。這薄薄一片看起來沒什麼影響力，可是你再穿上鞋子就會感覺到更穩定，而且更貼近地面。試著沒有鞋墊跑跑看，是過渡到極簡跑鞋的一種方式。

2. 到當地的跑鞋專賣店找找中性跑鞋和極簡跑鞋。理想的情況下，你會至少找到一雙我們推薦的款式。不要讓他們說服你買那些緩震的跑鞋怪獸。

3. 當你挑好鞋之後，要注意尺寸。聽高登·哈波的建議，確定長度和寬度都要夠，太大沒關係；太小的話，問題就大了。

4. 用你學會的幾招來適應新鞋：穿著它做「運動零食」、聽〈Rock Lobster〉靠牆原地跑，還有跑姿的練習。穿著它去習慣沒有緩震時，如何輕盈地著地。

5. 在一週內跑量最少的那一天，穿極簡跑鞋去試跑。記得要保持輕鬆，提高你的步頻。不用太刻意去注意著地的方式，如果你已經做過〈Rock Lobster〉練習和百抬腿練習，你就保持高步頻去跑，不用擔心。但如果你的雙腳覺得不舒服，像是小腿緊繃、腳底劇痛之類的，就休息，用走的。把這個情況當作手術後的恢復期，你正在重新喚醒沉睡已久的肌肉。

6. 試試看赤腳跑。用卡巴羅的方式，拿著你的跑鞋跑，一旦感覺到不舒服，就穿上跑鞋繼續跑。

卡瑪跑步時必備：涼鞋、愛犬，以及兒子。

樂趣：如果你覺得好像在工作，表示你做過頭了

11

「**刺**青不錯喔。」有位朋友看到我撕下繃帶，秀出手臂上刺青時說。

「我很愛它。謝謝。」

「嗯，你有注意到他少了一個腳趾頭嗎？」

我再檢查一次，1、2、3，對欸，他沒說錯。這個《天生就會跑》的商標光腳圖案，只有4個腳趾，而我剛剛才把這個超酷的圖案永久地刺在我身上。

其實我覺得這樣正是完美。如果你的刺青師是騎摩托車的假釋犯，在休旅車的營地幫你刺青，營地介在龍舌蘭酒商店、泥巴摔角場和馬拉松終點線之間。那場馬拉松是一場200英里的比賽，穿著墨西哥樂團服的活動主辦人，還正在找他的霰彈槍。所以嘛，我說在那個情境下，少一個腳趾頭可以理解，甚至把B寫成P都還好了。

我可以回去再補上那個腳趾頭，但刺青師「老實鮑伯」的休旅車外已經大排長龍。而且我去的話，就會錯過啤酒路跑，或是拉拉穆里人的球賽，又或是了解為什麼摔角比賽中，有個帶著墨西哥摔角面具穿過重重人群，而且每個人都打他屁股的原因。當時是早上8點40分，在路易斯·艾斯克巴舉辦的「天生就會跑狂歡會」中，場面非常混亂，全部人都在關注這場盛會。

在2010年時，路易斯打電話給我，過度客氣地問我能不能用「天生就會跑」這個名字來辦活動。路易斯想要把卡巴羅的人生理念展現出來，而難搞的孤狼卡巴羅永遠不會這樣做。卡巴羅認為馬拉松已經變得太商業而且疏離，一群彼此不認識的跑者，穿過購物中心，再跑到街上，用衣服上的編號來識別，看起來像一群囚犯。

卡巴羅想要跳舞啊！想要聽大家說故事啊！然後再進行一場你死我活，拼到肺都要爆掉的馬拉松比賽！比完之後再開趴，再繼續跳舞和聽大家說故事！

這是卡巴羅在銅峽谷發現的魔法，也是拉拉穆里人成為傑出跑者的原因。奇亞籽、自然的跑姿、極簡的涼鞋，這些都很重要，但這些只是達到目的的手段而已，他們最重要的目的是：把跑步變得美好。

而這是拉拉穆里人在跑界有至高無上地位的原因。傳奇教練喬·維究博士（Dr Joe Vigil）第一次看到拉拉穆里人在里德維爾跑步時，他了解到如果想要成為一名優秀的跑者，得學會把跑步變得有趣。卡巴羅在第一次被邀請參加拉拉穆里人的球賽時，也有同樣的體會。卡巴羅發現拉拉穆里人

永遠都把跑步當成一場派對，而不是一種處罰。他們跑步不像我們這樣，數以千計的陌生人擠在起跑線前，無聲地望向遠方，等待鳴槍後跑出去，才可以享受一個人的孤獨和自我懷疑的痛苦。

而拉拉穆里的兩個村莊則是在賽前一晚喝自釀的玉米啤酒，還有賭博下注。隔天一早，兩邊在組成 8 人隊伍進行比賽，在接下來的 12 小時，或是 24、48 小時，兩隊在 1 英里的賽場上折返跑，每個人追著反彈的木球跑來跑去，像籃球快攻一樣，球就在隊友之前傳來傳去。

比賽結束後，又輪到開趴的時間。大家領取下注的獎金，邊喝啤酒邊做一些傻事。所有參賽選手又回到狂歡模式，也不管是不是同隊的隊友。這就是拉拉穆里人發明遊戲的原因。

卡巴羅沒見過這種場面，兩隊在賽場上跑來跑去，選手的家人、鄰居和朋友們在場邊加油唱歌，晚上就舉火把照明，看起來就像是一場派對。當然，沒有人跑了 48 小時之後還很愉悅的，但至少還可以挑戰看看，對吧？

除此之外，其他的事情都很瘋狂。跑步追求的並不是痛苦，最糟還可能受傷，這是任何人都希望避免的。受傷是進步的反面。如果你告訴阿諾佛（Arnulfo）或是曼努爾·魯納效法大衛·高金斯（David Goggins），把自己操到進醫院，而贏得「史上最堅毅的男人」的封號，或是告訴他們「痛苦是為了成長」這些話，他們可能會給你一杯酒，或是相反地，叫你少喝一點。

為什麼要傷害你的身體呢？把自己搞到瘦得走不了路難道是好事嗎？沒有任何哺乳類動物會自願傷害自己的身體的。除非他們被呼嚨，說這樣才能成為像是藍波一樣的「硬漢」，或是要進步就先演得像個硬漢。

我到現在都難以理解，為什麼世界上最不會社交的卡巴羅，居然能成功舉辦我看過最瘋狂，而且長達 1 週的跑步派對。

不過只有少數人能體驗到有如奇蹟的銅峽谷超級馬拉松比賽。光是來到這裡就很困難，得要通過當地毒梟的領土。在 2015 年時，這項賽事就因為謀殺案被迫取消，因為兩名當地警察被拖出鎮中心的警局，後來慘遭殺害。

所以路易斯想出自己的一套計畫。如果他把跑步活動辦成像火人季（Burning Man）[12]，在加州的農場舉辦一個長週末的活動，所有人露營辦趴狂歡，還有認真跑馬拉松比賽的話，那會是什麼樣子？路易斯在 2010 年舉辦了第一次的「天生就會跑馬拉松慶典」（Born To Run Ultra Marathon Extravaganza），大家很快就發現用「慶典」這兩個字實在太含蓄了。

為了讓你更了解路易斯所舉辦的活動是如何進行的，以下是來自我親身參與 4 天活動前半段的經驗：

週六 AM5:45：墨西哥樂團的小號聲劃破黑暗。有人大喊著：「跑者起床！」有些跑者

從週三開始跑，他們在旁邊紮營，有些則是昨天晚上開始跑的百英里參賽選手。其他早起的晨型人也跟著大喊「跑者起床」，如果你還想賴床，就當作沒聽到。

赤腳泰德和我加入路易斯的行列，我們站在乾草車頂端領著跑者，讓大家可以跟著覆誦卡巴羅的賽前誓詞。右手放在左胸心臟前，左手高舉：「如果我受傷、迷路或是死亡，都是他媽的我自己的錯！」

6:45：路易斯找到他弄丟的霰彈槍。他忘記是之前為了殺響尾蛇，還是在啤酒路跑鳴槍時搞丟的。

7:00：碰！路易斯鳴槍，參加「短距離」的跑者們出發，短距離指的是 100 公里、50 公里和 10 英里的跑者，通通混在一起跑，當我們爬過第一個山丘頂端的時候，太陽正從太平洋海面升起。

7:00:01：從帳篷裡出來的朋友們，用毛毯裹著身體，看到我們出發，馬上往餐車方向前進。路易斯的連襟正在做早餐塔可，聞起來超香的，我當時真想棄賽不跑了。

7:20：嘿，派特・史威尼（Pat Sweeney）朝我跑來，他正在跑 4 天賽，爬上山丘遇到我，我看到他穿短褲很開心。因為他是一位裸體主義者，以前是職業競技飛盤選手，他曾經穿著涼鞋跑完芝加哥馬拉松，然後直接跑到紐約再完成紐約馬拉松。派特在裸體啤酒 1 英里賽和啤酒半程馬拉松稱霸（要在 13 英里喝完 13 罐啤酒），無人能及。說真的，有誰要跑？派特在這項慶典中也指導許多受歡迎的課程，像是：

- 加州教堂歷史。帶 4 罐啤酒來。
- 越野跑者的動植物指南。帶 4 罐啤酒來。
- 和派特一起冥想。帶 4 罐啤酒來。

8:40：接近 10 英里賽事的衝線時間。我跑得不錯，一度想要換成 50 公里的比賽，但我想要看慶典到底在幹嘛，所以我跑完了，派特把完賽禮手工項鍊掛在我脖子上。他已經跑了 30 個小時還跑得比我快。

在「天生就會跑馬拉松慶典」上宣讀卡巴羅誓詞。照片中人物（左到右）：路易斯‧艾斯克巴、克里斯多福‧麥杜格（作者）和赤腳泰德。

> 如果他把跑步活動辦成像火人祭，在加州的農場舉辦一個長週末的活動，所有人露營辦趴狂歡，還有認真跑馬拉松比賽的話，那會是什麼樣子？

8:50：「老實鮑伯」的休旅車行動刺青館開張了，所以我進去光顧，把衣服給脫了。老實鮑伯在刺青的時候門還開著，路過的朋友看到他就打招呼，休旅車就會晃動，他得迅速地把針頭移開，他預測晃動時機的能力無人能及。

9:30：刺好了。我一邊拿著一整碗路易斯姊姊在餐車上做的牛肚湯，一邊看著我少了一個腳趾的腳印刺青。

10:00：「各就各位！」剛好，我來得及參加 0 英里比賽。

「預備！」

路易斯用霰彈槍鳴槍。

「休息！」

所有跑者相互恭喜，他們以零分零秒完成了比賽。

「這是超馬跑者的一種放鬆方式。」路易斯說。

10:01：來自奧克蘭和西雅圖的兩位跑者，克莉斯‧布朗（Kris Brown）和布萊恩‧吉里斯（Brian Gillis）素昧平生，他們在 50 公里終點前互不相讓，全力衝刺，最後他們牽著手一起衝過終點線。

一旁的觀眾們為他們的運動家精神鼓掌。而路易斯氣炸了。「不可以！」他大吼。「你們又不是在約會，你們在比賽！」馬拉松慶典是很歡樂，但這仍是一場比賽，又不是歡樂跑。

路易斯給他們選擇題，可以用角力或是灌啤酒決定冠軍，他們選擇灌啤酒。克里斯和布萊恩猛灌啤酒，最後同時把空罐舉

在頭上。路易斯說不算，因為有酒滴下來。第二回合，克里斯以兩口的差距贏了，獲得 50 公里的冠軍。他戴上墨西哥摔角面具和穿上披風，符合慶典的風格，然後衝進人群讓大家打他的屁股，用這種傳統方式提醒他要謙虛一點。

10:30：我走到赤腳泰德的 Luna 涼鞋帳篷，他那時正在和拉拉穆里傳奇人物阿諾佛．奇梅爾聊天。泰德正在和阿諾佛測試涼鞋的材料，所以我坐在他們旁邊，讓大師幫我做一雙涼鞋。

阿諾佛成為馬拉松慶典的常客，他的對手史考特．傑洛克也是。有一年，路易斯把一頂帽子到處傳，讓帽子塞滿獎金，讓阿諾佛和史考特跑 100 碼的比賽，贏者獎金全拿。

路易斯回想當時的情況：「那場比賽阿諾佛火力全開。史考特根本不是他的對手。」

11:00：「這個傢伙超級想跟你對決。」路易斯說，「你要接受挑戰嗎？」

約翰．范德波特（John Vanderpot）教授在聖地牙哥州立大學開一門課，以《天生就會跑》這本書做為教材。每年的慶典都有一場角力錦標賽，用來為退伍軍人募款。范德波特博士今年想要找我當對手，「他已經在 100 公里超馬賽跑了一半，」路易斯說，「他會暫停一下來參加角力比賽。」去年，有一位跑者後來送醫院，因為他忘記可以棄權。另外，路易斯說這位文學系教授曾經和他在大學的角力比賽交手過。不過，要對上一位 52 歲的教授，而且他已經跑了

30 英里，接下來還要再跑 30 英里。我想想，還是覺得挺有機會贏的。

後來發現我大錯特錯。

中午 12:00：樂手們在乾草車上幫五弦琴和吉他調音，為晚上的主題舞會做準備，預計在百英里賽程結束後，以及在 4 日賽選手開賽之間的空檔舉行，好讓這些選手可以有機會一展舞技。

許多跑者都帶了禮服和正裝來參加舞會，有少部份的人是什麼都沒穿的。雖然在這裡不穿衣服游泳很常見，但農場裡並沒有池子可以游泳。

「很多男女關係在慶典開始，也在慶典結束。」路易斯說，「曾經有一次婚禮，還有很多求婚畫面，也有幾對離婚。至少一對是確定的，因為他們的小孩已經 6 歲了。」

查克．弗萊德里（Zach Friedley）在慶典中只顧著煮咖啡。

他對舞會、輪椅競賽或是假釋犯幫你刺青都沒興趣，而且他非常確定他來這裡不是要跑步的。一條腿的人要怎麼越野跑？

查克天生就少一條腿，只剩下右膝蓋以上的部分，他的右手只有 3 根指頭。他小時候玩角力，因為這是唯一可以在地上爬的運動，而且在家就可以訓練。但到高中時，他的對手知道該如何保持距離抵銷他的優勢，他開始輸給那些曾經痛宰過的對手。高中最後一年時，他靠角力申請大學獎學金的希望越來越渺茫。

這時查克才了解到，在年輕時他們不會告訴你關於義肢的事情，等你長大了，你就要自己處理。

當聖地兄弟會兒童醫院（Shriners Children's Hospital）的免費醫療服務結束後，查克要自己負擔義肢的費用。下次看到帕運選手時，記得他們站在起跑線之前，光是尋找、負擔客製化義肢，他們已經克服了非凡的挑戰。

「它們也會損壞的，會讓你痛不欲生。」查克說。

查克二十幾歲出頭時，走路一跛一跛的，因為他的醫師說這是成年後正常的痛楚。後來查克下定決心出發印第安納波里斯的製造商總部，他走進大樓，尋找可以幫助他的人，直到他被一位運動義肢的設計師注意到，邀請他來試試看短跑選手用的刀鋒義肢。

適應運動員也可以衝刺。他們可以在平坦的賽道上做短距離的衝刺。查克嘗試了刀鋒義肢，而且對方也讓他可以帶走客製化的刀鋒義肢，可是查克並不適合，如果不是世界級選手，適應運動員其實沒有太多出路。但至少查克得到了一副新的義肢，這解決了他的問題，此時正好他的朋友聯絡他。

他的高中朋友泰瑞莎・斯弗雷特（Teresa Shiflett）需要有人幫忙她在北加州山區的大麻事業。她警告查克山區的路非常難走，但是查克說他會用膠帶綁上舊跑鞋，這樣就可以用刀鋒義肢在山區攀爬。

「大家認為我是個廢物，但我工作起來比別人認真而且又快。」查克說。大麻事業對於不吸食大麻的人來說，並不是幸福產業。查克每天清晨4點半起床，在5點半之前把防水布掀開，然後拿5加侖的水，走1200尺去溪邊取水，直到太陽下山。山坡很陡，就跟泰瑞莎說的一樣，不過查克發現自己可以用以前沒試過的方式在山上移動。

查克在義肢上用膠帶綁著跑鞋，穿梭在懸崖峭壁，朋友都說他瘋了，但查克卻說真正的瘋子是泰瑞莎。儘管平常的工作已經非常辛苦，泰瑞莎還為百英里超級馬拉松練習。查克無法理解，不管下半身是怎麼運作，為什麼人類可以獨自跑這麼遠。所以當泰瑞莎邀他一起參加「天生就會跑」慶典時，他一口答應。

查克帶了一大桶咖啡豆和頂級的磨豆機來到慶典。一家注重社會公益的咖啡廠商同意和查克合作，讓他用賣咖啡的方式來募款，幫助身障兒童。「我原本的計畫是整天煮咖啡給這些神奇的跑者們，但當我到了那裡，我才發現他們其實不見得都那麼神奇。」查克說。「老實說，我發現他們並不是那些超厲害的運動員，就只是普通人做著非比尋常的事情。」

「那你為什麼不跑步呢？」路易斯問他。

「這有可能嗎？」查克反問他。他最多就是在平坦的路面跑5公里，而且那感覺超爛的。「義肢能承受越野跑嗎？」

路易斯聳肩。在他們兩人的背後，一群參加慶典的跑者一邊從山坡跑下來，一邊

查克・弗萊德里找到他的使命，要讓更多適應運動員來跑越野跑。

查克的義肢教會他：跑姿和平衡是最重要的，對於所有的跑者來說也是。

在用玩具塑膠汽車互砸，有一半的跑者因為被砸中臉必須要退賽。

「這裡發生很多瘋狂的事情。」路易斯說。「我沒想過會發生，但就是發生了。」

或許是被路易斯或是山坡上互砸小汽車的事件給啟發了，隔天黎明時分，查克舉起他的右手，發誓要對自己的生死負責，然後衝上山坡，挑戰人類工程的極限。後來他哭了，哭的時候脖子上掛著 10 英里馬拉松的完賽獎牌。

「我來的時候只是個賣咖啡的，最後我以跑者之姿離開。」他說。

他回到家鄉加州門多西諾（Mendocino）

時，他在雜貨店遇到超馬選手克里斯·布朗（Kris Brown），就是那個在慶典灌兩罐啤酒的 50 公里賽冠軍得主。查克立刻變成小迷弟（「他超猛的！」查克興奮地說），忍不住問專家許多新手問題，直到克里斯打斷他。「下次約一下一起跑啊。」克里斯說。

克里斯開始指導查克跑山，並且鼓勵他從 10 英里延伸到百英里。「你就用跳的。」克里斯不斷這樣說，但查克才不想在他的英雄面前出糗。可是如果沒搞好，他和他的義肢可能會飛進樹叢裡，而且是在半夜的深山裡，克里斯可沒有辦法救他。

不過查克聽說有另外兩位適應運動的先

鋒也想加入，這讓他覺得原來自己的想法並不正確。戴夫‧梅奇（Dave Mackey）則兩度獲選為年度最佳極限跑者，後來他在 2016 年因為一次從山徑墜落，差點要了他的命，導致他的左腳截肢。之後他參加兩次里德維爾百英里越野跳戰賽，還完成環大峽谷 47 英里的比賽，那個比賽攀升高達 3048 公尺。

2001 年時，傑姬‧杭特伯爾斯瑪（Jacky Hunt-Broersma）因為癌症失去一隻腳，當時她還不是跑者。她把不能做的事情列成一張表，跑步在非常前面，這時她開始感覺有點興趣。「當然大家一開始都反對，少一條腿的人不能跑步！」傑姬接受《加拿大跑訊》（Canadian Running）雜誌訪問時提到。她很快就了解到事實，義肢會咬腳，當接觸的橡膠脫落，就會產生水泡和發炎。如果路面泥濘而且陡峭的話，你還會看到傑姬直接屁股著地滑下來。

「你的大腦不認為義肢是身體的一部分，所以你必須讓你的大腦認為腳上的東西是身體的一部分。」傑姬曾經這樣說過。想像閉著眼睛走路，你不知道腳會踩到什麼東西，是好踩的還是會滑或是會震動。你就開始可以體會穿上義肢跑步的那種感覺。

當然，這也是吸引傑姬的地方。就像每一位越野跑者和 6 歲小孩一樣，他們都知道沒有流血、沒有玩得髒兮兮的話就不好玩了。5 年激烈的訓練後，傑姬從跑 3 英里，到 40 英里，再到洛磯山脈 120 英里的 6 日賽完賽。在 2022 年，她創下連續 104 天跑 104 場馬拉松的世界紀錄，是史上不論男女或是有沒有穿義肢最長的紀錄。（根據世界金氏世界紀錄，男子的最長連續跑馬拉松的紀錄是 59 天。）

可是讓查克眼睛為之一亮的並不是梅奇和傑姬的豐功偉業，而是他們的失敗。在 2019 年，戴夫‧梅奇參加越野跑界最重大的賽事西部百英里賽，但沒有完賽。傑姬參加猶他州的摩押 240 英里比賽，遇到溼滑的岩石，導致她沒有辦法到補給站，也沒有完賽。

他們未完賽的故事對於查克來說有一點疙瘩。他無法接受自己身為適應選手，大家在賽後合照時知道他並沒有完賽的情境。他非常害怕未完賽被淘汰出局：這表示他比大家差，或許根本不應該參賽。

當他已經跑了 30 英里，只剩下 5 英里，查克被迫未完賽，他覺得很丟臉。他決定把恥辱拋在腦後，開始瘋狂的為更長距離的賽事訓練，像是 50 英里賽。然後反而讓他更快就棄賽，高溫和義肢的問題讓他跑不完一半。真的太丟臉了。他在森林裡打電話給他的教練，跟教練說他要棄賽。

「你讓我很驕傲！」克里絲‧龐奎斯特（Chris Palmquist）說。

「你不會失望嗎？」

「一點也不。」她回答說。「該停就停，不要受傷了。」

她說，參加比賽，站在起跑線後已經很勇敢了。負傷跑進終點只是為了自尊。「如果要中斷訓練 3 天，」她跟查克說，「那就

休息吧。」3 天是克里絲的標準。如果你開始懷疑為什麼要參賽，想想你接下來 3 天如果還可以走路的話，就繼續跑。如果你想要證明什麼事情的話，你可能真的會受傷或是永遠都不能再跑步。伊利諾州的高中徑賽教練湯尼·霍樂（Tony Holler）成就非凡，他有一套哲學，稱之為「牛排理論」。「小朋友要喜歡才會變強，他們會對所愛的事物堅持。」他說。一旦你太逼迫他們，他們就再也不回來練了。就跟烤焦的牛排再也回不去一樣。

「我寧可未完賽，也不要沒有參加（DNS）。」查克的教練這樣說。

可是梅奇和傑姬的經驗並不容易獲得，查克會說，他和路易斯·艾斯克巴開始計畫要找更多適應運動員和其他人來參加慶典，看看有多少人會來試試看越野跑？他們會願意接受克里斯·布朗的建議，用跳的也可以嗎？

這樣就簡單了！這樣不可能會跌倒的。

查克和路易斯在今年的慶典上剪綵，上面寫著「天生就適應」，是首次舉辦適應運動員的越野賽。「歡迎用任何形式跑步的選手，包括刀鋒義肢、拐杖、前臂義肢、輪椅或是用爬的。」查克說。「我的目標是讓那些從沒有跑步的人，或是只在田徑場跑過幾圈的人，給他們一個機會試試看越野跑。」

> **他們並不是那些超厲害的運動員，就只是普通人做著非比尋常的事情。**

查克和路易斯一起想到一個變通的方法，「天生就適應」越野賽採計時制，5 公里為一圈，看誰能夠在 3 小時內完成最多圈數。跑者一直繞圈，就可以鼓勵其他人，也可以想休息就休息。

你可以拚冠軍，你也可以在 3 小時中每一分一秒都盡全力跑，或是跑 1 英里就停下來，但你就是不能棄賽（DNF）。因為當你開始跑的時候，你已經到終點了，只要你覺得開心，你就等於通過終點線。

在某處，卡巴羅看到這幅景象，正鞠躬向他們道謝。

對於卡巴羅來說，沒有什麼比他第一次克服萬難，舉辦銅峽谷超級馬拉松更有意義的賽事了。卡巴羅夢想著讓拉拉穆里人一展長才，和外部世界中最強的跑者一較高下。這場比賽前無古人，也可能後無來者。可是就在他跑到一半，在尤里克（Urique）村民在一旁觀看時，他突然決定要棄賽。

這決定對他來說一點也不難。他看到大家的臉上充滿喜悅，覺得這比完賽更值得令人開心。

譯註

12. 美國內華達州每年夏天舉辦的大型活動，從 1986 年開始至今。

11.1　來玩滑板車！

在 2005 年，40 歲的麥特·卡本特（Matt Carpenter）橫空出世，在里德維爾百英里越野賽跑出人類史上最快的場地成績，至今還沒有人能夠打破他的紀錄。我問他是怎麼做到的，麥特帶我去他家的車庫看看。

我們先看到他的跑步機，這是用來計算他跑步時需要喝多少水，來保持足夠水分（1 小時 18 口）。我們接著看到他擺在門旁邊的鞋架，每一雙鞋的鞋帶鬆緊程度都被精密地計算過，得夠鬆讓他能好穿脫，也足夠緊讓他不會跑到鞋子飛出去。

然後他帶我們去看看他的祕密武器。

他說，強迫自己去跑步是最糟糕的。有時候你的身體已經不行了，或是思緒沒有進入狀況，但是你擔心如果你沒去訓練的話，就會付出代價。「你的跑量就是這麼多，再多的話就是弊大於利了。」麥特說。他曾經在連續 3 天內，贏得兩場高山馬拉松和半程馬拉松的冠軍。

那該怎麼解決呢？跟談戀愛一樣，讓它變得好玩、有新鮮感。不過，更重要的是要對它誠實。

滑板車就很不錯，而麥特·卡本特選的是滑板自行車（Kickbike），是一台高級、高

強迫自己去跑步是最糟糕的。要讓事情變得好玩、有新鮮感，玩滑板車就很不錯。

效能的北歐版滑板腳踏車。玩滑板車的時候，不用擔心你的馬拉松訓練進度，享受它的樂趣，滑板車也可以教你正確的跑姿。表面上，你像湯尼・霍克（Tony Hawk）一樣到處滑來滑去，但此時其實你身體裡的深層肌肉記憶正在重組。

生理學家湯姆・米勒（Tom Miller）博士說：「我常常遇到那些固執的『腳跟跑者』，看起來他們無法改掉腳跟著地的習慣。這時候滑板車就能派上用場了。」湯姆・米勒博士目前在猶他州訓練頂尖運動員。幾十年來，湯姆和那些長期飽受困擾而且拒絕改變的跑者爭執不休，後來他終於決定省些口水，跟那些跑者說去玩滑板車，然後跟他們說再見。等等，這些人不是很固執嗎？

「玩滑板車讓這些腳跟跑者了解到身體重心偏離的感覺。」湯姆指出*，「他們站上滑板車馬上就能感受到他們伸出去的那隻腳不太對勁，幾分鐘之內，他們就會開始改成自然的前腳掌著地了。」

「一旦我看到他們改變，我立刻請他們開始跑步，用模仿滑板車前進的方式來跑。」湯姆說。「可以看到驚人的進步幅度。」

我回到家鄉後也開始玩滑板車，就只是單純好玩而已。我在賓州桃底鎮的亞米許鄰居們比較喜歡接近大自然，而且不喜歡離家太遠。他們比較喜歡沙灘車而不是汽車，能選滑板車就不騎腳踏車。亞米許人做的滑板車看起來很簡約，之前我不知道他們是怎麼設計的，直到女兒要一台滑板車當作她 8

歲的生日禮物，我才決定買一台。

玩差不多 3 秒吧，我就發現滑板車可以在平衡感和生物力學給你立即的反饋。前腳掌著地，往後蹬，然後你就開始滑行；如果用腳跟的話，你要花兩倍力氣，事倍功半。「跟跑步沒什麼差別。」艾瑞克說。「滑板車需要保持穩定，當你往後蹬，腳回到原本的位置，準備下一次動作，沒有刻意延伸或是加大步幅，同時也可以用膝蓋來驅動，就像原地跑一樣。滑板車真的可以幫助你感受到正確的跑步姿勢。」

我覺得滑板車超好玩。從 8 歲時第一次玩，最近十年我幾乎每天都使用滑板車移動。鎮上的郵局和商店在山坡上，大概距離 2 英里，回程順著山坡滑下來真的超爽的。去超市買東西我也不開車，就把東西丟到背包裡，然後買晚餐回家吃，差不多總共 4 英里的距離。

奇怪的是，即使我的腳已經很痠痛了，騎滑板車半小時回到家後，居然感覺還更有力了。我無法解釋這是什麼魔法，但我猜是因為玩滑板車有兩個主要的動作，腿蹬前是 1/4 深蹲的姿勢，然後腳踢出去，這個連續動作有按摩的效果，讓你的腿部血液加速流動，把乳酸從肌肉中代謝掉。

我有兩台滑板車，一台是 10 年的亞米許製的，24 吋前輪，和另一台史溫（Schwinn）Shuffle。兩台價錢一樣（約美金 200 元），但我意外地更喜歡老式的亞米許款。亞米許

重視實用性，而不是美觀，所以他們的踏板很低，可以更省力地蹬腳前進，手把也不像淑女車那種，是特別強化過的。另外，你可以把輪胎換成輪椅用的，橡膠更耐用，也不會爆胎。我試過滑板自行車，尤其是氣派的 Sport G4，有可調整的手把和 28 吋大的前輪，一台要價美金 500 元，我沒辦法接受花亞米許滑板車兩倍的價錢買一台滑板自行車。

去年 11 月，我在一個寒冷的早晨騎著滑板車下山，當時我想要從口袋拿出手機，一手平衡滑板車，準備打電話給艾瑞克。「我感覺好像來到新的境界，愉悅感油然而生，感覺活在此生最佳的狀態。」我對著迎面而來的寒風說著。

「或許……吧？」艾瑞克說。他用一種質疑朋友可以從自家煙囪跳進鄰居泳池的語氣在說話。「或許你只是覺得很好玩而已，有可能你的感覺是真的，也可能單純就只是爽。」

*原註：想知道更多滑板車和跑步生物力學的關聯性，可以參看米勒博士寫的《Programmed to Run》。

11.2 邊跑邊聽音樂？

跑步時要不要聽音樂一直以來都是個問題。

其實這問題很棘手。艾瑞克和我每次被問到這個問題時，都是強烈表示跑步不要聽任何東西。如果你不是在客廳聽〈Rock Lobster〉練習跑姿的話，你最好不要戴耳機。不過這個建議包含了我個人的偏好。即便有醫學證據證明那些音樂幫助你釋放荷爾蒙，讓你感覺到心情愉快和身體健康，我還是忍不住認為那些「音樂」是一種「噪音」。

我們並不是反對身心健康，而是根本不可能有人在聽葛洛莉亞・蓋諾（Gloria Gaynor）的歌還跑得更好的。如果你是這樣的人，我相信你已經徹底迷失了。

對我們來說，音樂像是一種聲音的止痛藥，用來麻痺在你身上更大的問題。我們堅信一旦你能掌握呼吸和步頻的節奏，音樂就只是一種惱人的干擾而已。

除非我們錯得離譜。左撇子小姐（Lady Southpaw）想要打我們的臉，她創作出一張專門為跑步而生的專輯。

左撇子小姐是一位在紐約的龐克音樂家，她決定要跟隨音樂人的馬拉松腳步：知名歌手艾拉妮絲・莫莉塞特（紐約馬拉松成績4小時28分鐘）、嗆辣紅椒的貝斯手「跳蚤」（洛杉磯馬拉松成績3小時42分鐘）和衝擊樂團（Clash）主唱喬・史卓莫（Joe Strummer，4小時13分鐘，傳說他曾經在喝了10杯啤酒的隔天早上，參加巴黎馬拉松，跑出3小時20分鐘的成績），還有效法從來沒參加過比賽的阿姆（Eminem），因為阿姆每天都堅持跑17英里*。

左撇子小姐認為逆拍歌曲可以幫助穩定她的步頻，所以她唱了一首。不對，是18首，整張《馬拉松跑者震撼紐約》（Marathoners Rocking New York，暫譯）專輯都是這樣的歌曲，45分鐘，18首每分鐘180拍的歌曲，承襲70年代雷蒙斯的龐克搖滾風格，那時也是紐約馬拉松誕生的時候。

對於左撇子小姐來說，跑步聽音樂就像是偷偷帶食物到電影院吃、在德州沒有處方箋的情況下吸食大麻。不管其他人怎麼說，大家都這樣做。「或許更值得公開討論的是怎麼樣才能在聽音樂時保持安全，就像性教育一樣。」她傳訊息給我時這樣寫到。

蠻有道理的，因此我們得坐下來好好聊聊。

貝斯手「跳蚤」代表的是不聽音樂那一方，而左撇子小姐則是代表聽音樂的一方，結果是一場很棒的辯論，而且沒有明顯的贏家。我們需要加賽分出勝負，需要一位了解人類運動與音樂的專家來定奪。我們很幸運，傳奇製作人瑞克・魯賓（Rick Rubin）願意加入戰局，他是音樂界的權威，同時

也是生物駭客（biohacker）和健身學員。

加賽是這樣進行的：

《跑者世界》雜誌：你是怎麼樣接觸到跑步的？

跳蚤：嗯，我以前不太跑步，頂多偶爾慢跑一下，或許之前從來沒跑過 1 英里吧。去年我讀了《天生就會跑》，這本書深深地影響了我，書裡提到跑步時真正感受身體的原始用途。我想這真他媽的讚，我想要跑一場馬拉松，並且為銀湖音樂學校募款。身為音樂人，我們是要表達人內心的想法，深信每個人心中都有一首歌需要被唱出來，不管是怎樣的歌曲。藉由跑步，我的身體有另外一種方式來抒發想法。

《跑者世界》雜誌：你跑步的時候會聽音樂嗎？

跳蚤：不聽，從來不聽，也不想聽。我跑步的時候，感官很敏銳而且很滿足。我傾聽自己的身體和呼吸，聆聽大自然的聲音，也聽自己的腳步聲，並且注意周遭的狀況。我試著提升精力，更進入跑步的感覺。可是我聽音樂的話，我就會專心在聽耳機裡的聲音，我不想在跑步的時候聽東西。我想要專心跑步，這是一定要的，我覺得光這樣就夠了。

你如果可以有更棒的體驗，為什麼要滿足於「夠了」呢？左撇子小姐很好奇，她寫道：

我回去重讀《天生就會跑》，有幾段我很喜歡，它提醒了我為跑步做音樂的起心動念。跑步和做音樂都有一種魔力，可以讓你進入到更高的境界，你可以稱之為心流，一種狀態，或是跑者說的「跑者高潮」。你可以透過跑步或是音樂進到心流狀態，但如果結合起來的話，那魔力就更強大了。

我想任何一位跑者都知道那種全神貫注的美好跑步經驗，好像你是宇宙的一部分，而且知道自己身處何處，是一種激戰後的爽感。這種感覺跟演奏音樂和沉浸在一首好歌是一樣的，特別是當你在人群中，大家都享受同一首歌的時候，你自在地跳舞，進入到心流狀態。

基本上，我相信音樂能引導你進入跑者高潮的狀態（特別是你剛開始，還沒有愛上跑步的時候）。音樂可以幫助你組織思緒和身體節奏，音樂的節奏是很好的工具，讓你跑起來更有效率。音樂也可以讓你切換到正面的情緒中，讓你的心理狀態更適合跑步。

我在播放音樂時會非常謹慎，會注意到現場的人與狀況，我知道音樂可能會煩人，如果跑在路上，和汽車和腳踏車共享路面的話，還會造成跑者的危險（甚至致命）。我會建議如果邊跑邊聽音樂，在有車輛的情況下都得非常小心（在紐約的話隨時都得小心），你可以調整到同時聽到音樂以及環境聲音的情況，還能夠聽到身體的狀況，或是把幾次練跑改在跑步機、田徑場等等更安全的跑道上。

我開始認真訓練，而且參加馬拉松做公益之後，我想到為跑步寫歌可以當作募款的宣傳。這讓我更加投入在研究怎樣的歌曲適合跑步的時候聽，於是我創作出每分鐘180拍的歌曲，真的超棒的！我做了研究，前奧運選手、跑步教練傑克‧丹尼爾斯發現多數跑者每分鐘180步的步頻，而另一方面，新手常常犯的錯誤就是追求更大的步幅，而導致受傷。當跑者把步幅縮短，提升步頻，他們跑起來就會更有效率。每分鐘180步的訓練方式真的很神奇。我在家裡的客廳練習原地跑，搭配每分鐘180拍的歌曲，然後慢慢地往前進。當你學會它，就可以用在任何配速上了。

我開始找每分鐘180拍的歌曲，然後加入到我的播放清單。我到健身房的跑步機上測試，效果出奇地好。在找到我平常的步頻後，跑了30分鐘一點也不累，反而覺得充滿活力！我好像發現身體的祕密了！

我覺得音樂和跑步有深層的關聯性。就像你在《天生就會跑》裡寫的「休閒活動的存在是有原因的」。心跳、呼吸、節奏感和身體的律動：要是真的古老人類在長跑時學會了音樂的基本元素，我也不會覺得意外。人類從子宮到出生，聽到的第一個音樂就是母親的聲音、第一個節奏就是母親的心跳，還有睡眠時的搖擺，這對我來說深具啟發性。

了解這些後，我充滿熱情地認為有一種潛在的曲風是跑步專屬的。想像根據跑步經驗而寫出歌詞可以引領你的情緒、節奏，幫助你保持每分鐘180步左右的步頻。這樣的作品可以幫助更多人成為更好的跑者，多棒啊。這就是我創作《馬拉松跑者震撼紐約》（Marathoner Rocking New York）專輯的原因。有哪一種運動可以讓我這樣的素人跟世界頂尖選手一起在同一個賽場上？有哪一種運動比跑步更包容呢？

音樂不是跑步的必需品，特別是你在戶外接觸大自然時。把音樂的音量調低，好讓你可以聽到附近的聲音。如果是在競速的情況下，我都不聽音樂，不過在安全的場域輕鬆跑的話，或是上班前在跑步機跑，就放音樂讓跑步更輕鬆一點吧。人類開始跑步時，就有了節奏，要善用節奏。

——艾琳，人稱左撇子小姐

艾瑞克教練從方方面面審視了左撇子小姐的論述，甚至超越了我們認為「音樂是覺察身體狀況的天敵」的基本信仰，他認為沒有什麼新的觀點可以反駁左撇子小姐。

如果邊跑邊聽音樂，在有車輛的狀況下都要小心。

他強調：「在越野跑的時候，我的耳朵就是我的眼睛。」聽起來像是狠狠地反駁左撇子小姐。但他說的其實是，在大提頓跑步時，他要耳聽四方，要注意山獅和灰熊，這其實是很特別的狀況。除此之外，左撇子小姐的確建議大家要把音樂音量放低，這樣你才可以聽到大自然的聲響。

瑞克‧魯賓聽了兩邊的論述後，提出一個我們都沒想到的重點。這就是傳奇製作人厲害的地方。

如果你對瑞克‧魯賓的作品不熟，你可能是自從 1984 年與世隔絕，就跟美國隊長被冰凍一樣，不然也有可能你認為不應該稱為「作品」，他比較喜歡人家說他是「音樂愛好者」，這樣比較低調。他在大學宿舍裡捧紅了 LL Cool J 和野獸男孩（Beastie Boys），進到眾星雲集的宇宙，他製作過傑斯（Jay-Z）、肯伊‧威斯特（Kanye West）的歌曲，再到愛黛兒（Adele）、金屬製品（Metallica）和嗆辣紅椒與阿姆（瑞克還出現在阿姆的〈Berzerk〉音樂影片中）。

當沒有人在關注過氣的強尼‧凱許（Johnny Cash）時，是瑞克把他拉回主流，回到葛萊美獎的舞台上。強尼‧凱許不知道九寸釘樂團（Nine Inch Nails）的〈Hurt〉這首歌有多紅，直到瑞克說服他，後來凱許靠這首歌又拿了一座葛萊美獎。而芭芭拉‧史翠珊（Barbra Streisand）不懂為什麼瑞克請他用巴薩諾瓦爵士樂的方式，翻唱怪人合唱團（The Cure）的作品〈Lovesong〉，直到後來愛黛兒翻唱這首歌成為熱門歌曲。

> **音樂不是跑步的必需品，特別是你在戶外接觸大自然時。**

史密斯飛船（Aerosmith）翻唱 Run-DMC 的〈Walk This Way〉也是瑞克的主意，只不過瑞克花了好大一番工夫才說服他們。

在過去的約十年間，瑞克把他對於音樂投入的精神，轉換到身體健康上。他對於飲食和壓力管理很有一套，而且定期做水下訓練，訓練肺活量，還和雷爾德‧漢米爾頓一起在副北極圈浸泡在冰水裡。加上他在讀《天生就會跑》之前就已經是認真訓練的赤腳跑者了，他崇尚極簡主義，這點他是站在我們這邊的。

但是當我們討論到跑步時聽音樂，他提出一個我從來沒想過的觀點。「什麼時候你會想被音樂控制？」他說。

在跑步機上，你被機器控制。你的視線是由跑步機決定的，你聽的聲音也是跑步激發出來的，你的感官被馬達麻痺了，除非你自己選音樂來聽。

「我在踩滑步機時，我會聽 60 年代的迷幻音樂，跟著節奏搖擺。」瑞克說，「如果音樂比我的節奏還慢的話，我就會調整音樂。」

但當你出外跑步，從可預期的環境變成一片混亂。音樂源自於外在世界，是所有節奏、旋律和情緒的來源，從愉悅的笑聲到超市停車場惱人的汽車警鈴都是音樂的來源。左撇子小姐喜歡的 70 年代的街幫龐克？就

是來自紐約街頭的敲打聲。聽聽垃圾車的聲音吧，關掉耳機裡雷蒙斯樂團正在唱的〈Blitzkrieg Bop〉。

瑞克相信我們必須吸收外界的無法預期性，不然就失去了靈感的來源。雖然不是隨時都有蟲鳴鳥叫，但是放空自己，用耳朵擁抱大自然，你回家之前會得到一些靈感。不要因為口袋裡的音樂，而浪費了傾聽大自然的機會。

正當我以為瑞克做出「在室內跑步比較好，室外不適合」結論的時候，他突然一個髮夾彎，他低聲說：「有時候我會因為特定的原因聽音樂。去年夏天我在夏威夷考艾島（Kauai），在車上聽 DJ 組曲，音樂很棒，我想要繼續聽。」即便他等會就要走到海邊了，瑞克還是繼續聽著音樂，取代了海浪。「我回想起來這還是一段很棒的經驗。」

我們又回到辯論的原點了，他做出一個「隨便你啦」的聳肩動作，但瑞克還有話要說：「就是這樣，**為了一個特定的理由。**」瑞克在做重量訓練時，他會重複聽佛教的《慈經》，只有 4 句而已，你一直聽，就會越來越感覺到內心充滿愛和熱情，對於自己、家庭、週遭人和全世界都感覺到滿滿的愛。

「我記不得他們唸的是什麼，因為並不是真正的音樂。」瑞克說。「後來我發現可以把誦經當成一種計數器，用來計算活動的次數，把音樂和活動連結，這樣我就可以做得更多，也會排時間去做。」

瑞克可能因為忘記要喊什麼口號，而沒有心情做深蹲訓練，但是把音樂和深蹲做

結合，他就可以專注在訓練上。這樣做加強了動機，也減少了令人煩悶的單調動作。

「當你要游 1 英里的時候，一直重複同樣的動作，毫無變化，但是如果結合其他事情，讓運動有更大的目標，就會讓人自然而然去做。」

讓我可以——划手！
充滿愛和關懷——划手！
讓我可以健康——划手！
讓我心如——划手！
止水——划手！
讓我快樂——划手！

「這樣下來你越來越正向，願意接納人群。」瑞克做出結論。

讓我的伴侶充滿愛和關懷……
讓我的家庭充滿愛和關懷……
讓整個世界充滿愛和關懷……

瑞克透過自身的體驗，意外地得到一個人生體悟。瑞克和卡莉·文森（Callie Vinson）不同，並不是為了特定理念而跑，卡莉為了她的美國原住民同胞傳統而跑，而瑞克是出於自發性。瑞克剛好找到了運動與冥想之間的關聯，正好也解答了我們提出的問題。

如果你覺得跑步可以聽音樂，想想你在選擇食物、鞋子和跑姿時所考量的：

在歐胡島的歐哈納（Ohana）越野路上。

- 它會讓你更強壯或是藏拙嗎？
- 它會幫助你變得更好還是變得更差呢？

　　或許你也是瑞克，你知道什麼時候該聽音樂，什麼時候該把耳機拿下。或者你可能是左撇子小姐，你已經有一首適合跑步節奏的歌曲（記得要注意安全），可以振奮心情和保持穩定的節奏。

　　或者你覺得今天星期三實在過得很糟，你要聽一點凱莎（Kesha）的音樂直衝腦門，也沒問題。

　　僅限今天。

*原註：「我變成一隻該死的倉鼠了。」阿姆曾經在《男士雜誌》訪問中提到。「一天在跑步機上跑 17 英里，早上起床去錄音之前跑 1 小時，8.5 英里，然後回到家之後再跑完剩下一半。」

11.3 補給站：亞米許人的歡樂跑

「**各**位朋友們大家早安。」收到一封來自亞米許朋友艾莫斯・金恩（Amos King）的電子郵件。

「我想要知道，今年各位安排最重要的事，是可以改變一生的那種？」他繼續寫。「這裡給你一個方案：5 ～ 7 英里的共跑。時間：明天早上 6 點半。」

幾秒鐘之內，回信如雪片般飛來。

「喔天啊，這麼早就要跑喔？ 」

在週六日出前，還黑壓壓的時候，賓州蘭卡斯特（Lancaster）的登山口已經有 8 名跑者聊得正起勁。其中大多是「一起跑」（Vella Shpringa，荷蘭語）超級馬拉松跑團的成員，這個跑團也是世界上唯一的亞米許人超馬跑團。

艾莫斯愛上跑步後，在 10 年前成立這個跑團，一開始是他做屋頂工程的同事們邀請他跑 5 公里賽，從那次之後，艾莫斯參加好幾次 50 英里的比賽，他在波士頓馬拉松的成績也因此進步到非常厲害的 2 小時 54 分。

現在每個週末，不管颱風下雨，他的麻吉們在清晨天黑起跑，跑進森林裡。要維持一個跑團不容易，特別是大家平日都有工作要做，回到家還有農事要忙，但是艾莫斯想出一套辦法，既創新又傳統：

他組成自己的「狩獵團」。

首先，艾莫斯每週會在群組裡丟出一個他想到的問題。（我最喜歡的一個問題是：你會放棄所有你獲得的成就和財富，但是留下你的技能；還是失去所有技能，只留下你有的財富和成就？）

再來，他對於跑團每個細節都很重視。不管你是不是亞米許人，跑得快還是慢，大家都很歡迎你。每週六早上，不管是艾莫斯的太太莉茲（Liz）穿著傳統服飾和圍裙，或是在附近長大的職業菁英查克・米勒（Zach Miller）跟著「一起跑」。查克沒出國比賽的時候，他一大早就在跟跑者們閒聊。

邊跑邊聊的做法真的非常聰明。不管是不是碰巧的還是絞盡腦汁，艾莫斯這套方法人人都學得會，而且跑長距離時不用看你手錶上的心率，仍然可以維持穩定的配速。如果你很喘，你就講不出話來；如果你落後，別人就聽不到你講什麼。所以如果你想要保持在臨界點之下，你只要跟艾莫斯說，哲學家西格蒙德・佛洛伊德（Sigmund Freud）跟神經學家維克多・弗蘭克（Viktor Frankl）相比，根本就不懂人性，然後他就會跟你討論個沒完，一直到跑完全程在停車場休息時都還結束不了＊。

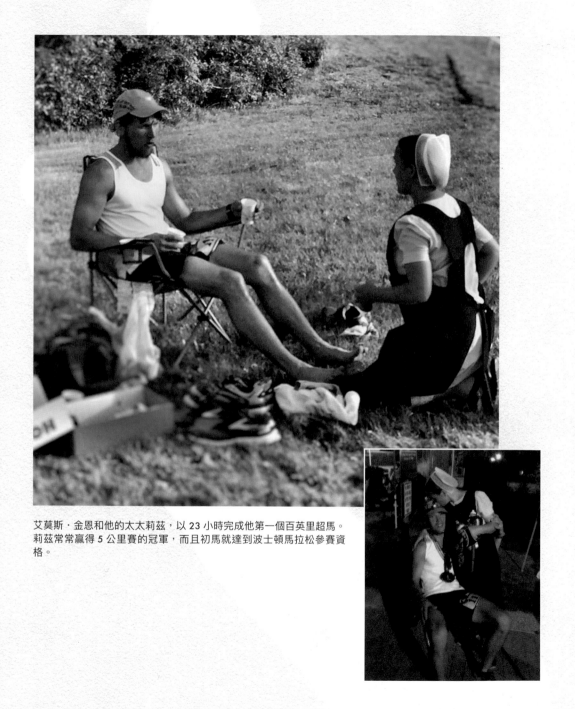

艾莫斯·金恩和他的太太莉茲，以 23 小時完成他第一個百英里超馬。
莉茲常常贏得 5 公里賽的冠軍，而且初馬就達到波士頓馬拉松參賽資
格。

*原註：「一起跑」的成員傑克·貝勒（Jake Beiler）設定早上要聊的主題，因為他對於佛洛伊德主張人類在生物衝
動上是受到控制的，缺乏自由意志的能力的論點很感冒。

11.4 保持樂趣 4 妙方

1. **米卡的還書箱巡迴路線**：把長距離訓練拆成幾個小目標就簡單多了。我太太米卡（Mika）和她的朋友發現社區附近至少有 4 個圖書館還書箱，都在幾英里的範圍內。所以差不多每週他們會用背包裝好讀完的書，巡迴還書箱路線，捐出讀完的書，再借其他的讀物。一次達成捐助的滿足感和免費領書的快樂，還有找還書箱的尋寶快感。我的朋友丹尼斯·普海科（Dennis Poolheco）為了超級馬拉松，他訓練的方式是用跑的繞亞歷桑納州，到每個親戚家拜訪，其中還穿過霍皮族（Hopi）部落區。他的堂弟堂妹們看到他時，也會和他一起跑。他把每次聚會變成一次歡樂跑。

2. **「運動零食」**：除了之前提到的，茱莉和傑洛在他們的網站上還提供很多運動零食。如果你覺得不想跑步，可以找幾個朋友練習第 5 章的內容。茱莉雖然說運動零食看起來簡單，實際上很難，但做起來真的很好玩：當你完成後，你會發現心情變好，身體也變得輕盈和放鬆了。

3. **腎上腺素是你的超級食物**：小兒科護理師羅莉·波西歐（Rory Bosio）兩度摘下環勃朗峰超級越野耐力賽（Ultra-Trail du Mont Blanc）。這項比賽要爬阿爾卑斯山，蘿莉把大部分功勞歸功於她那台嘰嘰嘎嘎的淑女車（還給它取名為阿烈悍德羅〔Alejandro〕），她大概每週一次騎它上山，再衝下山。冬天的時候羅莉在雪坡上做衝刺訓練，然後再滑下來。斯巴達障礙賽的超級巨星艾蜜莉亞·布恩（Amelia Boone）很喜歡騎著她的 ElliptiGO 滑軌車（基本上是滑步機加上輪子）做長上坡訓練，然後一路驚悚地滑下去。這兩位冠軍選手都知道最棒的訓練是你在 8 歲時就學會的玩法。

4. **怪一點也可以**：我的家鄉費城，常常產出怪咖。從班傑明·富蘭克林（Benjamin Franklin）發明的「空氣澡」開始，一直演化到現今成為都會地下冒險的溫床。拿瑞貝卡·巴波（Rebecca Barbour）來說好了，他發現可以把費城的經典地標串起來，就像電影主角洛基·巴波亞（Rocky Balboa）晨跑跑個 30 英里一樣。瑞貝卡創立了「洛基 50 英里超馬賽」，每年都能吸引數以百計的跑者，穿著灰色的汗衫和黑色的匡威全明星（Converse All Star）跑鞋參賽。另一位費城人說服了一群人（包括我）在美術館前洛基的標誌階梯跑上跑下，連續 24 小時的募款活動。費城當地的一位叫做蓋格斯（Gags）的假釋官看到一張從外太空拍的費城照片，決定繞著城市的外圍跑 76 英里，沿路在便利商店補給。一位有智慧的資深越野跑者曾經跟我說：「最棒的跑步體驗是從平凡而簡單的地方開始的。」

波士頓黑人男子跑團（The Black Men Run Boston）每週六早上都會在多徹斯特
（Dorchester）地區跑步。
前排：傑夫・戴維斯（Jeff Davis）
第二排：卡洛斯・諾伯斯（Carlos Nobles），瑟西諾・瑞內（Serghino René）、
喬奈特・西瑟（Chernet Sisay）、阿瑪努爾・阿貝特（Amannuel Abate）
第三排：凱利・薩迪克（Khalil Saddiq）、雷・安東尼（Ray Antoine）、凱爾・
歐佛里（Kyle Ofori）
第四排：傑夫・喬瑟夫（Jeff Joseph）、阿比歐東・歐圖（Abiodun Otu）

家庭：
一起努力，一起成長

2010 年 3 月，在夏威夷的大島國際馬拉松，有一位外型狂野的陌生人在起跑線前，他的打扮像是在飯店吃早餐的住客，幾乎沒有穿衣服，感覺是突然在最後一刻決定參加的。他一頭長髮在臉上晃啊晃，那天溼度高而且又有風勢，但他只穿短褲和跑鞋。

2 小時之後，他已經衝到終點線附近，賽事志工瘋狂地從廂型車上跳下來，趕在他的前面，緊急地用三角錐擋下附近的車輛。賽事的規則是保持車輛通行，直到領先者最後衝刺才封路，可是在他逼近終點前，沒人注意到這位「泰山」跑者，而且他不但沒有減速，反而越跑越快。

即使頂著逆風，他最後以 2 小時 50 分完賽，拿下第一名。《夏威夷先驅論壇報》（Hawaii Tribune-Herald）的體育記者對這位無名小卒很好奇，他一鳴驚人的表現讓主辦單位措手不及。可是當記者抵達頒獎現場時，他已經走了。

「他到底是何方神聖啊？」記者問。

主辦單位的工作人員聳聳肩，表示不清楚。他的名字和年齡在報到處可以查到，但沒人知道他是誰。「不知道他是誰。」工作人員說，「這傢伙是鬼吧。」

那年「鬼跑者」的名聲陰魂不散，橫掃夏威夷大小馬拉松賽事，他打破了一場 50 公里超馬賽的場地紀錄，擊敗所有跑者，甚至包含了接力組的選手。當第二名進到終點時，他早就不知去向。他並不是嚇人的鬼，跑者之間流傳他像是「鬼馬小精靈」（Casper）那樣可愛。其實他只是跑完之後想趕快去吃早餐或是衝浪，不太在乎成績。在其他跑者告訴他之前，他壓根不知道自己連續在 7 場馬拉松賽事稱霸。

在 2010 年年末，越來越多夏威夷當地的跑者認為自己曾經看過「鬼跑者」，他們回家在書櫃上找資料，才發現他就是《天生就會跑》的封面人物：「蠢蛋」比利‧巴奈。

原本比利來夏威夷找他在海軍服役的兄弟，因為他很喜歡這裡的生活，不知道用什麼方法說服了提供早餐和豪華床鋪的民宿老闆，雇用他做管理人員。比利來到夏威夷如魚得水，所到之處無不引起注意，而且他真的到處跑來跑去。沒跑步的時候就在衝浪，不在海邊的時候就去陌生的山徑越野跑，週跑量是 120 英里。他還參加各種大小路跑賽事，從 5 公里到越野超級馬拉松無役不與。

同樣是那一年，我到歐胡島（Oahu）旅遊，比利從大島飛過來找我一起跑步。我等高手下車的時候，他老兄打赤膊抽著菸，身旁煙霧繚繞，他剛從機場搭便車來。他向那些過嗨的朋友道別後，又追了上去，因為忘了拿行李還有丟在後座的衣服。

我們一起跑步很開心，跑在古老的山徑上，下坡後還可以看到瀑布景觀。這條路徑大概 10 英里，但對於比利來說是 20 英里，因為他到處去尋找祕徑，還爬上果樹上摘水果。我們跑出樹林的時候已經餓壞了，所以我的太太和小孩在那邊接我們，直接殺去吃飯。即使比利的雙腳滿布泥巴，他穿著原本塞在他短褲後面的短袖上衣，上衣被汗水浸溼，就這樣過了一下午。比利進到餐廳後，造成一股轟動，這景象我只看過一次，是在科羅拉多里德維爾時，好萊塢演員傑克・葛倫霍（Jake Gyllenhaal）清晨 5 點出現在咖啡廳的時候。女服務生只能不斷地為比利加水，再三確認食物是不是合口

味。連我念小學的女兒都注意到其他顧客的眼光，但是充滿吸引力的比利並不以為意。隔天早上我送他到機場，搭回家的班機，他的雙腳和上衣上還是有泥土，他說他不用洗澡也不用換衣服，不用麻煩了啦。

接下來的 10 年，比利依舊過著神出鬼沒的生活：挑戰跑量極限、挑戰巨浪，過著自由自在的極簡生活，連用肥皂都嫌多。他和珍・雪頓雖然分手了，但還是精神上的依靠。珍決定要過得更精彩，她走向國際舞台。她在奧勒岡州帶領河流冒險團隊遠征，後來成為蘭斯・阿姆斯壯（Lance Armstrong）在德州的陪跑員，再搬到義大利嘗試高山滑雪，還摔斷了腿，在白令海的釣魚船上休養，一直到她在猶他州生了小孩，最終搬到阿拉斯加州定居。不意外，這就是她的風格。

同一時間，比利還是在大島上生活，還拿到了一個特殊教育的碩士學位，他有機會輔導那些迷惘的青少年們，而且他真的

很適合。比利每天起床都在期待著下一次冒險，每一天在課堂上就是一次新的挑戰，面對學生他也必須保持很酷的樣子。每天一到下午 3:01，他就衝出教室，到山上去跑步。

這樣神出鬼沒的單身生活突然間就結束了。2019年，比利遇到了艾莉絲・拉克（Alyx Luck），地球上唯一一位比珍・雪頓還要「珍」的女性。

艾莉絲是在監獄裡開啟她的教練生涯的。有一次開車旅行經過懷俄明州時，她同行的朋友偷了一堆信用卡，而她跟著一起被判入獄服 3 年刑。她在戒備最森嚴的女子監獄服刑，但因為她覺得男子監獄的健身房比較好，所以她說服典獄長升級設備，開始教導其他獄友訓練。她的父親是田徑教練，而艾莉絲以前是橄欖球員，年輕時也曾經在全國馬術耐力賽拿下冠軍，她知道怎麼好好利用健身房。艾莉絲出獄後，還欠一屁股債，當時她最好的資產是一身在監獄裡訓練出來的肌肉。

「我當時在當服務生和酒保，還在兩家健身房工作。後來有人付我 1000 元參加 MMA 綜合格鬥，我就去了。」艾莉絲說。「我很喜歡，很好玩。假釋期一結束，我就離開了懷俄明州，到全國各地打比賽。」艾莉絲後來打到「鐵籠之王」（King of the Cage）的比賽，可是過了一陣子她發現很多同行都又回到監獄。「他們過著有如黑幫電影的生活，靠販毒為生。我看不到未來的發展，所以我離開了。」

艾莉絲帶著積蓄搬到加州，開了一家健身房，接觸鐵人三項，後來成為職業的健美選手，再到雜誌封面的健身模特兒，同時教導訓練知識，賺到不少錢，她在 Instagram 有 40 萬名追蹤者。可是她仍然躲不掉戲劇化的人生，她捲了一場鬥爭中，在 Decaman USA 的鐵人十項連續 10 天的比賽中，她被指控抄捷徑。差不多同一時間，她決定離開她的老公，她的老公過去是海軍陸戰隊，後來轉做健身模特兒，她偷偷打包不告而別，騙她老公是去參加比賽，然後在阿曼（Oman）跳機，思考下一步該怎麼做。

命運的安排讓她遇見了比利。在躲前夫時，艾莉絲上網找到比利，想請他給一些參加大島越野馬拉松的建議。從電子郵件聯絡到電話，後來日久生情。艾莉絲在比利來接機時說：「如果你喜歡我的話，就吻我。」

兩顆孤獨的衛星撞在一起了。

比利原本過著神出鬼沒自在生活，這下和艾莉絲墜入愛河。而艾莉絲也愛上比利的生活方式。很少有運動比極限越野跑和衝浪還孤獨的，需要自立和忍受長時間孤單一人，艾莉絲喜歡這樣的生活。鐵人三項需要花大量的時間訓練才能成就勝利，而健身只需要顧好自己就好。

當你停止看著鏡中自己的身體，停止對每小時攝取多少熱量感到執著時，你就準備要輸給自己了。「健身需要專注在飲食上，才能成就完美。你不能犯任何錯誤。」艾莉絲說。

在遇到比利時，艾莉絲了解到自己的人

艾莉絲和寶寶寇斯摩在 2021 年檀香山馬拉松中為為比利加油打氣，他獲得男子總三的成績。

生需要一些改變。她在出獄後為了生活，踏入健身產業，但是 10 年之後，她經歷過教練和選手的角色，她開始鄙視這個產業。「在當健身模特兒時，我受到很多雜誌的邀約，但整個產業其實已經在毀壞了。」她說。「他們告訴大眾，身材應該要像我們一樣，但同時我看到這些模特兒吸食古柯鹼，還施打類固醇，好讓他們可以賣 10 分鐘的健身課程。」

當時她的職業生涯正在上升，但她認為遲早會暴落。「我當時如日中天，但我的身體不行了，我痛到連樓梯都走不了，必須搭手扶梯。」艾莉絲回想起當時。「關節讓我痛到出哭來，而人們只看得到在健身雜誌封面上的我。」

於是她開始研究健康飲食和自然的健身方式，來教導她的學員，不要用極端的方式，而是充分休息和自我評估（不要管你看起來如何，而是你感覺如何？）。艾莉絲後來拿到一個自然療法和營養學的線上課程文憑，就剛好在同一週，她人在拉斯維加斯的阿諾健美博覽會（Arnold Fitness Expo）舞台上，那是一個類固醇表揚大會。時間點巧合得荒謬。

艾莉絲和比利住在夏威夷，她投入到極限越野跑的領域中，她完成令人聞風喪膽的夏威夷極限接力百英里耐力賽（Hawaiian Ultra Running Team's Trail 100-Mile Endurance Run），要繞歐胡島的熱帶雨林坦塔洛斯山（Mount Tantalus）5 圈。她還創立了在大島上的夏威夷跑山系列比賽。艾莉絲和比利一起精明地訓練、注重飲食，還有跑出好成績。

這樣的生活一直到 2021 年，艾莉絲和比

利有了生命中最棒的結晶：他們的寶寶。

比利每週跑 120 英里的習慣只能踩剎車，艾莉絲的肌力與耐力訓練也因為待產和產後恢復而慢了下來。即便等到他們的孩子寇斯摩都已經會走路了，他們倆只能在小孩睡覺時去外面走走。「我繞圈走 1 英里，回到家看看寇斯摩。」比利說。「你很快就學會放棄訓練。如果我們出門聽到他在哭，我們就掉頭回家。」

如果艾莉絲在家陪小孩，比利在外頭上課，他下午跑步的時光就會是艾莉絲一天的自由時間。「我的生活智慧就是讓比利習慣推著嬰兒推車跑步。」艾莉絲說。到後來，比利的訓練完全是依照寇斯摩的心情來決定，如果他很乖，比利就可以跑得比較久；如果他不太舒服，他們就回家在地板上玩。比利有一週一次的機會可以單獨做強度訓練，其他 6 天都是跟小孩一起做訓練。

比利的跑量從每天 20 英里暴跌到每週 25 英里，這樣維持了 7 個月的時間，直到檀香山馬拉松（Honolulu Marathon）比賽的前幾天，他決定參加玩玩。以 27 歲的年紀，他沒有經歷訓練週期就上場，卻跑出生涯最佳成績，比他原本的個人最佳還少了整整 3 分鐘，拿下男子總三的名次。

「我不知道我可以跑出個人最佳成績，而且是無傷完賽。」比利後來還有點餘悸猶存地跟我說。「要跑出個人最佳成績，得在受傷邊緣遊走，但這次我完全輕鬆完賽。我今年的目標就是盡可能地陪伴寇斯摩和艾莉絲。」

> **從美洲原住民部落到芬蘭的長跑明星，他們模仿祖先狩獵的團體行動，培養出自身能力。**

1 個月後，艾莉絲發現她候補到夏威夷極限接力百英里耐力賽的資格，還有完整 2 週的時間準備百英里的比賽。她聳聳肩，離家前和比利與寇斯摩吻別，然後上場大殺四方。她不只創下生涯最佳，還超越了比利的成績。她比個人生涯最佳快了 2 小時，贏過比利 45 分鐘。比利的成績還是在他最「鬼」的時候，7 年前所創下的。

「我其實不知道身體的狀況是怎樣，所以我決定就活在當下吧。天氣很好，所以我就陪著我的朋友安娜（Anna）一起跑。」艾莉絲回想起當天。「從現在開始，我可以說我 100 英里跑得比比利還快了。」

其中的祕訣是什麼？為什麼兩位經驗豐富的跑者，在他們訓練狀況最差的一年卻跑出生涯最好的成績？

沒錯，他們用了增強表現的物質，證據就在他們家的嬰兒床上。

艾瑞克馬上就懂了。「我對於跑步有了與眾不同的見解。我們被說服跑步是一種追求孤獨的運動，但這樣的說法是很現代的，並不自然的。每次當我們以為用智慧能夠人定勝天時，大自然就會找機會告訴你，這樣做是會付出代價的。」

人類是世界最棒的團體運動員。人類從一開始就是群居動物，而且運作非常順暢。

幾百年下來，我們都習慣團體生活，一起打獵、一起灑網、一起耕作、一起蓋房子。就像亞米許在穀倉生活一樣，不只是看到傳承，還有天生的基因。數百萬年以來，我們無法靠一己之力完成工作，沒有父母會丟下孩子讓他自生自滅。人類如果落單，就變成了獵物，人類如果團結，就無堅不摧。

當人類有了共跑的夥伴時，我們就超越了靈長類的侷限。這是人類的超能力，我們能在大草原奔跑，不靠任何武器，其他動物都已經熱衰竭，人類還能繼續跑。你無法獨自完成橫越大草原，你需要老經驗的族人指路，一群正值體能高峰的男女帶頭，小孩跟在他們身邊學習。組成一支多元而且體力好的團隊，才能讓羚羊累到跑不動。

團結才能活下去。捕獵時我們死命地跑，然後生活時我們聚在一起，這就是團結。或是有點弔詭地說，將你的經驗分享給他人，可能是你最好的自私之舉。

運動科學家對於這個討論早就舉手投降了，還有點討厭它。「跨學術領域探討這類的研究已經好幾十年了。」美國大學運動醫學期刊（American College of Sports Medicine）在 2019 年時，其中一份關於團體運動的研究報告抱怨到。「但最近這些研究與它有關聯的相關文獻，又被主要的醫學健康機構拿出來討論。」

以我個人來說，我最喜歡的是 2015 年時的一份研究報告，關於英國酗酒又過重的酒吧足球迷們，如何說服他們暫時戒酒減重。《足球迷的訓練報告》（*Football Fans in Training*）裡提到：「明確地針對中年過重或肥胖的男子，他們是慢性病高風險族群。」這些球迷被要求一起訓練，每週僅一次，維持 3 個月。3 個月之後他們可以選擇繼續一起訓練，或是離開團體自己訓練。一年後，研究人員發現這些球迷不但大多數都維持團體訓練，而且比起控制組明顯減重有成。把這些人組成團隊，只需要 12 天就可以把不運動的人，變成從不缺席訓練的乖寶寶。

從跑步各方面來說，不論是速度、耐力、個人成就感、持續性和穩定性，你想得到的都可以，如果是團體一起訓練，就會一起成長，所有的跑步文化都是如此。從美洲原住民部落到芬蘭的長跑明星，他們模仿祖先狩獵的團體行動，培養出自身能力。拉拉穆里的球賽也是一種狩獵，只不過沒有真的鹿；肯亞的長跑好手更是相信家庭式的訓練方式很有用，即便他們已經成為世界上的巨星跑者，他們還是維持在家鄉訓練的模式。

現在的奧運選手聽到帕沃·努爾米（Paavo Nurmi）和漢內斯·科萊赫邁寧（Hannes Kolehmainen）的名字已經不會害怕了，但在 1900 年代，他們跟食人族沒兩樣，這兩位芬蘭好手主宰了奧運的中長距離徑賽項目，長達 10 年以上。而這兩位「飛翔的芬蘭人」的祕密武器又是什麼呢？

野餐。

在漫長的北歐冬天，帕沃和朋友會把海鮮派和臘腸塞進包包，然後進到森林健行一天。他們爬上山頂，在那邊享受午餐和睡午覺，然後走很長一段下山，通常一天走 30 英里。他們腳步輕快而且一致，穿著越野跑的全身保暖衣服還是要停下來尿尿。

到了賽季期間，這兩位芬蘭好手已經有足夠的耐力，而且培養出節奏上的默契，特別是在比賽後段，疲勞感湧現時，出自本能的肌肉記憶就會派上用場。

跑者的身體也互相學習。我第一次和卡巴羅在銅峽谷共跑，在早晨穿過高台平原，

那次改變人生的經驗，我沒有做什麼特別的改變，自然而然就跟卡巴羅一樣，背挺直、步幅變短，跟上他的節奏。後來我也親眼看這種現象。我在帕羅奧圖（Palo Alto）的公園看赤腳泰德教學員赤腳跑步，大約二十多位跑者，排成一行，泰德在一旁前後跑來跑去，靠近他的兩位跑者立刻就能學會泰德的跑姿，就這樣一個接一個，直到整行跑者跑起來都一模一樣。這是我第一次看到泰德一個字都吐不出來。

很快地，我知道卡巴羅到銅峽谷時，也有感受到同樣的能量。這正是他為什麼開始跑超級馬拉松的初衷。作為一個外來者，他接受一群拉拉穆里跑者的邀請，一起在山裡跑步，跑到尤里克（Urique）再回頭。卡巴羅認為其實是一場比賽，所以我就當作他們是在對決好了，一對一，你死我活，自己的痛苦自己承擔。但當我跟卡巴羅共跑，感受兩個人身體之間的能量傳遞，他一句話也沒說，就能指導我，那時我才了解拉拉穆里人共跑的原因，團結就是力量。當你跟比你屬害或相等水準的跑者共跑一段時間，連你們的雙腳和呼吸都會變得一致。

「我們比賽不是為了要打敗對方，而是陪伴。」這是我在《天生就會跑》書裡寫到的，後來也成為讀者最常引用的一段。這句話被印在海報和跑者日誌上，每一年的馬拉松賽季，你常常可在世界級的賽事中聽到這句話。

在先天的限制下，我們大多數人跑步都是孤獨的，但共跑的機會總是有，你可以跟動物之家的毛小孩一起跑，也可以跟你的另一半共跑。找個機會和那個害怕跑步的朋友一起跑，組織你的「狩獵團」，你會隨著團體一起成長。

好吧，但是這跟新手爸媽比利和艾莉絲，睡那麼少還跑那麼快有什麼關係？

用最單純的物理就可以解釋了：推著嬰兒車，就有四十多磅的阻力，如果是用拉的也一樣，單純看那天你用那種嬰兒車，而且阻力還會越來越大。

再來是生物力學：推著慢跑推車跑，也會校正跑姿，因為你必把背挺直，屁股維持在深蹲的姿勢，穩定的步頻，一致而且短的步幅。用拉用推也都會讓你加快腳步，進而運用到核心。

再來是生理學：跑越慢，就會感覺嬰兒車變得更沉重；跑太快，就會失控。你很自然地會找到一個合適的速度可以跑上長距離，如果你開始有點不平衡，嬰兒車很快就讓你知道。

以上這些可能都跟比利和艾莉絲成績大躍進有關，但他們並沒有這樣說。比利和艾莉絲對自己的身體都很了解，而且也受過運動科學訓練（比利大學主修運動科學，艾莉斯則是一直做這行）。當我個別問他們有什麼理論的時候，他們回答：

「或許是因為我們不在乎成績才跑這麼好。」艾莉絲說。

比利則說：「那年我們唯一的目標就是相互陪伴。」

12.1 成為嬰兒車跑者

艾瑞克很認真地訓練艾倫·歐提斯（Ellen Ortis），「『菁英等級』的強度訓練。」艾倫說。當時艾倫才剛發現自己懷孕了。她跑了 9 次全馬，而且很接近波士頓馬拉松的參賽資格。她當媽媽之後，必須經過不太容易的過渡期，從懷孕前被推著訓練，變成媽媽推著嬰兒車訓練。

★注意：多數醫師建議等到嬰兒的脖子能夠穩定支撐頭部後，大約 6 個月，再開始推著嬰兒車跑步。但是「媽媽跑者」首席部落客惠妮·海因斯（Whitney Heins）指出，很多父母在嬰兒車上加上安全座椅，支撐嬰兒的脖子，好讓嬰兒可以面對你。要確定你選擇的嬰兒車是為跑者設計的。散步用的嬰兒車車頂比較重，比較不適合快速移動。跑者專用的嬰兒車不便宜（一台要價 500 美元）。但是你的跑者朋友可能在家裡的地下室有一台，等你決定要借的時候可以向朋友開口。

走路熱身

艾倫在懷孕期間發現，跑步前慢走一段長距離，可以幫助身體適應環境。「懷孕期間脫水是大忌。」她指出。多走一點路可以讓她補充水分，注意身體狀況。「你必須比以往更注意傾聽身體。」在分娩之後，艾倫藉著跑步習慣來恢復。「如果我跑 1 英里後還覺得可以的話，我會再多跑幾百公尺來測試身體狀況。如果一切正常的話，我會繼續跑，直到我的心率變高，就停下來用走的，再根據感覺做一些間歇。如果身體開始抗議的話，我就走路緩和一下。如果不能跑了，我也不會勉強自己。」

裝腳踏車鈴鐺

你要超車的時候，可以鈴鐺用來提醒前方的跑者和散步的人，他們應該不會被嚇到，反而是你的小朋友會被嚇到。適當的鈴聲提醒對大家都好。

也裝個汽車安全座椅

「絕對值得。媽媽跑者一定會同意，開始跑步或走路時，小朋友還不滿 6 個月無法坐直的時候很好用。」艾倫拍胸脯保證。安全座椅讓你們出門輕鬆跑的時候，你和小朋友都可以慢慢習慣這台嬰兒推車。

訂下時間

艾倫的老公知道要平衡籃球賽和老婆的跑步，需要一些分工。所以當小朋友麥克考利（McCauley）出生後，他們有個共同的行事曆。「一週內有 3 天我瓶餵母乳，然後他在我跑步時照顧小麥克。一週內的另外 2 天我推著嬰兒車跑 45 分鐘。」

（你最討厭的）三字箴言

那就是「放慢點」。你在哺乳和訓練的時候，身體肌肉和熱量需求變大，消耗大量精力。「當你追求成績的時候，你為了訓練要放棄很多東西。」艾倫坦白地說，「在小麥克出生之前，我滿腦子只有波馬、波馬、波馬，也放棄了一些事情。但這是一場長期抗戰，所以我現在就是首要任務就是恢復健康，還有保持耐心。」

專注在挺直和輕推

「推著嬰兒車的時候，你膝蓋前面有一個龐然大物，所以會自然想要往前傾，而沒有用你的膝蓋來驅動。」艾倫說。「所以我告訴自己，要挺直身體，然後用我的膝蓋輕推嬰兒車。當然，我之前沒這樣做過，但這對維持跑姿很有幫助。」

聖女跑團的維吉尼亞（virginia）和普里西拉（Priscilla）說：「我們跑去那些跑者很少出現的地方。」

12.2 像聖女一樣，組個跑團吧！

「**我**們算是非常勇敢了。」普里西拉·羅哈斯（Priscilla Rojas）說，「但我們仍然被跟蹤、差點被車撞，還有陌生人對我們吼叫。」

如果你是一位女跑者，出門跑步時會遇到類似的情況。如果你是有色人種，還得加上旁人起疑和警察騷擾的風險，甚至還可能因此送命。「身為一位黑人，我們早在新冠肺炎疫情很久之前就戴口罩跑步了。」傑夫·戴維斯（Jeff Davis）說。「只因為我的膚色，就把我視為可疑分子。我在一個普通的星期二出門跑步，有可能就回不了家了。」戴維斯也是黑人跑團波士頓分會（Boston chapter of Black Men Run）的創辦人。

身為美國人，對於國家有如此無法根治的病態風氣，覺得很羞恥。可是在根除這個問題之前，至少你可以做一些事情，像是加入他們的跑團。

「我們想要創造一個安全的跑步環境。」普里西亞說。「所以我們成立了聖女跑團（Santa Mujeres Running Club）。女性跑者可以在跑團內交到朋友，這樣一來就不用獨跑了。」

他們也抓住了最新的風潮，大型的賽事開始消退，更小的地方跑團興起。「賽事

> **兩個人聊起跑步的故事，卻沒想過一起跑，互相幫忙。**

在 10 年前達到高峰，而現在跑者比較喜歡參與社群共跑。」艾曼·威克森（Iman Wilkerson）說，艾曼是手機應用程式「跑下去」（The Run Down）的作者。「很多自我認同的團體如雨後春筍般冒出來。我常常是團體裡唯一的黑人女性，這件事我很習慣了，但如果你無法自我認同，你會覺得格格不入。所以這正是這些跑團出現的原因，跑者想要選擇適合自己的跑團。」

在成立聖女跑團之前，普里西亞和維吉尼亞·露西亞·卡瑪丘（Virginia Lucia Camacho）都沒有加入跑團。她們一直以來都是獨跑，後來開始共跑後，覺得相見恨晚，如果早點認識多好。

「我們是在地下樂團表演時認識的。」維吉尼亞回想起當時的情況。

「路茲工廠樂團（Roots Factory）在卡法音樂酒吧（The Kava Lounge）表演的時候。」普里西亞補充說。

「聖地牙哥有很多很棒的俱樂部。我們是在阿德里安·楊（Adrian Younge）的表演認識的啦。」

「10 年前了。」普里西亞說，「那美好的時光啊——」

「總之，」維吉尼亞把話題拉回來，「我在 2013 年開始為了減重而跑步，普里西亞注意到這件事，她也被激勵到了。」

4 年後，普里西亞才真正開始跑。可是她不鳴則已，一鳴驚人，在還沒開始踏出第一步前，她就已經報名了 3 個半程馬拉松，總計 39 英里。她在搜尋引擎上找訓練課表，開始訓練自己。

「初半馬是卡爾斯巴德（Carlsbad）馬拉松。」普里西亞說。「我自己一個人跑，我大概用 8、9 分速在跑，沒有停下來。到終點的時候我哭了，不敢相信自己做到了。」3 個月後，她參加拉久拉（La Jolla）馬拉松賽事。「上坡很多，但我盡全力跑，對自己喊話：『我可以的，我做得到！』」

普里西亞在跑完之後很興奮，打電話給維吉尼亞說她應該也要一起報名。兩個人聊起跑步的故事，卻沒想過一起跑，互相幫忙。有多少朋友是可以同甘共苦的呢？他們一開始跑馬拉松都很緊張，卻不知道姊妹其實幫得上忙？

「那幾年我一直想要加入跑團，但我看了看，覺得不太適合我。」維吉尼亞說。「不是成員同質性太高，就是需要入會費，或是程度太好。我希望有一個專屬女性的跑團，會更自在。」

2020 年 8 月，聖地牙哥的聖女跑團應運而生。她們和朋友們一起在寶伯公園（Balboa Park）跑步。從那時開始，參與的人數急速攀升，每週四有將近 50 位的跑友在公園一起跑步。

「其中有推嬰兒車的、小朋友、青少年、銀髮族都有。還有父女從城市兩端來碰面的。」維吉尼亞說。

「這是給姊妹們聯絡感情的地方，是一個讓所有人都可以自在舒服的跑團。」普里西亞說。

「我們的跑團夢想成真了。」維吉尼亞說。但這不是運氣好而已，「我們有做功課的。」普里西亞說。他們做出很多正確的選擇，而且注意到很多眉角，才能把朋友間的想法具體實現，成為有影響力的地方跑團。

▌如何成立跑團

1）限縮你的目標族群：「聖地牙哥有很多跑團都是白人，所以拉美女性可能會覺得不太自在。」維吉尼亞說。所以聖女跑團刻意瞄準特定小眾，也有可能完全找不到人，不過後來科學證明她們這樣的策略是正確的。「關於團體，特別是運動社團，要提醒大家的是，沒有兩個社團是一模一樣的。」一份英屬哥倫比亞大學在 2019 年出版研究報告寫道。最主要的原因是，一個人加入社團而且持續地參與，是因為「自我分類」，也就是物以類聚的認同感。

「我們都是第一代移民，父母來自墨西哥，所以我們的名字都是西班牙文。」普里西亞說。「在拉美姊妹之間，我們可以西語和英語交替使用。我們的新朋友也會告訴他們的朋友：『你會喜歡這裡的氛圍的，他們都和你一樣。』」

2）找到當地關鍵人物：艾曼・威克森從芝加哥搬來加州的時候，他找到很多當地

艾曼・威克森準備從洛杉磯飛去拉斯維加斯，和 Lululemon 團隊參加「競速計畫 2022」。

的跑者資訊，但大部分都是半公開的。「如果你不知道當地的跑團的話，你永遠都不會知道哪裡有可以加入的團體。」她說。所以艾曼建立了 APP「跑下去」，裡面有非常多資訊：不只有跑團的名字、集合地點和聚會，還有跑團氣氛和平均跑速，到路線上公用飲水機和公廁位置都有，非常細。

「艾曼是我們增加曝光度的推手。」維吉尼亞說。「我在疫情初期發現這個應用程式，當時所有公用設施都關閉了，公園、

艾曼為 Lululemon 跑團在洛杉磯街頭夜跑。

公廁都關起來。神奇的『跑下去』還有路燈的資訊，讓你可以安心地跑。」當聖女跑團成立後，『跑下去』就幫忙宣傳。「因為有了艾曼，跑者在來之前就可以先找到我們、了解我們。這對我們幫助很大。」維吉尼亞說。

如果「跑下去」還沒有你所在城市的資料的話，記得盡可能地去填上。不要只是貼團體笑嘻嘻的合照，要寫清楚你們跑團的目標和組成。在紐西蘭的威靈頓跑團（Wellington Running Meetup）在網路社群上很活躍，他們每週跑步的資訊、誰會參加或是哪位跑友會帶媽媽做的杏仁蛋糕給大家在跑完之後享用，都會分享到網路上。在倫敦，查理·達克（Charlie Dark）的「民主跑團」（Run Dem Crew）還不只跑步，還辦派對、尬詩擂台還有青少年課後輔導。民主跑團裡什麼速度的跑者都有，上他們的網站，找到適合你的速度，有「派對跑速」、「兔子跑速」或是「灰狗跑速」可以選擇。關於跑團的公開資訊越多，初心跑者越有可能加入。

3）你的跑團不是你的跑團：「你不能自私。」普里西亞說。「你是來幫助社群，滿足跑者需求的。不是跑者來滿足你的需求。所以當你越跑越好的時候，別忘記當時成立跑團的初心。」

聖女跑團每週有兩梯，1 英里和 3 英里，都由女性跑者領跑。跑團還有「姊妹一家親」的規定，老鳥要確保沒有人掉隊。「我

們得記住所有人的名字，還有鼓勵大家分享故事。」維吉尼亞說。「我們還有物理治療師的人脈，如果知道成員要跑長距離，還會介紹物理治療師來幫助她。」

「如果大家跑完之後笑不出來，那一定是我們的錯。」普里西亞說。「還好這從沒發生過。」

4）跟跑友共襄盛舉：聖女跑團受到博根·葛拉漢（Brogan Graham）和博揚·曼達里奇（Bojan Mandaric）兩位創立的「11 月計畫」（November Project），歡迎各種程度的跑者，風雨無阻。博根和博楊都是前大學划船校隊，在某個 11 月時決定要減重，他們並沒有說「明天約跑步啊！」，而把跑團搞得像是研發核彈一樣神祕。

他們兩位的好勝心都很強，不過都很清楚在划船時，團隊前進的速度其實是取決於最弱的隊友。每位參與「11 月計畫」的成員都不用繳入會費，而且很快就能融入。新進成員會受到成員列隊鼓掌歡迎，還會有人問你要不要水，或是順道載你回家。「11 月計畫」團隊沒有販售任何周邊產品，但歡迎你自己拿模板在上衣噴漆，自製一件跑團衣。

「我們鼓勵姊妹們先跟我們說她的個人成績。」普里西亞說，「帶妳的完賽獎牌來，把成就的喜悅分享給大家，我們以她為榮。」就像「11 月計畫」一樣，聖女跑團也沒有賣周邊商品，只要妳來跑 5 次，就可以免費獲得一件 T 恤。

「這對大家來說很重要，因為她奉獻了

5 個小時給大家。」普里西亞說，「新成員也會感受到：『這是我努力得來的。』」

5）串連其他跑團：「我們也會和城市裡其他跑團一起串連。」維吉尼亞說。「我們和黑人跑團、黑人女子跑團還有其他各種倡議組織共跑，像是『為正義而跑』一起表揚黑人女性⋯⋯。」

「串連其他跑團對我們來說非常重要。」普里西亞插進來補充。「因為這樣幫助我們的跑友了解其他跑團在倡議什麼，其他跑團的活動時間、活動地點也都不一樣，你會因此結交新朋友，有新的人脈，這樣大家都不用孤獨跑了。第一次參與跑團活動其實滿可怕的，特別是你還是少數族群的時候。如果是和聖女跑團的朋友們一起參加新跑團，那就不一樣了。「艾曼太重要了，她讓全城的跑者都知道彼此近況。」維吉尼亞說。

波士頓的「先鋒跑團」（Pioneers Run Crew）決定要創立一場城市馬拉松賽事，真正跑在這座「馬拉松城市」的街道上，而不是跑在富裕的郊區。他們在 2022 年波士頓馬拉松的前一天，舉辦 26.2 英里的「真‧馬拉松」（26.2 True Marathon），繞行市區。其他波士頓地區跑團像是「女子拓荒者」（TrailblazHers）、黑人跑團（Black Men Run）、黑人女子跑團（Black Girls Run）都共襄盛舉，沿街為參賽者加油，以實際行動展現對跑步的熱愛和對朋友的支持。

> **你會因此結交新朋友，有新的人脈，這樣大家都不用孤獨跑了。**

6）風雨無阻都要跑：博根和博楊每一年都會舉辦「11 月計畫高峰會」，免費分享他們是如何從 2 人計畫，變成遍及 53 個城市、9 個國家的跑團規模，兩人在會中揭露其中的祕訣。普里西亞和維吉尼亞受到邀請而赴會。「免費參加跑團」、「建立儀式」和「創造共同語言」都非常重要。「如果我們叫做『11 月計畫跑團』的話，可能不會有今天的規模。」博根說。「因為名稱聽起來令人困惑，我也沒辦法在一時半刻就解釋清楚，所以我都會說：『歡迎你自己來體驗。』」

但如果沒有「11 月計畫」這樣近乎病態的參與度，我們也不會長成現在的規模。「要不是有這些對的人願意參與，我們也不會成長到這地步。」博根說。「當有人說：『我想在奧斯丁發起 11 月計畫。』我們會說。『你做不到的，太難了。』我們需要連續 52 週的投入。你還不能只是到那裡而已，要一起跑，還要能準備領跑，不管你工作多忙，或是有什麼火燒屁股的事情。」

「我們靠的就是堅持。」維吉尼亞說。「周遭有很多跑團，我們發現跑團因為不同的原因取消練習，可能是下雨或是有人生病，但我們在 2020 年一整年都沒有取消任何一次練習。跑團裡的人都知道，不論颱風下雨，我們都會跑。」

12.3 補給站：跑步帶來的力量

2007 年，大衛‧艾波（David April）某天正在上班，而他在北費城的家裡，工人正在整修他家的地下室，他的太太已經打包好搬出去了。大衛回到家，看到眼前的景象，覺得不太舒服。

空蕩蕩的房間，幾乎所有傢俱都被搬走了，回音讓大衛恐慌症發作。他衝出家門，毫無方向地狂奔，想跑得越遠越好。最後他跑到了街道轉角處，大概距離他家 70 碼，這比起他這幾年跑步距離的總和還多 70 碼。或許是這一生的總和也說不定。他調整好自己的心情，然後走回家，這時他發現狂奔其實有點舒壓。

不過大衛還是不太能接受跑步。他的朋友艾瑞克在某天下午帶他去小跑一下，跟他說西班牙南部有個沒什麼人知道的科學家，刊出了一篇令人困惑的研究報告。艾瑞克讀了，他說那篇報告的結論是跑完喝啤酒跟喝水一樣健康。

艾瑞克之所以會提到這篇報告，是因為他們兩人剛好經過一家酒吧。他們立刻停下來，走進酒吧做人體實驗。「我們發現不知道該點哪一種啤酒。」大衛回想起來。「研究報告有建議嗎？要點拉格還是艾爾？還是特定的某一款？還是兩款？我們覺得研究報告帶給我們更多的是疑惑而不是解答。」

事實上不然。問題在於艾瑞克和大衛都沒有真正讀過那篇研究。再來，如果他真的讀了，或是用搜尋引擎找，英文版報告的第一頁就有答案。

「這太重要了！」大衛跟艾瑞克說，「我們要把這篇報告分享給全世界。」

不好吧。而且他們也沒有這樣做。真正重要的是：

如果不是派對，大衛一點興趣也沒有。

「這就是大衛特別的地方。」艾瑞克聳肩。

「好吧，如果我要跑步的話，要怎麼讓跑步變得好玩呢？」大衛反駁。

這就是典型的費城人，他才懶得花時間讀那份報告，直接用問的比較快。

「歡迎來到魚鎮啤酒路跑，理性飲酒，敬科學！」大衛在家門前的階梯上大喊。人行道上塞滿了人，人群還擠到旁邊的車道。每週有幾十到幾百人參與這個活動。

「今天我們的終點是南街的刺青媽媽（Tatooed Mom）酒吧。」大衛繼續說。每週四的晚上 7 點，不論天氣有多糟，大衛挑一個酒吧為目標，然後大家跑過去。大衛和艾瑞克一開始只找到兩位朋友參加啤酒路跑。第一次啤酒路跑是 2007 年 12 月 20 日，是一年之中白天最短的冬至，剛好也是最冷的月份，而且在聖誕節前夕，所以沒什麼人參加。自從那次有點糟糕的初體驗，

啤酒跑者開始越來越多，從酒吧到村莊，後來擴散到國際。現在全世界有超過 4000 名的啤酒跑者，近 100 個分會，還有 12 對啤酒跑者佳偶（包括大衛在內）以及 10 個啤酒跑者寶寶。

當大衛罹患腎臟癌的時候，啤酒跑者們都在身邊陪伴他。等到他回歸健康，重新站在家門前的階梯時，這些跑者都瘋掉了。

令人好奇的是，這一開始是由沒在跑步的人發起活動，在費城市區跑 5 英里左右而已。「我這一輩子沒真正跑過。」死忠的啤酒跑者麥克・山德（Mike Xander）說。「大衛有天晚上跟我聊起這件事，我就想，『好吧，我喜歡啤酒，或許我也會開始喜歡跑步。』」

「酒吧裡的人都以為我們是白痴，參加跑團的人不認為我們是認真的跑者。」大衛補充說。「常有人問，這是認真的嗎？你們真的有跑嗎？我記得當第一位參加過馬拉松的跑者加入我們的時候，那時候我覺得『我們是玩真的了！』」

費城有幾家酒吧加入啤酒路跑的行列。一群鬧哄哄又臭烘烘的跑者進到酒吧前，把全溼的上衣掛在門口，當作臨時衣架，對於他們來說也還可以接受。

「如果你是新來的，會有人發現你，來跟你聊天。」大衛在階梯上舉行週會時大喊。「有人是新來的嗎？新加入啤酒路跑的？」

有幾位跑者舉手，頓時大家爆出一陣歡呼，接下來有趣的事情發生了，那些人手

> **保持快樂就是良藥。在寒風刺骨的溼冷冬日裡，大衛・艾波找到了讓許多人深感幸福的一種方式。**

還沒放下，老鳥們就開始推擠，好像分子碰撞一樣。「目標是酒吧。」大衛大喊。「要走、要跑還是搭計程車都可以，不用問我。在酒吧裡我們就敬教授一杯，如果你不知道教授是哪位的話──」

事實上，直到教授本人發現他自己就是被敬酒的那位「教授」之前，故事已經發展了很長一段。但每次在酒吧的結尾，大衛會站上椅子做特別的致敬儀式。

「魚鎮的啤酒跑者傳統就是──」他煞有其事地開始說，其實這傳統才剛剛形成沒多久。「為了科學研究，我們要理性跑步、理性飲酒，向那位讓我們聚在一起的男人致敬。」

他高舉酒杯，「敬教授！」

「敬～～～教～～～授～～～」啤酒跑者們大喊。

到後來，那位在西班牙的醫學系教授收到了一封來自美國的電子郵件，而他完全摸不著頭緒。其實馬紐・卡斯提歐・賈松博士（Dr Manuel Castillo Garzon）在他服務的格拉納達大學醫學院裡（School of Medicine at the University of Granada），沒人把他的啤酒研究當一回事，更別說醫學相關的社群。結果現在出乎意料地受到 4000 英里外的粉

絲關注？每週還有好幾十位陌生人把他當成英雄來敬酒？

「當大衛寄信給他時，大衛像是寫信給聖誕老公公。」艾瑞克說。「教授居然還回信，太誇張了。」

但有件事我搞不懂。啤酒只是教授的次要興趣而已，卡斯提歐·賈松博士主要的守備範圍是幸福感的醫學研究。你知道感到幸福的人可以比不快樂的人多活 7 年嗎？而且罹患心臟相關疾病的比例只有一半。很多科學家看不起這樣的研究，因為研究的是幸福感，是一種心情，而不是醫藥。但這些的確是事實，而卡斯提歐·賈松博士不屬於那些科學家。

不管怎樣，幸福感是真的有用的，保持快樂就是良藥。在寒風刺骨的溼冷冬日裡，大衛·艾波找到了讓許多人深感幸福的一種方式。

那封電子郵件讓卡斯提歐·賈松博士沉思了一會。

這是他職業生涯第一次懷疑自己的作品。不是數據出問題，數據是正確的，而是意義上的。他的算式沒錯，但答案錯了。他這才知道啤酒跟其他飲料不同，啤酒很獨特，它不只是飲料而已，它是神聖的。啤酒代表了友誼和歡聚，紅白酒代表正式、香檳代表勝利，而啤酒——是用杯子裝的派對。

「我終於了解到舉杯致敬是為了慶祝大家相聚，一起跑步、一起玩，光這樣就值得做研究了。」卡斯提歐·賈松博士說。當然，他不只是回信給大衛，他還邀請大衛來西班牙，到學校演講，請大衛告訴他自己那份研究到底在寫什麼。

這不只是大衛和艾瑞克的故事而已，他們把啤酒路跑推向國際，不只是重新定義了跑步，還找到了跑步所帶來的力量。

12.4 和狗狗共跑

在路易斯·艾斯克巴（Luis Escobar）的這一生，他總是在充滿愛的環境中。他常常沉浸在小學員和跑者的教學世界中，而且總是散發感恩的正能量和歡樂。不過這次可不一樣，今天他要跟一群青少年和鬥牛犬一起跑步。

「糟糕，有些人滿不爽的。」在他說這句話的同時，我也感覺不太妙。「你看一下臉書上的留言：這可能是一場大屠殺啊！這些青少年和毛小孩都會死掉的！」

而事實上沒那麼糟糕。路易斯除了經營攝影事業和舉辦越野跑活動之外，他也在加州的聖塔瑪莉亞（Santa Maria）聖約瑟夫高中（St. Joseph High School）擔任越野跑校隊教練。一般來說，他就是你心目中完美的教練的樣子。路易斯的個性強悍，讓他獲得「警長」的綽號，其實他非常和藹可親。

曾經有位自閉症的同學沒有入選美式足球校隊，路易斯買了一雙跑鞋送給他，讓他加入越野跑校隊，並幫助他融入團隊。

然而最令路易斯教練頭大的不是人，而是 8 月的天氣。8 月的聖塔瑪莉亞根本就是火爐。要讓同學們在烈日下進行季前練習和爬坡訓練，幾乎是不可能的任務。路易斯靈光一閃，與其直接讓同學在酷暑下訓練，他把校隊帶到狗狗收容所，讓同學跟狗一起跑。大膽配方：

- 一群在收容所的狗狗
- 一群有衝動問題的青少年
- 沒有任何訓練
- 一位監護人
  好戲上場！

我等不及要看好戲了。不只是出於好奇心，還有研究上的原因。當時我剛好也在一個動物陪伴的實驗上卡關，希望路易斯的運氣比我好一點。

正好在那個夏天，我們在賓州的森林裡巧遇到一頭生病的驢子。我回想起來，我不應該問 9 歲的女兒要不要收養牠，總之最後牠住在我們家的後院裡。我們的好友坦雅（Tanya）是一位動物訓練師，她建議我們，要讓驢子活下來唯一的方法是讓牠有工作可以做，每天可以活動，讓牠在生理上有些挑戰，並且享受肢體活動帶來的愉悅。我當時要嘛就是非常聰明，要不就是非常笨，總之我有個新奇的點子：我要帶驢子雪爾曼（Sherman）一起跑步。

我完全不知道自己在幹嘛，所以我到處撒網問人，反而得到很棒的收穫。

我和《報告狗班長》（the Dog Whisperer）的主持人凱薩·米蘭（Cesar Millan）聊天，向巴那學院（Barnard College）認知科學系的教授亞歷珊卓·霍羅維茲（Alexandra Horowitz）請教，霍羅維茲教授還寫過一本

丹妮爾·金奇（Danielle Kinch）為了找點樂子，常常帶朋友的狗去跑步。

關於犬科動物行為的書；我還和密西根斑馬農場的主人提米安妮·瑟布萊特（Timianne Sebright）變成好朋友，我們坐著昆西·蒙特（Quince Mountain）和布萊爾·布萊夫曼（Blair Braverman）夫婦的狗拉雪橇，在黑暗中穿越了威斯康辛州北部。布萊爾每過一段時間停下來，根據雪橇狗極為短暫的行為表現來調整狗的排序。那些細節用肉眼幾乎看不出來，但對於昆西和布萊爾來說卻是非常明顯。

「為什麼那隻一直在叫？」我問布萊爾。

「她叫豆豆。」布萊爾說。「當一切都很順的時候，她就很開心，她會一直唱歌。」

提米安妮、布萊爾和亞歷珊卓了解這些出於本能的行為，本來就是動物會有的。在人類史的大部分時候，和動物搭擋不只是因為牠們好用而已，而是跟生死交關的感情。我們的祖先必須迅速地熟悉如何和動物合作，不然就會滅絕了。

以物種來說，人類最好的朋友是狼。我們的祖先學會偷狼群大快朵頤後吃剩的東西，某一天狼群開始接納我們這群小偷，把人類當作夥伴。極有可能是狼先釋出善意的，因為狼的好奇心旺盛，他們能夠聞出人類的焦慮，知道人類什麼時候放下武裝，所以找到合適的機會來接近人類。

那是決定人類命運的時刻。人類的祖先蜷伏在洞穴裡，不確定牠們的來意，看著狼群慢慢接近，不知道該接受命運安排還是起身攻擊。兩邊的疑慮慢慢開始退去，狼比起其他動物還更了解人類，因為牠們天生的認知技巧和人類相似，牠們知道人類在想什麼。自然學家卡爾·沙芬那（Carl Safina）曾說狼具有與人類相似的社會認知。

當人類和狼結盟，這個組合真的很厲害。有犬科動物的陪伴，人類成為宇宙的主宰。

狼群成為我們的守夜夥伴、導航地圖和攻擊隊。從那個時候開始，我們開始大量和動物結盟，我們說服了馬匹和大象，在戰爭中承載人類；利用老鷹和雪貂捕獵兔子，還把獵物給我們。我們馴化了野貓，來保護穀物不受到老鼠的破壞。

不然你為什麼無法抵抗摸貓？因為你內心的原始人告訴你，只要小貓喵喵叫，附近就沒有危險。古老祖先的動物搭擋們是人類的眼睛和耳朵，利用牠們敏銳的夜間視力和聽力，提醒我們潛在的危險。當你看到蜷曲在你腿上的虎斑貓、卡通裡睡在狗屋上的史努比，你遺傳自古老的直覺反應告訴你，放心，現在很安全。

這樣的夥伴關係後來甚至影響了我們大腦的化學反應。根據研究顯示，撫摸狗幾分鐘，跟鎮靜劑有同樣的效果：呼吸會變慢，血壓降低，肌肉也會放鬆。曾經發生冠狀動脈相關疾病的心臟病患者如果有養狗的話，恢復的機率是沒有養狗的 2 倍；癌症患者如果有一些和動物的互動，在化療過程中可以降低 50% 焦慮和憂鬱的情況。在我的經驗裡，最暖心的是過動兒與寵物互動：動物可以幫助過動兒在課堂上更專注，還可以讓他們更平靜、快樂和更願意傾聽和自我表達。毛小孩就是世界上最棒的藥方，而且人們在十萬多年前就發現了。

那原因是什麼呢？沒人真的知道。

但我們真的需要牠們嗎？真正的問題不在我們可以從牠們身上獲得什麼，而是當我們沒有牠們時，失去了什麼。如果人和

> **人類祖先迅速地熟悉如何與動物合作，彼此搭檔是因為生死交關的感情。**

動物交流情感，對於我們日常生活有幫助，讓病患更快恢復、讓受到創傷的人感到安全、讓孩童學得更快、讓監獄變得更安全；反過來說也成立，少了動物的陪伴，我們變得更軟弱、更容易生病、更憤怒、更暴力、更害怕。我們好想回到原始人時期，那時人們孤單地在險惡的環境生存著，遠遠地看著狼群、老鷹和野貓們，想像著和牠們有所連結。

一旦我們成為盟友，就能維持長長久久的關係，直到我們拋棄他們，背叛我們最好的朋友。

在費城，有個人想做出改變，他家裡有一隻心情不太好的狗。在 2015 年，吉葉爾摩‧托瑞斯（Guillermo Torres）因為工作調動，從墨西哥來到美國，只帶了他的柯基犬「小腳」（Patas）。他是一位信用卡公司的物料管理師，整天在電腦螢幕前面工作，輸入報價單和出貨計畫，常常一整天下來一句話也沒說，心情鬱悶，很想回家。

「回到家前我要轉換我的心情，因為小腳很高興可以看到我。」吉葉爾摩說。「我想要假裝開心，陪牠玩一下球。為了他而轉換心情，這個行為真的影響了我自己的態度。」

吉葉爾摩是個好人，他覺得小腳給的愛讓他有罪惡感。「我做了什麼值得他這樣

對我？我想或許我可以把這份愛傳遞出去，這城市裡還是有寂寞的人吧？小腳給了我愛，其他的毛小孩也能給其他人愛。」吉葉爾摩想著。

吉葉爾摩很快地找到了「Monster Milers」，一家在費城志願組織，訓練收容所的狗跑步。當吉葉爾摩上手後，他想到如果沒有帶小腳一起來跑的話，實在太殘忍了，所以他開始帶著可愛的小腳，到處在費城參加跑團活動。

一開始，吉葉爾摩擔心安排到他這組的鬥牛犬會跟陌生人處不來，但他意外地發現，如果跑團人越多，狗就越乖。「牠們會更專心。」他說。「看到這樣的變化很有趣，我從來沒想過這個問題。」

連吉娃娃「腿哥」也來跑。「我原以為我要用抱的，但牠能跑！」吉葉爾摩說，「牠像小雞一樣在人行道上嘛嘛嘛跑步，跑了整整 4 英里，而且還想繼續跑。」腿哥令人印象深刻，在 2 週後就被領養了。吉葉爾摩開始了解到毛小孩不只是喜歡跑步，也喜歡和人一起跑步。

「收容所裡有時很可怕，整天吠個不停。」他說，「但你把牠們帶出去跟一大群人互動，牠們感覺到社交的氣氛，就會馬上融入。」

以一個幫狗找新家的角度來說，陪跑真的每次都中。每次吉葉爾摩向跑團介紹陪跑狗的時候，總是有人會舉手領養。「讓這些人看到狗學習新事物有多快，和狗一起跑步有多好玩。」他跟我說，「我這邊有一

隻狗過了 180 天都還沒有人領養。牠有視力和其他的問題，但我們一直帶他出去跑，後來有位在天普大學（Temple University）善心年輕女學生帶牠回家。」

後來這位女學生搬家到亞歷桑納州，吉葉爾摩還飛過去一週，探視他的老朋友是否一切安好。

所以，回到路易斯·艾斯克巴的計畫，差不多跟吉葉爾摩一樣。帶小朋友去收容所，讓他們和狗一起玩，然後一起跑步。對他們兩人來說，這個想法很快就被證明是成功的。

「我其實不太確定誰比較興奮，是狗還是那些青少年？」路易斯跟我說。他們配對好就出發，有幾位選手被吉娃娃、混種狗和鬥牛犬們包圍，其中有一隻叫佛雷德（Fred）的小狗，跑累了跟不上，所以同行的 16 歲跑者賈許·梅努薩（Josh Menusa）把牠抱著跑。活動結束後，佛雷德成為梅努薩家族的一分子。

路易斯手機裡有一段賈許抱著佛雷德跑步的影片，然後他貼到網路，讓當天有參與活動的青少年隨時都可以回憶。兩天後，那支影片的觀看數衝到 2000 萬。

「之前牠只是一隻被關在金屬籠子發抖的小狗，幾天後牠爆紅變成國際寵兒。」路易斯說。其他教練很喜歡和狗陪跑的想法，所以問路易斯相關的資訊，連名廚瑞秋·雷（Rachael Ray）都邀請路易斯飛去紐約上電視節目，還贊助路易斯的越野跑校隊。

然後就被炎上了。鍵盤專家在臉書和YouTube 上出征路易斯：「你們瘋了嗎？這

些動物會受到驚嚇，不知道會做出什麼行為……如果有一隻暴走的話怎麼辦？如果有一位跑者跌倒，所有的狗都撲上去怎麼辦？如果……」

連名廚還有成千上萬的人都稱他為英雄，路易斯其實可以不用理會這些留言和怪人，但是在他內心深處，他認為這些鍵盤專家有幾分道理。「我們有 15 位瘋狂的青少年和 14 隻瘋狂的狗。真的很瘋狂啊。」他心想。

《報告狗班長》的主持人凱薩·米蘭看到影片的時候嚇呆了。他想路易斯需要幫手。

路易斯和我剛到加州聖塔克拉利塔（Santa Clarita）犬科心理學中心時，凱薩跟我們說：「教練，你的想法很棒但你沒有好的執行策略。」我們為了兩個原因來拜訪中心：路易斯喜歡青少年和收容所小狗共跑的計畫，

希望能推廣到全國，但是他不知道怎麼做才安全？而我則是希望透過路易斯的問題，把答案套用在我家那隻受傷的驢子上。

「共跑真的很危險嗎？」路易斯問。

「超級危險。」凱薩說，「如果兩隻吉娃娃打起來，每隻狗都會參戰。牠們不會幫弱者，而是圍攻弱者。」

凱薩用那支爆紅的影片來說明最糟的情況會長怎樣。影片中的跑團有很多人，會讓小狗覺得受到威脅，狗跑在跑者前面而不是跟隨。好勝的跑者、擔憂的跑者、焦慮的小狗或是自在的小狗，都混在一起，場面隨時可能失控。

凱薩說完後，回想起當時那次沒有發生任何打鬥，簡直是奇蹟。凱薩的分析能力正是他之所以能成功的祕訣。

凱薩在墨西哥長大，因為家附近的流浪狗都被他馴化得很乖，大家都叫他「狗哥」（El Perrero）。在他 21 歲穿過美墨邊境圍牆的小洞後，他靠著挨家挨戶，問有沒有需要幫忙遛狗維生。「我從早上 8 點遛狗遛到晚上 9 點。我是非法移民，所以只能收很少的錢，每次遛狗才收一元美金。」他跟我們說。當時真的非常窮，有一天他一次遛 10 隻狗，被一位遊蕩找靈感的攝影師看到，「狗哥」就這樣成名了。

「《洛杉磯時報》在星期天刊出我的故事，」凱薩說，「星期一就有一堆電視節目製作人排隊找我。」自從那時，歐普拉（Oprah Winfrey）、湯尼·羅賓斯（Tony Robbins）、迪帕克·喬普拉（Deepak

Chopra）、傑瑞・史菲德（Jerry Seinfeld），甚至是《馬利與我》（Marley & Me）的作者約翰・葛洛根（John Grogan）都成為他的學生。這些名人贏得群眾的尊敬和愛戴，卻摸不透家裡寵物的心。

身為寵物主人，可能我們最嚴重的罪行是把這些原本共居的犬科動物變成獨居生物。我們從街頭領養他，然後在充滿人類的屋子裡養牠，沒有其他的狗教牠如何成為一隻狗。所以當兩隻陌生的狗接觸時，可能是變得危險的時候，因為牠們會互相學習。

「來吧，教練，讓我來教你。」凱薩跟路易斯說。

他請助理領出一群狗，然後交給路易斯8 隻，其中有各種品種的狗，身材大小也不同。我們才走了幾碼，凱薩就要我們把狗還給他。「你太焦慮了。」他說。

凱薩把牽繩給我女兒蘇菲（Sophie），她從來沒養過狗。凱薩提示我女兒幾個要點（頭抬起來、手臂放鬆、保持狗在後、專注在走路上），然後我們開始牽著狗們爬陡峭的山坡。狗一直乖乖跟著蘇菲，直到蘇菲回頭看，然後稍微拉緊牽繩的時候，隊伍馬上就亂了。

「妹妹，調整一下。」凱薩說。蘇菲把背挺直，手臂放鬆自然下垂，狗群馬上又聽話排好了。「你看到妹妹都做得比你好嗎？」凱薩跟路易斯說。「牠們追隨著領袖。」

我們坐在花園人工瀑布旁的樹蔭下休息，這個瀑布是凱薩為了紀念往生的鬥牛犬「老爹」（Daddy）所蓋的。這時凱薩在幫路易

當我們沒有了牠們，我們失去了什麼？

斯的狗群設計一個從瘋孩子變身成領導者的計畫。這個計畫讓我想起犬科心理專家亞歷珊卓・霍羅維茲跟我說過的話。

「每個生物都有牠們的使命：**太陽升起了，我這一天要做什麼？**」亞歷珊卓說，「我們馴養寵物，移除了牠們演化的目的性，同時也會造成問題。」所以當你回到家，發現你養的史賓格犬偷偷地啃了你的皮鞋，也不要覺得意外。

「我們和狗的差別其實不大。」亞歷珊卓指出。如果我們渴望挑戰，渴望讓我們的技能有發揮的機會，其他的生物難道不會嗎？「最棒的方式就是我們可以找出共同的目的。」

凱薩說也要注意個性。他建議從幾位比較有自信的青少年開始，像是賈許，讓他們和比較沒那麼害羞也不那麼激動的狗配對，從輕鬆的散步開始，雙眼直視前方，保持一定距離。

「在動物的世界裡，只有一種語言，就是能量。」凱薩說。所以你在開始前需要把心情調整好：你的心情會隨著牽繩傳遞下去。要知道自己在帶領狗，知道等會牠會去聞樹叢。凱薩特別強調：散步要像是在運動，而不是遊蕩亂晃。

「你所做的事情非常重要，你得用正確的方式做好。」他說。

12.5 和狗共跑的最佳範例

達爾文（Darwin）有一位鄰居叫做約翰·盧伯克男爵（Sir John Lubbock），男爵不像達爾文對於物種起源那麼癡迷，他對於物種的行為比較有興趣。他在庇里牛斯山抓到一隻黃蜂，然後教黃蜂在他手中進食，黃蜂和男爵過著寵物與主人的幸福生活，直到黃蜂 9 個月大時衰老而死。

接著，約翰男爵決定教他的狻犬「凡恩」（Van）閱讀。這可不是簡單的任務，約翰男爵花了 10 天才教會牠認字。他邀請朋友來家裡作證，約翰男爵說「食物」或是「骨頭」，凡恩會從房間另一頭跑過來，在一排字卡中找到正確的字，然後用嘴巴咬著字卡。不過這還不是最精彩的，當男爵和朋友聊得正開心，把凡恩晾在一旁時，凡恩咬著「水」的字卡走過來。因為牠口渴了。

凡恩並不完美，牠並沒有每次都拿正確的字卡，約翰男爵也大方坦承凡恩沒辦法

算數學或是辨認大便的顏色。但這對於男爵來說還可以接受，因為他真正在乎的是語言，他希望可以和他的狗溝通。從石器時代開始，人類就精挑細選狗的品種，讓狗能聽我們的話。而凡恩本身就是一萬年人狗關係的成果。

所以不用煩惱！不管你家的毛小孩有多不安，想想凡恩和「小腳」還有「腿哥」吉娃娃，你家的狗內建聽話基因。雖然牠們學不會幫你報稅或是挑窗簾，但是牠們很聽話，這就

是牠們的天命。花點時間，跟著以下的步驟一起做，你就會得到一個超棒的跑友：

1）記得「333 法則」：每當你帶回一隻新的狗狗回到家裡，對牠來說，就像來到陌生的星球，周遭滿是陌生的氣味、景象和潛在的危險。牠可能不像在外面那樣子活潑，因為牠待在原本熟悉的住處很開心。所以在牠穩定下來之前，可能會出現下列的情況：

- 3 天的緊繃期：緊張、怕生、沒有反應、測試各種界線。
- 3 週的融冰期：開始找到自己合適的角落，恢復更多活力，這時候也會出現牠行為上的一些問題。
- 3 個月後進入自在期：建立感情、感覺像是一家人、會主動找事情玩。

2）了解你的本性：布萊爾曾跟我說阿拉斯加哈士奇跑得很快、認真工作而且衷心耿耿，牠們的腳很耐操，食量也很大，才可以拉很多東西，更重要的是他們喜歡拉。但牠們跟近親西伯利亞哈士奇不同，阿拉斯加哈士奇的毛比較少，但是他們還是可以很快地把體溫升高，才能幫助昆西和布萊爾在威斯康辛州深秋午夜時，在攝氏4、5度的低溫中持續前進。

在訓練你的狗跑步前，得先知道牠可能的極限。像是鬥牛犬和英國獒犬這類短鼻的犬科動物，牠們的呼吸量就比較少。加上牠們透過喘氣來降溫，所以很容易過熱。也有可能你家的狗不管品種，天生就是跑界的明日之星。人稱越野跑界的「灰頭女王」（Dirt Diva）卡崔·柯貝特（Catra Corbett），她家的兩隻臘腸狗也很會跑，不過她得隨時細心地注意狗狗有沒有任何不舒服的跡象。

3）在長大之前不要帶牠跑：幼犬搖擺走路的模樣很可愛，其實是因為牠們的生長板最多要花上一年才能讓骨骼發育完全，大型犬可能還需要更長的時間。為了保護他們不要影響發育，等牠們長到1歲半或2歲時再帶牠們跑步。

4）用保護帶，不要用鍊子：如果你正常養育牠們，狗狗都會自在而且平靜地走在你身邊。當你要開始帶牠跑步前，買一條高品質的牽繩和保護帶吧。越野跑者馬可仕·瑞亭（Marcus Rentie）帶著他的「蝙蝠俠」

獵犬跑步，「蝙蝠俠」身上穿的是 Ruffwear 的裝配，Ruffwear 是超馬跑者克里絲·莫威爾（Krissy Moehl）和凱特·布萊德利（Cat Bradley）的愛用品牌。像是 Ruffwear 的「漫遊者」（Roamer）有牽繩和護腰帶，富有彈性的鬆緊帶，加上可以用來放塑膠袋和食物的口袋，是跑者的夢幻商品。

5）跑前散步：有犬科行為學家反對凱薩·米蘭的「追隨領袖」那一套說法，認為狼群實際上會追隨單一領袖是錯誤的解讀。而凱薩不在乎，他認為有用就好，而且很明顯犬科動物有這樣的行為。如果小狗在走的時候沒有緊貼媽媽，媽媽很快就會要牠跟上。

「領袖能力是好東西。它不是要你處罰或是訂下嚴規，特別是在你平靜而自信時，狗也不會害怕或緊張，牠們會很乖。」

如果你家的狗還是幼犬，可以在早期就先用以下方式練習：

- 選一邊走，然後固定住。如果你讓狗走左邊，就一直維持。
- 當狗拉扯牽繩時，停下腳步，稍等一下。如果狗跑在你前面，你也停下來。
- 每走幾碼就停下來給牠吃東西，當作獎勵。
- 前幾次散步都走同樣路線，減少旁邊的干擾和異味。
- 如果你準備好要第一次共跑，要慢慢來，從散步開始，然後小跑。如果牠一直跑在旁邊，記得定時停下來給牠獎勵。用跑、走跑、走的方式混合，讓牠學習現在牠應

該要做什麼。

6）**加入更多跑者**：我訓練我們家的驢子雪爾曼共跑，後來放棄了，反而養起更多頭驢子。後來我們才發現雪爾曼單純喜歡跟著其他動物：我的女兒、山羊、我家養的貓，特別喜歡跟著其他驢子。我太太和朋友澤克（Zeke）後來加入養驢子的行列，我們才開始訓練跑步。

在好久之後，我有機會在北卡羅萊納州夏洛特市測試這套方法，和極限跑步公司的老闆納森‧李曼一起跑步的時候，我們在樹林裡遇到另一位跑者，她和她的狗一起跑。「我們可以試試看這方法嗎？」我提議。納森跑在狗的前面，而狗主人跑在旁邊，我在後面。我們 3 人就這樣跑，狗很快就知道是什麼狀況。跑完 1 英里左右到了出口，毛小孩心滿意足地靠在主人身旁。

我很確定吉葉爾摩那套共跑計劃一直會成功，因為那些收容所的狗很快就會了解自己共跑的使命。

7）**多喝水**：朋友丹妮爾（Danielle）帶了3 隻狗和我們一起在歐胡島跑步。我看到她背著大包包時很驚訝，後來我在第一次休息時才知道，她帶了很大一壺水，還有可以收縮的碗，確保毛小孩們能喝個夠。狗只能透過喘息和伸出舌頭散熱，這樣很快就會脫水。所以記得，除了準備你自己的水之外，還要帶水給你家的狗，不然就是確定路線上有可以喝水的地方。

8）**注意牠們的腳**：即便你穿的是極簡跑鞋，你得到的保護還是比狗多。在大熱天的石子路上，除了注意路面之外，也要注意狗掌磨損和痠痛的情況。

9）**獎勵也是一種自衛**：你的狗可能很乖，但你不能保證其他人的狗也很乖。記得隨時準備一把狗糧放在小袋子裡，萬一遇到和其他狗有糾紛的時候，視情況可以給牠們。把狗糧放在地上（不要用丟的，擺動手臂可能會嚇到狗，然後衝向你），分散狗的注意力，然後趁機迅速離開現場。

12.6　開始與家人共跑！

麥克的街頭路跑：艾瑞克‧歐頓在第30屆同學會上遇到高中好友，對方聊到自己是單親爸爸，工作忙到翻，身材走樣，開始有點厭世。艾瑞克跟他說：「從最簡單的地方開始吧，開始戒糖，然後每個晚上繞你家的街區跑步就好，只要一個街區。」艾瑞克傳訊息給他們兩人的共同好友們，邀請大家加入麥克每週三的街頭路跑。「每個人都很期待週末，我希望他們期待跑步那天。」艾瑞克說。麥克的街頭路跑很快就紅起來了，他開始寫網誌記錄他的進度，也認識很多網友，其中一位澳洲，來美國時特別繞路到紐澤西州和麥克共跑。自從那時候開始，麥克從一個街區的距離，進步到一口氣跑完 50 英里。當他的朋友凱文罹患了癌症，「麥克的街頭路跑」變成了「凱文的街頭路跑」，麥克每週三和朋友們跑到凱文家，陪他在治療期時聊聊天。所以如果你還沒加入跑團的話，你找一個需要幫忙的朋友，就可以上路了。

卡巴羅帶領最初的「天生就會跑」瘋狂跑者們進入銅峽谷。

白馬的最後一課：
奔跑吧，卡巴羅

13

2012 年 3 月的一個週四早晨，我在加州的阿古拉山市（Agoura Hills）停好車，準備前往當地的公立圖書館演講，突然有一位陌生人衝向我。

「感謝老天爺，你來了！」他說。「瑪莉亞一直在找你。」

我不知道他在講誰，也不知道他講的是什麼事情。

「我遲到還是怎麼了嗎？」我問他。

「不是，」他說。「我們一直接到你朋友瑪莉亞的緊急電話，她聽起來非常難過。」

我還是不知道他說的是誰。從洛杉磯國際機場出發，穿過洛杉磯峽谷地區這趟路上，我的手機時好時壞，有一陣子沒收到訊息了。我盡力回想，我有沒有收到任何一位朋友叫做瑪莉亞的訊息，上一次是在 1998 年，我們在希臘過感恩節，有一位記者朋友叫做瑪莉亞，她煮晚餐時香菜用完的時候。

那位跑向我的陌生人是圖書館的館長，他按下回撥鍵，然後把手機給我。電話那端的女性很快就接起來，滔滔不絕地在說某人的狗，還有關於新墨西哥州的事情，直到我打斷她。

「不好意思，」我打斷她。「請問是？」

「瑪莉亞。」

「哪一位瑪莉亞？」

「花蝴蝶瑪莉亞。」

突然之間，我的胃好像被恐懼揍了一拳。我不知道發生什麼事情，但我一聽到那個名字，我就知道事情不妙了。「花蝴蝶」瑪莉亞（"La Mariposa" Maria）是米卡·真實的女朋友。我們從來沒有講過電話，而且突然透過加州圖書館館長找到我，真的非常莫名，事情非常不尋常。

在兩天之前，瑪莉亞跟我說米卡要去新墨西哥的希拉荒漠（Gila Wilderness）跑步，自此之後就沒看到人了。到了今天星期四，我接到瑪莉亞的電話，聽著她很焦急的聲音，不過這時我的肚子開始漸漸不痛了。畢竟我們在說的是白馬卡巴羅，那匹在墨西哥銅峽谷跑來跑去的白馬。幾十年來，他奔跑在北美洲最艱難的路徑上，只要他的雙腳還在，沒有什麼能難倒他的。因為就算他沒有迷路，他也不知道自己身在何方。

事實上，早在我們 2005 年初次見面的那天，他就迷路了。那天一早他從克里爾（Creel）小鎮出發，小鎮在峽谷的邊緣上，但是他被另一條岔路給吸引了，最後跑到峽谷外面的樹林裡，最後在天黑之前找到路回家。「我常常迷路，所以需要透過垂

直攀爬找路。爬的時候我用牙齒咬住水壺，禿鷹們在我頭上盤旋。」卡巴羅跟我說。「那感覺真棒。」

他的一生就是這樣子過的，從 80 年代他家後面的拳擊館開始，一直到透過雙腳跑步冒險。那時冒險家史密提（Smitty）在夏威夷雨林遇到卡巴羅，帶他去一個祕密洞穴，讓他可以住在那邊。到了現在，他最近在銅峽谷才惹毛了一位叫做荷黑（Jorge）的土匪，必須開發新的路線，沿著懸崖走，才能繞過仇家。

我知道這次卡巴羅一定是突然想在希拉（Gila）的懸崖上住幾晚，或是他偏離路線到了高速公路，然後搭便車回到旅館，也可能因為被巡園警衛抓到，被關起來，然後固執地不打電話給人來保他出去。我想了很多可能性，正要告訴瑪莉亞，這時她剛好說：

「我希望小瓜（Guadajuko）陪著他。」

喔不。

「他把牠綁在走廊的柱子上。」

我的心一沉。「鬼犬」小瓜是一隻墨西哥雜種狗，卡巴羅 3 年前在峽谷的河流救了牠一命，然後收留了牠。

從那時開始，他們倆形影不離。上一次我在科羅拉多波德市（Boulder）看到小瓜時，牠有一隻腳因為被巴士輾過，打上了石膏。卡巴羅像抱著嬰兒一樣地抱著小瓜，甚至帶牠進到酒吧裡，小瓜在裡頭不停地叫，還想偷吃一口卡巴羅手中的漢堡。卡巴羅不可能把牠丟在那邊等待，自己一個人到樹林裡跑步，牠一定很慌張。

「你有跟路易斯說嗎？」我問她。

「有，他在等你那邊的消息。」

「那個瘋子現在到底在哪？」路易斯打電話給我的時候對我大聲吼。

路易斯聽起來很鎮定和輕鬆，令我覺得很神奇，甚至覺得安心。他跟我說，他和瑪莉亞通電話後，第一時間就是抓起太太的車鑰匙，跟她說：「我得走了。」然後從加州聖塔芭芭拉出發，開 700 英里去救人。他在尖峰時間塞車的時候邊傳訊息，膝蓋頂著方向盤，然後手指在螢幕上打字。

我算了一下他開車的時間，然後發現我可以在演講完去洛杉磯國際機場，取消我的機票，把租來的車給還了，時間還來得及。3 個小時後，路易斯到機場接我時，已經有兩位志願者在後座了，剩下一位則是啤酒馬拉松的冠軍派特·史威尼（Pat Sweeney），正等著我們去接他。

很快地，我們必須把路易斯趕出駕駛座，

> **"** 卡巴羅從終身孤狼搖身一變，變成網路世界的領頭羊。**"**

丟到後座去，因為他的手機整晚響個不停，一直有人打來提供幫忙。硬石百英里超級馬拉松（Hardrock 100）的紀錄保持人凱爾·史蓋茲（Kyle Skaggs）可以說根本不認識米卡，也已經從他在新墨西哥州的農場出發。當我們在亞歷桑納某處停車加油時，已經是午夜，有一位從科羅拉多州來的女性堅持要幫我們付油錢。

「我不停地在想，等我們找到他的時候，他其實在樹林裡休息，他看到我們，臉上露出微笑。」路易斯說。我們持續開夜車趕路。「他大概以為我們很蠢吧。」

但路易斯還是很焦慮，一直把耳朵貼在手機上。我們在高速公路上一路往荒山野嶺開去。

自從《天生就會跑》這群人第一次在艾爾帕索（El Paso）的旅館碰面，參加了一場改變人生的馬拉松比賽之後，我們的人生有高有低，像溜溜球一樣，而卡巴羅總是能把我們聚在一起。卡巴羅和小瓜不管什麼時候來到加州，都會住在路易斯的家裡，珍、比利、赤腳泰德和我還會一起組隊，為路易斯跑一場惡水超級馬拉松。在里德維爾百英里挑戰賽那一個神奇的夜晚，赤腳泰德和我共跑，我穿著他做的自製涼鞋跑步，

最終完賽，我們成為一生的好友。

之前卡巴羅和我、艾瑞克·歐頓在里德維爾待了一個星期，我們整天越野跑，晚上就喝啤酒配墨西哥辣椒披薩聊天，看到卡巴羅有趣而且熱情的一面。之前在銅峽谷實在太混亂，一直沒機會真正認識他。

所以我們很自然而然成為朋友。真正令我意外的是那晚之後，卡巴羅從終身孤狼搖身一變，變成網路世界的領頭羊。幾十年下來，他過著像是通緝犯的生活。他在波德當了幾個月的搬家工人，把自己搞成駝背，存夠錢買一年份的菜豆之後，立刻消失在世界上。他躲在瓜地馬拉的高地，或是墨西哥的峽谷裡，每天跑山，或是胡思亂想。快到60歲時，卡巴羅花一半時間在拉拉穆里人居住的地方，另一半時間住在波德，睡在貨卡上的睡袋裡。拉拉穆里人深得他心，因為他們愛跑，不愛說話，喝酒從來不說不。

可是在《天生就會跑》出版後，卡巴羅成為炙手可熱的人物。突然之間，他要到倫敦、斯德哥爾摩演講，還有只賣站票簽名會。他意外地成為指標人物，而且這並沒有讓他變得世故。「極簡運動」？他完全不在乎，即便他已經穿著極簡跑鞋跑了40年，在五指鞋流行之前，他穿過拉拉穆

里人的涼鞋了。

他還是持續地在尋找答案並且保持批判性思考，他陽光而且有自信，像是一位挑選自己名號的牛仔，騎自己的馬，走自己的路。North Face 在 2007 年要贊助銅峽谷超馬賽時，卡巴羅雖然阮囊羞澀，但還是拒絕廠商的提案，害怕自己這個無名的活動變成廠牌贊助的怪物，用一個一個攤位掏空活動的核心價值。他用一句話回覆廠商：「自由奔跑吧！」這句話也成為他對外的形象。

正當我們都要找卡巴羅的時候，他搞消失了。

搜救隊找到越多卡巴羅留下的線索，他們就越來越困惑。

卡巴羅在 3 月 23 日離開墨西哥，開車一路向北往亞歷桑納州的鳳凰城，要跟瑪麗亞見面。沿路他停下來見朋友，在他已經來過很多次的希拉荒漠旅舍（Gila Wilderness Lodge）休息一下。卡巴羅已經很久沒有好好休息了。他才剛剛辦完一場超棒的馬拉松，安排場地和多達 400 多位的拉拉穆里跑者，加上八十幾位美國與國際的跑者，參與從 3 月 4 日開始的「卡巴羅超級馬拉松」賽事（Ultra Maratón Caballo Blanco）。在大家都回家之後，卡巴羅留在峽谷裡巡迴兩個星期，確保拉拉穆里跑者們有收到獎品，是為村莊贏得一大堆玉米。

在希拉荒漠旅舍的第一個早上，卡巴羅去跑了一個招牌的 6 小時越野跑，隔天週二，他跟住在旅館的朋友說，他在出發去鳳凰城之前要去跑個 12 英里的輕鬆跑。小瓜因為昨天有跑，腳還很痠，所以卡巴羅把牠綁在走廊上，幾個小時後就回來。

搜救隊很確定他在 15 號公路上，往希拉遊客中心的方向跑了 3 英里，因為有駕駛記得當時他因為遇到卡巴羅而急轉彎。

所以這算是好消息，因為他要跑 12 英里，我們在這裡等的話，他只剩 3 英里就會回來了。

壞消息是，搜救犬、騎警隊和直升機在白天搜尋了方圓 3 英里的範圍，一無所獲。晚上用偵察機的熱像儀也找不到。

「就像你的朋友從地球上蒸發一樣。」希拉國家公園的志工跟我說。「這是我參與過最緊繃的搜救行動，而且我們仍然一無所獲，一點線索都沒有。」當我們在聽取搜救隊簡報時，有一位指揮官停下來看我的鞋子，因為我原本只打算在洛杉磯停留兩天，所以我只有帶赤腳泰迪做的涼鞋。「這不符合規定。」他說。「你得去換鞋子。」

我們帶了輕便的背包和水壺，加入搜救隊伍。兩位從墨西哥羅斯威爾（Roswell）的救難人員帶領我和路易斯、派特·史威尼一起。凱爾·史蓋茲已經先和尼克（Nick Coury）與賈米爾·柯瑞（Jamil Coury）先出發了，這對亞歷桑納越野兄弟從 2009 年開始，每年都參加卡波羅辦的比賽。我們兩組人從中心往反方向走，所以我們可以搜尋兩邊各 10 英里的範圍。我們經過溪谷和杜松樹叢，在爬上海拔 2438 公尺高地的路上，我們一直在喊卡巴羅的名字。

「卡～巴～羅～」

「米～卡～真～實」

「卡～巴～羅～你這個討厭鬼！你到底在哪裡？」

有快腿史威尼、史蓋茲和柯瑞兄弟在山徑上跑著，我們應該可以在天黑前找到卡巴羅。

但我們沒有找到，我們在晚上掉頭撤退，感覺到非常灰心，情況越來越莫名其妙了。其中一位救難隊隊員認為可能毒梟盯上了卡巴羅，在他們的地盤處理掉卡巴羅，避免被發現。

赤腳泰德傳訊息暗示我說，這可能不是意外事件。畢竟這裡是墨西哥傳奇戰士傑羅尼莫（Geronimo）出沒的地方，卡巴羅常常說他希望用阿帕契族（Apache）的方式離開人世，也就是在野外走完人生最後一段。有一位我從來沒見過的讀者傳給我電子郵件，提醒了我《天生就會跑》序文是這樣寫的：「善行無轍跡。」（The best runner leaves no tracks.）

是的，沒錯。可是路易斯想要看我們真正有所行動，而不是演一齣離奇事件。我們一抵達基地，他就去找搜救指揮官。「聽著，現在門外有一群當代最屬害的越野跑者，」他說。「他們是珍貴的資產，你應該去聽聽他們的意見。」

指揮官信任他的權威，拿起筆記板，站在越野菁英的中間，聽取他們的意見。

「你有把卡巴羅的狗帶出來嗎？」路易斯問。

「有。」

「你有帶牠去散步，或是跑步嗎？」

「我們有去散步，牠有聞到一些味道，後來發現牠是在追一頭鹿。」

「那是因為你帶牠去散步，」路易斯說。「狗在跑步時的行為會不一樣。牠們奔跑太快的時候會非常專心，如果牠開始跑的話，

根據習慣，會去找牠的主人。」

「好吧。」指揮官說。「那米卡能跑多遠呢？」

「他的範圍超大的。」路易斯說。「如果他感覺一來，可以從原本的 12 英里，加碼到 30 英里。」

與其搜尋卡巴羅能夠走到的範圍，為什麼不讓我們用跑的，去找卡巴羅可能到的地方？希拉公園很陡峭而且充滿碎石，凱爾和派特·史威尼用跑的可以比馬還跑得更遠。指揮官說他會再想想，但隔天一早，路易斯和凱爾有了自己的計畫。

那天是週六，有越來越多卡巴羅的朋友和粉絲來了，帶來一群志願者，總共大約有 50 人在聽取搜救前的簡報。從加拿大卡加利（Calgary）的地質學家賽門·多納托（Simon Donato）曾經協助過熱氣球飛行家史蒂夫·佛斯特（Steve Fossett）的搜救行動，與他同行的還有兩位超馬選手克萊柏·威爾森（Caleb Wilson）和提姆·皮茲（Tim Pitts），他們兩位都是史蒂夫在卡巴羅舉辦的比賽中認識的。

路易斯想，有這麼多人來幫忙搜救，我們可以偷偷地分頭行動。他回到旅舍，把小瓜帶走，然後用卡巴羅的方式帶著牠一起跑，看看小瓜能帶他去哪裡。同一時間，凱爾和我一起安靜地去另一條山徑找人，我跟在他後面跑。

「他們可能會因為我們擅自行動，之後禁止我們協助搜尋。」有人說。

「搜救行動已經是第 5 天了。」凱爾說。晚上超冷，白天超熱，如果沒有禦寒的東西和水源，卡巴羅根本撐不到第 6 天。

我們的祕密行動小組在破曉後立刻出發，搜尋 20 英里的範圍，爬上小熊峽谷（Little Bear Canyon）後回頭，沿著河一直走。凱爾猜想只有兩種可能性：一是卡巴羅為了尋找水源而跌落山谷，或是他在走急轉彎路線時，失足墜落懸崖。除此之外，其他的情況都不合理。一開始我們先快速地搜尋，再來用跑的，到岔路時兩兩一組分開，再靠口哨和吼叫來集合。

到了中午時分，我們已經距離卡巴羅預定的折返點 2 倍遠了，但還是一無所獲，連腳印、血印都沒有，也沒有找到隱藏的小徑或是小河。在大熱天我們已經很努力尋找，一路爬了 2438 公尺的高度，所以我們停下來乘涼和喝水。把一袋一袋的椰棗和堅果傳給大家吃，在杜松灌木樹蔭下休息。

我們望向天空，沒有得到老天任何幫忙，連禿鷹也沒有，現在初春還太早了。

「新鞋好穿嗎？」有人問我。那天早上有一位從阿布奎基（Albuquerque）來的搜救隊志願者帶來一雙 14 號的越野鞋給我，這尺寸不太常見，讓我可以換雙鞋，之前我都穿赤腳泰德的涼鞋。

「比我其他穿的鞋習慣多了，還不錯。」我回答他。現在回想起來，那一刻別具意義。就在那一刻我明白搜救行動已經結束了。我們雖然沒有鬆懈下來，很快又回到山徑上，繼續在灌木叢裡找人，直到太陽下山。這 3 天下來，腎上腺素讓我們在緊急情況下都不會覺得累。雖然沒有人開口說，但那時我們都很享受在山徑上跑來跑去，反倒不像是在搜救，而是一種致敬緬懷。令我不禁想：「如果不是因為卡巴羅，我不會認識這些跑者。如果不認識卡巴羅的話，我現在也不會這樣跑步。」

我們知道，卡巴羅已經不在了，但是他帶給我們的感覺永遠留存在心中。

賽門‧多納托和他的朋友也有同樣的感覺。因為在那天晚上，他們做了一件卡巴羅也會做的事情。天黑了，他們結束了搜救任務，所以最好鑽進睡袋裡休息，不然可能連自己的性命都保不住。

自從我們假設卡巴羅往北跑，而現在一無所獲，他們改往南方搜尋。搜救隊很快地遇到了雷‧莫里納（Ray Molina），雷比我們任何一人都早認識卡巴羅。他和他的夥伴們往南找了更遠的距離。他們找到了卡巴羅，安詳地躺在溪邊河床上，雙腳還浸在水裡。

雷立刻大叫「米卡」，以為可以把他叫醒。但已經太遲了。

他們在夜晚生起火，陪伴朋友度過最後一晚。隔天一早，搜救隊弄來一批白馬，到峽谷中把卡巴羅的屍體帶出去。他的雙手和膝蓋都有擦傷，很明顯是離開樹林，沿著溪流時跌倒了。多納托希望大家了解真正的事發原因。

「這條溪可以讓他找到回去的路。」多納托說，「他知道自己在做什麼。」

直到今日，沒有人知道到底是什麼殺死了卡巴羅。

其中一種最可能的理論是寄生蟲，在熱帶地區常見的一種南美錐蟲病（Chagas disease），會讓心臟逐漸衰弱。卡巴羅曾經跟我說這幾年有時候會有奇怪的暈眩感，不久之前他感覺到無精打采和發燒，他以為是感染了西尼羅河病毒（West Nile virus）。

這兩種症狀也會發生在南美錐蟲病的患者上。有可能因為他盡心盡力籌備比賽，又在大熱天，讓日漸萎縮的心臟負荷不了。

寫到這裡，讓我覺得自己又笨又傲慢。因為，這不正是卡巴羅臉上露出自信笑容的原因嗎？

「麥哥，有人會在乎傑羅尼莫怎麼死的嗎？」他可能會這樣說。「我們聊聊他是怎麼活的吧。」

我會的。

米卡·真實是一個強壯、聰明而且堅毅的男人。他來自歷史上最富裕的國家,可是他決定拋棄一切,追尋美洲大陸上最平靜也最樂於分享的一群人。

當他找到了,他付諸行動,推動了可能是跑步史上最偉大的革命。他不解且憤怒,何以世人看不清真正美好的事物:拉拉穆里人是古老技藝的守護者,而這項技藝可以讓世界上所有人更強壯、更快樂、更健康和更友善。

這些技藝是用錢買不到的,也無法速成。你可以花所有的錢在裝備上,但最後你會通通丟掉。難怪像卡巴羅這樣叛逆的人會喜歡跑步。如果你能謙虛地打好基本功,和世界上最安靜的老師們學習,你將會突飛猛進。

米卡·真實為我打開了那扇門,也為所有被《天生就會跑》啟發的讀者們指引出一條路。我出版這本書向他致敬,而更好的致敬方式就是追隨他的腳步。

自由奔跑吧。

Part 3
The 90-DAY RUN
FREE PROGRAMME
90天自由奔跑課表

在夏威夷的山區實踐卡巴羅的座右銘。

課表計畫

當你過了橋，就沒有回頭路了。
所以如果你要跟著我，你得發誓。
舉起你的右手：
如果我受傷、迷路或是死亡，
都是我的錯。

——卡巴羅的冒險誓詞

如何執行 90 天的課表

你可以使用書末的 QR code 下載 90 天的英文課表程式，這個程式能夠追蹤你的紀錄，然後呈現每一天的課表。你會看到艾瑞克教練的教學影片和訓練提醒，他會教你「自由奔跑」課程裡需要用到的技巧。

▌每日訓練順序

- 記得要按照順序，力量和跑姿的訓練相輔相成，同時也是練跑時的暖身。跑步永遠都是最後一個步驟。

- 每一次訓練都有特定的目標，所以你要盡可能跟上每週的進度。這樣才能幫助你充分休息，同時保持穩定的進度。如果你錯過一次訓練，最好跳過忽略，繼續下一天的訓練，保持每週的訓練順序。

▌每日跑量

- 每一次跑步都有設定的時間和間歇組數。要聰明地訓練，不要在還沒準備好的情況下累積跑量。頻率是我們的黃金準則，所以要有耐心。今天狀況不好，就做少一點，明天準備好再來。

▌計算你的最長距離

- 你藉由訓練去感覺在不同步頻、配速和力氣下的身體變化。距離不變。與其和大家跑一樣的長距離，你可以自訂你的理想距離。這其實很簡單，你認為你能跑的最長距離是多少？

- 如果你的朋友問你：明天跑 15 英里如何？你直覺反應是什麼？「好啊！」還是「哇，這麼拚！」如果你平常都是每週六和朋友跑個 8 英里，加到 12 英里就算夠拚了。如果你跑過最長距離是半程馬拉松，20 英里就真的很多了。

- 沒錯，這計算方式很主觀，跟你的心情和身體狀況也有關係，但這就是重點，你不用去刻意符合公版標準，你有自覺和自己對力量的評估。你提升最快的時候是在你駕馭你合適的距離，而且在那段距離跑出最好的表現。

- 每週你都會依照自己的決定來跑多遠的長距離。

▌速度跑／強度跑

- 1 英里測試可以計算你的呼吸換檔，或是訓練配速。

- 你做的訓練跟你的能力有關，所以記得要控制在合適的距離裡。

- 記得我們是把基本功打好、打得更紮實，所以你如果覺得跑得更快或更慢，就接受那樣的結果，這都表示你的體能正在進步。

▌越野跑

- 平路跑比越野跑好跑，所以你在樹林裡本來就會跑比較慢。不用擔心速度，注意你的不同檔次的感覺。

- 保持長距離能夠輕鬆跑的感覺。如果坡度太陡就用走的。

- 跑山對於肌力很有幫助，但是不會提升速度。所以如果要進行強度或跑姿訓練，還是每週的長距離練習，建議要在平地上訓練。

自由奔跑課表 Week1 ～ Week13

李娜亞・芙勞爾斯（Lenaiya Flowers）和史黛拉・沃伊（Stella Woy）沒想過自己會享受「自由奔跑」第 1 天的訓練課程。

WEEK 1

訓練	DAY 1	DAY 2	DAY 3	DAY 4	DAY 5	DAY 6	DAY 7
飲食	2週考驗	2週考驗	2週考驗	2週考驗	2週考驗	2週考驗	2週考驗
體能／肌力	2組足底核心訓練	休息	1組百抬腿訓練（小聯盟程度）和3組靠牆深蹲訓練	2組足底核心訓練	休息	1組百抬腿訓練（小聯盟程度）和3組靠牆深蹲訓練	2組足底核心訓練
跑姿	完成「5分鐘搞定跑姿」（第8.1章），來校正你的跑姿	障礙木訓練第1部分	休息	障礙木訓練第2部分	休息	障礙木訓練第1部分，加上5組6～8分鐘的原地跳訓練"	3組2分鐘的聽音樂赤腳原地跑訓練
專注度	10～30分鐘超低速訓練（第1檔），要保持耐心，注意腳著地的方式。這是一種肌力訓練	20～40分鐘的輕鬆跑訓練（第2檔），跑的時候意象化障礙木訓練	20～40分鐘輕鬆訓練（第2檔）	休息	10～30分鐘超低速訓練（第1檔），要保持耐心，注意腳著地的方式。這是一種肌力訓練	今天的長距離跑步應該是你最長距離的65%，用超低速訓練到低速訓練（第1檔到第2檔）。保持耐心，保持好的感覺。注意，是訓練，別弄傷自己了	休息

WEEK2

訓練	DAY8	DAY9	DAY10	DAY11	DAY12	DAY13	DAY14
飲食	2週考驗	2週考驗	2週考驗	2週考驗	2週考驗	2週考驗	2週考驗
體能／肌力	2組足底核心訓練	休息	1組百抬腿訓練（小聯盟程度）和3組靠牆深蹲訓練	3組足底核心訓練	休息	1組百抬腿訓練（小聯盟程度）和3組靠牆深蹲訓練	休息
跑姿	休息	障礙木訓練第1部分，加上5組6～8次原地跳	休息	4組2分鐘聽音樂赤腳原地跑訓練	休息	休息	障礙木訓練第1部分加上5組6～8次原地跳訓練
專注度	20～40分鐘超低速訓練（第1檔），要保持耐心，注意腳著地的方式。這是一種肌力訓練	20～40分鐘的輕鬆跑訓練（第2檔），跑的時候意象化障礙木訓練	20～40分鐘輕鬆訓練（第2檔），加上5組30秒全力衝刺（第7檔），每次衝刺間隔休息1分鐘	休息	20～40分鐘超低速訓練（第1檔），要保持耐心，注意腳著地的方式。這是一種肌力訓練	今天的長距離跑步應該是你最長距離的70%，用超低速訓練到低速訓練（第1檔到第2檔）。保持耐心，保持好的感覺。注意，是訓練，別弄傷自己了	休息

WEEK3

訓練	DAY15	DAY16	DAY17	DAY18	DAY19	DAY20	DAY21
體能／肌力	3組足底核心訓練	3組下肢剛性訓練	2組百抬腿訓練（小聯盟程度）和4組靠牆深蹲訓練	3組足底核心訓練	休息	1組百抬腿訓練（小聯盟程度）加上3組靠牆深蹲訓練，可以多做幾組	2組足底核心訓練
跑姿	休息	障礙木訓練第1部分加上5組6～8次原地跳訓練	休息	4組2分鐘聽音樂赤腳原地跑訓練	5組30秒原地跑加上5組6～8次原地跳訓練	休息	5組1分鐘聽音樂赤腳原地跑訓練
專注度	20～40分鐘超低速跑姿肌力訓練（第1檔），注意腳著地的方式。對速度要有耐心	30分鐘輕鬆跑訓練（第2檔），加上5次30秒5公里配速訓練（第6檔），每次衝刺間隔休息90秒	20～40分鐘的輕鬆跑訓練（第2檔），跑的時候意象化障礙木訓練	休息	20～40分鐘超低速跑姿肌力訓練（第1檔），注意腳著地的方式。對速度要有耐心	今天的長距離跑步應該是你最長距離的75%，用超低速訓練到低速訓練（第1檔到第2檔）。保持耐心，保持好的感覺。注意，是訓練，別弄傷自己了	休息

WEEK4

訓練	DAY22	DAY23	DAY24	DAY25	DAY26	DAY27	DAY28
體能／肌力	2組足底核心訓練。可以提升難度，增加時間和次數，或是減少平衡輔助。	2～3組下肢剛性訓練加上3組靠牆深蹲訓練	休息	完全休息日。要記住，恢復是你變強壯的時候	2組足底核心訓練	2組百抬腿訓練（小聯盟程度）加上2組靠牆深蹲訓練，可以多做幾組	完全休息日。要記住，恢復是你變強壯的時候
跑姿	休息	4組6～8次組原地跳訓練專注在提升身體力量上	把障礙木距離拉開，並專注在對地面施加力量	休息	完成「5分鐘搞定跑姿」（第8.1章），來校正你的跑姿	休息	休息
專注度	10～40分鐘超低速跑姿肌力訓練（第1檔），注意腳著地的方式。對速度要有耐心	30分鐘輕鬆跑訓練（第2檔），加上7次30秒5公里配速訓練（第6檔），每次衝刺間隔休息90秒	20～40分鐘輕鬆跑訓練（第2檔）並專注對地面施加力量，有往前推進的感覺	休息	30～50分鐘的輕鬆跑訓練（第2檔），加上4～6組20秒上坡跑，把手放在頭後面，手肘盡量張開。再做3～4組20秒上坡跑，手臂維持正常姿勢	今天的長距離跑步應該是你最長距離的50%，用超低速訓練到低速訓練（第1檔到第2檔）。保持耐心，減量是沒問題的。恢復讓你變得更強壯	休息

WEEK5

訓練	DAY29	DAY30	DAY31	DAY32	DAY33	DAY34	DAY35
體能／肌力	3組足底核心訓練加上2組跑姿弓箭步訓練	1組百抬腿訓練（大聯盟程度）和4組下肢剛性訓練	休息	3組靠牆深蹲訓練加上2組跑姿弓箭步訓練	3組足底核心訓練	休息	3組靠牆深蹲訓練加上2組跑姿弓箭步訓練
跑姿	休息	3組6~8次原地跳訓練，加上2組單腳跳訓練	休息	休息	3組3分鐘聽音樂赤腳原地跑訓練	障礙木訓練第1部分和第2部分	休息
專注度	30~50分鐘輕鬆跑訓練（第2檔），保持耐心和專注在跑姿上，要保持好的韻律	10~20分鐘輕鬆跑訓練（第2檔），加上3次1分鐘全力衝刺訓練（第7檔），每次衝刺間隔休息90秒。加上3次4~5分鐘10公里配速訓練（第5檔），每次衝刺間隔休息2分鐘	15~30分鐘超低速跑姿肌力訓練（第1檔），注意腳著地的方式和步頻。跑的時候意象化障礙木訓練	20~30分鐘的輕鬆跑訓練（第2檔），加上6~8組20秒上坡跑，把手放在頭後面，手肘盡量張開。再做4~6組10秒上坡跑，手臂維持正常姿勢	休息	今天的長距離跑步應該是你最長距離的75%，用超低速訓練到低速訓練（第1檔到第2檔）。加上6組30秒平地全力衝刺（第7檔），每次衝刺間隔休息90秒	25~45分鐘超低速跑姿肌力訓練（第1檔），注意腳著地的方式和步頻。你的肌力訓練已經形成肌肉記憶。依然要對速度保持耐心

WEEK6

訓練	DAY36	DAY37	DAY38	DAY39	DAY40	DAY41	DAY42
體能／肌力	3組足底核心訓練加上3組靠牆深蹲訓練	1組百抬腿訓練（大聯盟程度）和3組下肢剛性訓練	休息	2組靠牆深蹲訓練加上3組跑姿弓箭步訓練	3組足底核心訓練	休息	3組靠牆深蹲訓練加上2組跑姿弓箭步訓練
跑姿	休息	3組6~8次組原地跳訓練，加上4組單腳跳訓練	休息	休息	5組2分鐘聽音樂赤腳原地跑訓練	障礙木訓練第1部分和第2部分，加上2組單腳跳訓練	休息
專注度	30~50分鐘輕鬆跑訓練（第2檔），保持耐心和專注在跑姿上，要保持好的韻律	10~20分鐘輕鬆跑訓練（第2檔），加上4次1分鐘全力衝刺訓練（第7檔），每次衝刺間隔休息90秒。加上4次4~5分鐘10公里配速訓練（第5檔），每次衝刺間隔休息2分鐘	15~30分鐘超低速跑姿肌力訓練（第1檔），注意腳著地的方式和步頻。跑的時候意象化障礙木訓練	20~30分鐘的輕鬆跑訓練（第2檔），加上6組30秒上坡跑，把手放在頭後面，手肘盡量張開。再做5組30秒上坡跑，手臂維持正常姿勢	休息	今天的長距離跑步應該是你最長距離的80%，用超低速訓練到低速訓練（第1檔到第2檔）。加上7組30秒平地全力衝刺（第7檔），每次衝刺間隔休息90秒	12~45分鐘穩定輕鬆跑訓練（第2檔），手臂放鬆。開始感覺好的跑姿和不良的跑姿，在跑動時可以隨時調整

WEEK 7

訓練	DAY 43	DAY 44	DAY 45	DAY 46	DAY 47	DAY 48	DAY 49
體能／肌力	3組足底核心訓練，加上3組跑姿弓箭步訓練	1組百抬腿訓練（大聯盟程度）和3組下肢剛性訓練	休息	3組靠牆深蹲訓練，加上2組跑姿弓箭步訓練。增加組數當作挑戰	3組足底核心訓練。可以提升難度，增加時間和次數，或是減少平衡輔助	休息	2組百抬腿訓練（小聯盟程度）加上3組跑姿弓箭步訓練
跑姿	休息	3組6～8次組原地跳訓練，加上4組單腳跳訓練	休息	休息	3組3分鐘聽音樂赤腳原地跑訓練	障礙木訓練第1部分和第2部分，加上2組單腳跳訓練	休息
專注度	30～50分鐘輕鬆跑訓練（第2檔），保持耐心和專注在跑姿上，要保持好的韻律	10～20分鐘輕鬆跑訓練（第2檔）加上5組30秒的加速跑全力衝刺訓練（第7檔）每次衝刺間隔休息90秒，加上3組6分鐘10公里配速訓練（第5檔），每次衝刺間隔休息2～3分鐘	15～30分鐘超低速跑姿肌力訓練(第1檔)，注意腳著地的方式和步頻。跑的時候意象化障礙木訓練	20～30分鐘的輕鬆跑訓練（第2檔），加上4組20秒上坡跑，把手放在頭後面，手肘盡量張開。再做8組30秒上坡跑，手臂維持正常姿勢	休息	今天的長距離跑步應該是你最長距離的85%，用超低速訓練到低速訓練（第1檔到第2檔）。加上8組30秒平地全力衝刺（第7檔），每次衝刺間隔休息90秒	25～45分鐘穩定輕鬆跑訓練（第2檔），手臂放鬆。開始感覺好的跑姿和不良的跑姿，在跑動時可以隨時調整

WEEK8

訓練	DAY50	DAY51	DAY52	DAY53	DAY54	DAY55	DAY56
體能／肌力	完全休息日。要記住，恢復是你變強壯的時候	2組足底核心訓練，加上兩組跑姿弓箭步訓練	休息	休息	2組足底核心訓練，加上兩組跑姿弓箭步訓練	3組靠牆深蹲訓練	完全休息日。要記住，恢復是你變強壯的時候
跑姿	休息	休息	障礙木訓練第1部分，加上4組6～8次組原地跳訓練。放輕鬆，追求高度	休息	3組2分鐘聽音樂赤腳原地跑訓練	障礙木訓練第1部分和第2部分加上3組單腳跳訓練	休息
專注度	休息	30～50分鐘輕鬆跑訓練（第2檔），保持耐心和專注在跑姿上，要保持好的韻律	休息	20～30分鐘的輕鬆跑訓練（第2檔），加上5組20秒上坡跑，3組1分鐘的平地全力衝刺訓練（第7檔），每次衝刺間隔休息2分鐘	休息	40～60分鐘輕鬆跑訓練（第2檔）。好好恢復	休息

WEEK9

訓練	DAY57	DAY58	DAY59	DAY60	DAY61	DAY62	DAY63
體能／肌力	2組足底核心訓練，加上4組跑姿弓箭步訓練	1組百抬腿訓練（大聯盟程度）和2組下肢剛性訓練	休息	4組靠牆深蹲訓練，加上2組跑姿弓箭步訓練	3組足底核心訓練，加上2組下肢剛性訓練	休息	2組足底核心訓練
跑姿	休息	4～5組單腳跳訓練，加上2組原地跳訓練	5組1分鐘聽音樂赤腳原地跑訓練	休息	3組3分鐘聽音樂赤腳原地跑訓練	4組單腳跳訓練	休息
專注度	30～60分鐘輕鬆跑訓練（第2檔），保持耐心和專注在跑姿上，要保持好的韻律	15～30分鐘輕鬆跑訓練（第2檔），加上4～5組的3分鐘全力衝刺訓練（第7檔），每次間隔休息3分鐘	20～45分鐘超低速跑姿肌力訓練（第1檔），注意腳著地的方式和步頻。跑的時候意象化障礙木訓練	20～30分鐘輕鬆跑訓練（第2檔），加上3～4組6分鐘10公里配速訓練（第5檔），每次衝刺間隔休息2分鐘	休息	今天的長距離跑步應該是你最長距離的85%，用超低速訓練到低速訓練（第1檔到第2檔）。多數時間是專注在第2檔。加上5～7組20秒緩下坡衝刺，注意著地。速度要慢到你不能用腳跟著地	20～45分鐘超低速跑姿肌力訓練（第1檔），注意腳著地的方式和步頻。跑的時候意象化障礙木訓練

WEEK10

訓練	DAY64	DAY65	DAY66	DAY67	DAY68	DAY69	DAY70
體能／肌力	2組足底核心訓練，加上4組跑姿弓箭步訓練	1組百抬腿訓練（大聯盟程度）和2組下肢剛性訓練	休息	2組靠牆深蹲訓練，可以增加組數。4組跑姿弓箭步訓練	3組足底核心訓練，加上2組下肢剛性訓練	休息	2組足底核心訓練
跑姿	休息	4～5組單腳跳訓練，加上2組原地跳訓練	5組1分鐘聽音樂赤腳原地跑訓練	休息	3組4分鐘聽音樂赤腳原地跑訓練	5組單腳跳訓練	休息
專注度	30～60分鐘輕鬆跑訓練（第2檔），保持耐心和專注在跑姿上，要保持好的韻律	30分鐘輕鬆跑訓練（第2檔），加上4～5組3分半全力衝刺訓練（第7檔），每次休息間隔3分鐘	20～45分鐘超低速跑姿肌力訓練（第1檔），注意腳著地的方式和步頻。跑的時候意象化障礙木訓練	15～30分鐘輕鬆跑訓練（第2檔），加上8分鐘、6分鐘、4分鐘10公里配速訓練（第5檔），每次休息間隔2分鐘	休息	今天的長距離跑步應該是你最長距離的90%，用超低速訓練到低速訓練（第1檔到第2檔）。加7組20秒緩下坡衝刺，注意著地。速度要慢到你不能用腳跟著地	休息

WEEK11

訓練	DAY71	DAY72	DAY73	DAY74	DAY75	DAY76	DAY77
體能／肌力	2組足底核心訓練，加上3組靠牆深蹲訓練	3組下肢剛性訓練	休息	1組靠牆深蹲訓練，次數可以增加，加上5組跑姿弓箭步訓練	3組足底核心訓練，加上2組下肢剛性訓練	休息	2組足底核心訓練
跑姿	休息	2組單腳跳訓練，加上2組原地跳訓練	休息	休息	4組2分鐘聽音樂赤腳原地跑訓練	障礙木訓練第1部分和第2部分，加上3組單腳跳訓練	休息
專注度	30～60分鐘輕鬆跑訓練（第2檔），保持耐心和專注在跑姿上，要保持好的韻律	30分鐘輕鬆跑訓練（第2檔），加上4～5組4分鐘全力衝刺訓練（第7檔），每次休息間隔4分鐘	20～40分鐘的跑姿肌力超低速訓練（第1檔），跑的時候注意著地方式和韻律，意象化障礙木訓練	30～60分鐘輕鬆跑訓練（第2檔），保持耐心和專注在跑姿上，要保持好的韻律	休息	20～30分鐘輕鬆跑訓練（第2檔），加上3組8分鐘10公里配速訓練（第5檔），每次衝刺間隔休息2分鐘	40～70分鐘的輕鬆跑訓練（第2檔）

WEEK12

訓練	DAY78	DAY79	DAY80	DAY81	DAY82	DAY83	DAY84
體能／肌力	完全休息日。要記住，恢復是你變強壯的時候	1組下肢剛性訓練	2組足底核心訓練	2組靠牆深蹲訓練，次數可以增加，加上2組跑姿弓箭步訓練	完全休息日。要記住，恢復是你變強壯的時候	休息	完全休息日。要記住，恢復是你變強壯的時候
跑姿	休息	3組原地跳訓練	休息	2組單腳跳訓練	休息	3組原地跳訓練，加上2組單腳跳訓練	休息
專注度	休息	30分鐘輕鬆跑訓練（第2檔），加上3組3分鐘全力衝刺訓練（第7檔），每次休息間隔3分鐘。最後用8分鐘半馬配速訓練（第4檔到第5檔，你可以自己抓第4檔的感覺）	20～40分鐘超低速跑姿肌力訓練（第1檔），注意腳著地的方式和步頻。跑的時候意象化障礙木訓練	35～60分鐘輕鬆跑訓練（第2檔）	休息	今天的長距離跑步應該是你最長距離，用超低速訓練到低速訓練（第1檔到第2檔）	休息

WEEK13

訓練	DAY85	DAY86	DAY87	DAY88	DAY89	DAY90
體能／肌力	2組足底核心訓練，加上3組靠牆深蹲訓練	休息	2組靠牆深蹲訓練，加上3組跑姿弓箭步訓練	2組足底核心訓練	休息	休息
跑姿	休息	2組原地跳訓練，加上2組單腳跳訓練	休息	2組單腳跳訓練	休息	2組原地跳訓練，加上2組單腳跳訓練
專注度	20～30分鐘超低速跑姿肌力訓練（第1檔），注意腳著地的方式和步頻。跑的時候意象化障礙木訓練	30分鐘輕鬆跑訓練（第2檔），加上3組2分鐘全力衝刺訓練（第7檔），每次休息間隔4分鐘。注意這次的感覺，讓你可以在第90天的時候再測試一次	20～40分鐘輕鬆跑訓練（第2檔）。保持耐心，好讓你可以迎接測試	休息	20～30分鐘超低速跑姿肌力訓練（第1檔）	做課表一開始的1英里測試

受傷：如何自我修復 15

如果你受傷了，我們有個好消息要告訴你。

你不會傷得太久，也有可能永遠都不會再受傷了。

跑步受傷不是因為你的身體，而是你跑的方式，跟你的年齡、體重、腳著地的旋轉或是長短腳都無關。如果你因為足底筋膜炎、阿基里斯腱或是其他常見的跑步相關症狀，你只要改變跑步的方式就能痊癒。我們要多向游泳選手和武術選手學習，他們會持續地透過動作去找出不好的感覺，然後做出校正。不平衡是問題的根源，要用技術來解決。

艾瑞克教練甚至拒絕使用「受傷」這個詞，他堅持使用「失衡」（dysfunction）這個詞，因為其實你身體的部位並沒有「壞掉」。你並不是真的受傷，只是身體在抗議，因為你用奇怪的姿勢在跑步，就像你睡覺會落枕一樣。改善你的跑姿，幾乎就能解決所有問題。

「每一個人都認為自己的情況很特殊，但以人體功能來說，我們幾乎一樣。」艾瑞克說。「把極端的情況拿掉，我們絕大多數人都在中心點，身體的移動方式預設都是相同的。」

這就是為什麼標準治療方式，例如休息、冰敷、吃止痛藥、靜態伸展和矯正鞋墊沒有用的原因。它們透過降低症狀，可以短暫地舒緩不適，但長期來說，這些方式反倒讓你忽略失衡的真正問題。你可以麻痺一隻斷腿，但你沒辦法把它喬回去。但是如果你學會正確的跑步方式，你可以事半功倍：你用正確的跑姿跑的每一步，都是強化肌肉的一種訓練。你不只是改正了失衡的問題，同時增強肌群，讓你跑起來更輕鬆。

原本你因為不良跑姿，讓身體較弱的地方發生緊繃，最後形成疼痛，現在可以透過改善跑姿逆轉這樣的循環。有了良好的跑姿，跑步會逐漸強化肌力，讓你可以跑得更遠，肌力更上一層樓，形成一個正向的循環。

聽起來很有希望吧？你還沒聽到最棒的部分。

所有用來改善的工具，你都已經具備了。

你已經在前面學習過運動零食、體能／肌力和跑姿訓練，治標也治本。這些練習也是很好的診斷工具，它們不會讓你難受。如果做完練習沒有感覺變好，可能是你傷痛的成因不同，需要去尋求醫師協助。遺憾

的是，跑者通常都以為痠痛和緊繃是家常便飯，但其實是失衡的警訊。多數的跑者還沒體會過提高步頻、平緩著地，再加上艾瑞克的訓練後，跑起來的感覺會多麼好。

身體緊繃跟柔軟度是沒有關係的！「很多跑者會用伸展和瑜伽來處理緊繃，但其實只是肌肉失衡的拉動而已。」艾瑞克說。「伸展是沒有幫助的，改善跑姿和肌力才能治本。」如果你覺得自己沒受傷，把緊繃視為正常的話，你可能逐漸地把小傷痛累積成大問題。

這章提到的技術可以幫助你了解身體。大多數時間，我們因為忽略極小的問題，像雪球一樣越滾越大。你上次仔細看看足弓是什麼時候了？你有摸摸你的阿基里斯腱或是小腿，發現它們有一粒一粒的感覺嗎？你可以憑感覺摸出你的足底筋膜嗎？通常我們都會忽略下半身，好像遠方的表哥一樣，你很少關心他，直到他開始抱怨你太冷漠。

最近艾瑞克協助一位職業選手，這位職業選手的腳尖痛，只要一跑，馬上就從腳踝發出一陣刺痛，直達大拇指。艾瑞克跳過她的腳尖，從足弓下手，當艾瑞克在摸的時候，她的尖叫聲簡直要穿破屋頂。對於艾瑞克來說，要找到痛點並不難，只不過痛的地方並不是病灶。因為往往腳底的疼痛都是跟全身的動力鏈有關。

「你的身體會告訴你原因，你要仔細聽。」艾瑞克說。你的腳是很簡單的器官，它有吸震系統，用來減少震動和穩定你著地的動作。如果你覺得落地時很痛，先檢查你身體裡的懸吊系統。再來是思考為什麼懸吊系統沒發揮作用。艾瑞克看了那位選手的跑鞋，是知名廠牌的「穩定性跑鞋」，外頭有堅硬的橡膠鞋底。當時因為是深冬，低溫讓鞋底變得更硬，讓跑者的足弓沒有空間收縮。艾瑞克帶她試做一些「治療零食」，和一些基礎的穩定性訓練，徹底地改善了她的症狀，現在出門跑步都不會痛了。

但重點來了：那位職業選手已經看過醫師和物理治療師了，沒有人說：「先假設你的腳沒問題，我們來把開關打開看看？以腳的活動性來說，足弓就是開關。與其讓它自由活動，最常見的治療方式就是固定它。那位職業選手對於自己的腳很陌生，直到艾瑞克按她的足弓才知道原來她的足弓一直沒有被啟動。」

要治療這些失衡的情況，艾瑞克提供兩階段的方式：

- **第一，試試看「治療零食」來舒緩不適。**
- **第二，治本的方式是找出病灶，每週做幾次練習，直到恢復活動度為止。之後如果再遇到不適，再做練習緩解。**

可以把這章當成身體使用手冊，你將會變成最懂身體的專家。

腳跟痛（足底筋膜炎）

▌症狀

　　早上起床腳跟痛，或是在走路與跑步之後腳跟痛。

▌成因

- 足底筋膜是在腳底的一條粗的軟組織，連結你的腳跟和腳趾頭。足底筋膜炎通常源自於小腿緊繃，減少小腿的活動度。當小腿無法收縮，你的腿會越來越用力拉扯足底筋膜組織。
- 因為像是上坡跑、過度跨步，導致小腿負擔過多；髖屈肌活動度差；或是在低步頻時重心轉移不良。
- 跑鞋改變太大也會讓小腿啟動保護機制而緊繃。因為很多跑者改成赤腳跑的時候缺乏過渡期，而遇到同樣問題。

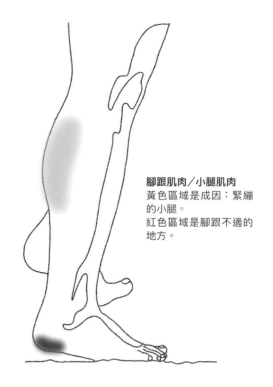

腳跟肌肉／小腿肌肉
黃色區域是成因：緊繃的小腿。
紅色區域是腳跟不適的地方。

注意卡瑪的跑姿，她因為髖屈肌緊繃，必須往前傾。她被迫要用腳踝出力，讓她的小腿負荷過多。這樣的狀況常常出現在每天進行輕鬆跑的跑者身上。

過度跨步，或是用前腳往前，因為接觸地面時間變長，過度拉扯小腿。注意看卡瑪跑姿幾乎沒有用膝蓋來驅動。

測試足底筋膜的耐受度有兩個很快的方式，忍者跳和深蹲。卡瑪很難蹲下去，看得出來她小腿的活動度受限。

過猶不及：有些跑者想改掉腳跟著地的跑姿，但改過頭會適得其反，像是用腳趾著地，而不用前腳掌自然平坦地接觸地面。剛開始接觸極簡跑鞋的跑者也會因為腳步動作小，速度過慢，導致壓力都在小腿上。

▌治療零食

為了破壞小腿的軟組織黏著物並讓它伸展，要先進行按摩，然後進行拉伸，每天進行 2～3 次。目標是解決小腿部位的緊繃感，進而感受到腳跟的灼熱和伸展感。當你感覺灼熱時，你就開始伸展疼痛的筋膜，直搗問題的核心。

請保持耐心。要解決小腿緊繃可能需要 7～10 天的按摩和拉伸週期，再來處理腳跟。當你達到那個程度的時候，你會開始立刻有舒緩疼痛的感覺。

1）跑步

- 跑少一點可以幫助你減緩疼痛，但不能解決問題。
- 在治療過程中你跑得越多，你的進展就越慢，因為你還在拉緊小腿，最好的方式是減少跑量和避免跑上坡。

2）按摩

趴著讓你的夥伴來幫你按摩小腿，要深層地按到肌肉。按摩師用手指頭感覺到結，當他摸到的時候，用力加壓，不要揉。

你也可以自己坐在椅子上用手按壓小腿。

＊注意：要用你的手按，不要用滾筒。你的手能夠幫你正確地找到結，然後處理它。

3）傾斜小腿伸展

- 在徹底按摩小腿的結之後，開始站起來做伸展。記住，永遠都是先按摩再伸展，這樣的話你才能破壞小腿裡的軟組織黏著物，並且讓小腿肌肉能夠伸展。
- 把你的手臂靠在牆上並且伸直，讓不舒服的那隻腳在你的身後。
- 慢慢地把腳跟壓低，直到你感覺到小腿開始有伸展的緊繃感。
- 慢慢地伸展小腿，維持 2 ～ 5 分鐘。
- 如果你撐不了那麼久，表示你太緊繃了，回去一點，然後抱持耐心。
- 如果可以的話，每天做 2 ～ 3 組。

- 這個動作的目的是解決小腿緊繃，讓你可以感覺到腳跟的部分開始有灼熱和伸展的感覺。
- 當你達到那個程度的時候，會感覺伸展腳跟和延長足底筋膜，也就是問題根本所在。

▌長期策略

- 可以看第 7.1 章足底核心訓練和第 8.1 章關於調整腳跟著地與過度跨步的跑姿訓練。
- 赤腳原地跑，可以聽〈Rock Lobster〉或是其他每分鐘 90 拍的音樂。（第 8.2 章）
- 用短步幅和良好跑姿的方式輕鬆跑。
- 不痛之後，可以做彈簧跳。（第 7.1 章）
- **站姿體前彎**（Posterior Floss）：傳統的「摸腳趾」伸展方式。站直，並將雙腳打直。手向下往腳趾的方向，保持雙膝鎖住（或是在感覺到巨大抵抗的時候，可以微彎）。不用逼得太緊，主要是為了找到那種緊繃感，撐住幾秒鐘就好。你能延伸的越多，你的小腿就獲得越多的伸展。
- 靠牆深蹲和跑姿弓箭步。（第 7.1 章）

小腿緊繃或疼痛

▊ 症狀

小腿疼痛有分急性和慢性。如果你在跑步的時候感覺到痛，必須停下來，或是你的小腿在爬坡或衝刺的時候很痛，你是屬於急性那種。

疼痛的感覺慢慢累積上來，長期持續一直有疼痛的感覺，但不是因為跑步或是爬坡的話，那就是屬於慢性。

▊ 成因

急性疼痛通常是因為：
- 換上極簡跑鞋的過渡期，改變跑姿或是著地方式。
- 跑量增加，提升跑速或上更陡坡的時候。

慢性疼痛通常是因為：
- 跑姿不良，肌力不夠。
- 過多的上坡訓練和速度訓練。
- 低步頻跑法，而且一直都是維持低步頻。

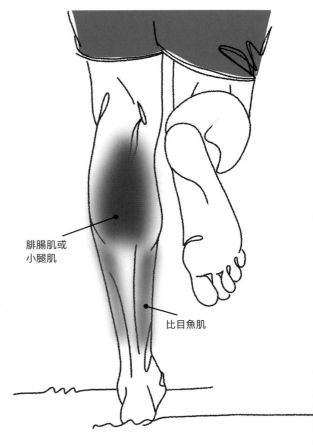

腓腸肌或
小腿肌

比目魚肌

做過多的上坡訓練和跑量會導致急性疼痛和慢性疼痛。在跑的時候要抬高腳跟。

有時候跑者會注意前腳掌著地，但還是過度跨步，在前腳掌著地時，用到比較多腳趾，導致小腿負擔過多。

█ 治療零食

- **急性痠痛**：動態休息。在疼痛消散後，可以散步。

- **急性和慢性疼痛**：用手按摩小腿，不要使用輔助工具滾通，這樣會讓你失去觸摸到結的手感。在按摩時，要注意結然後用按壓的方式來處理黏著物和肌肉緊繃。按摩結束後再輕度地伸展小腿。

- **急性疼痛**：恢復輕鬆無痛的跑步，但過渡期要減量，直到你小腿能夠負荷為止。

█ 長期策略

- 每天按摩小腿和伸展小腿。
- 當抽筋的時候用走的，還要休息。
- 每天自己反省跑姿，是否做得太多或是跑姿跑掉。
- **運動零食**：做熊爬式伸展小腿。（第 5 章）
- **站姿體前彎**：每天 2～3 組，做 30～45 秒。
- **體能訓練**：足底核心訓練，當不痛的時候做下肢剛性訓練。（第 7.1 章）

脛前疼痛

▋ 症狀

　　沿著脛骨的疼痛（或是脛前肌），腿部
前面從膝蓋到腳踝的部分。

▋ 成因

- 腳跟著地 / 過度跨步 / 肌力和穩定度不
  足，是脛前疼痛的元凶。
- 可能是觸地時間過長或是步頻太低，也有
  可能兩者兼有。
- 常發生在年輕的學生跑者上，沒有整年固
  定的跑步習慣，突然需要跑步。

脛骨

過度跨步導致觸地時間變長。

注意膝蓋的位置超過腳趾，過度腳踝足背屈。導致觸地時間變長，施加更多壓力在脛部。

▌治療零食

- 可以先試小腿緊繃的治療方式，讓你的小腿放鬆，同時可以緩解疼痛，也能解決根本問題。
- 如果你放鬆了小腿，疼痛還是持續存在的話，先不要跑步，休息就好。
- 休息期間可以做足底核心訓練。（第 7.1 章）

▌長期策略

- **體能訓練**：足底核心訓練、靠牆深蹲、跑姿弓箭步。（第 7.1 章）
- **跑姿訓練**：練習避免腳跟著地和過度跨步。（第 8.1 章）
- 聽每分鐘 90 拍的音樂，赤腳原地跑步。每組 1 ～ 2 分鐘，做 5 組。
- **專注度訓練**：用短步幅和良好跑姿的方式輕鬆跑（第 1 檔）。
- 當你不痛的時候，試試看下肢剛性訓練。
- **站姿體前彎**：摸你的腳趾，做 2 ～ 3 組，每次 30 ～ 45 秒。

阿基里斯腱和比目魚肌疼痛

▌症狀

你會感覺腳後跟連結腳跟骨頭的地方疼痛，那就是阿基里斯腱，或是小腿後方的比目魚肌疼痛。有時候你感覺兩者其一疼痛，有時候兩者都很痛。

▌成因

- 因為步頻太低，導致觸地時間太長。因為觸地時間過長，加上不穩定，讓阿基里斯腱和比目魚肌承受過多的壓力。
- 爬坡訓練量增加。

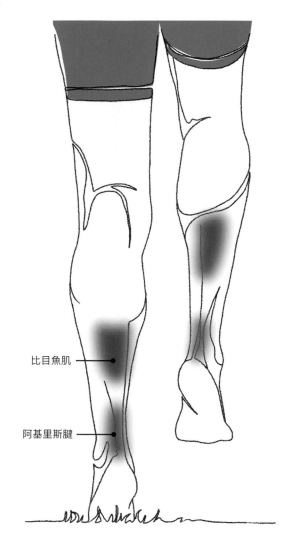

比目魚肌

阿基里斯腱

一旦你的膝蓋收縮太多，超過你的腳趾，可能是跑姿不良、步頻過低或是肌肉使用的不平衡，你就是在對你的阿基里斯腱施加壓力。如果你的大腿承載太多力量，而且臀部沒有出力的話，你也會讓其他部位受傷。

對於受傷的阿基里斯腱來說，上坡簡直是地獄。

▌治療零食

- 休息到不痛為止。
- 按摩患部，感受痠痛程度的變化。

▌長期策略（當你不痛的時候）

- **運動零食**：伸直小腿的熊爬式。（第5章）
- **站姿體前彎**：摸你的腳趾，做 2～3 組，每次 30～45 秒。這個姿勢可以幫你重設所有肌肉，清除沾黏。
- **體能訓練**：足底核心訓練、下肢剛性訓練、靠牆深蹲和跑姿弓箭步。（第 7.1 章）
- **跑姿訓練**：技巧訓練。（第 8.1 章）
- 加速跑可以幫助減少觸底時間和膝蓋彎曲，做 4～5 組，每次 10～20 秒。
- 聽每分鐘 90 拍的音樂，赤腳原地跑步。每組 1～2 分鐘，做 3～5 組。

腳後跟疼痛

▌症狀

　　腳後跟痛（不是阿基里斯腱或是足底腳跟），是一種韌帶挫傷，感覺在骨頭上的疼痛。不是像水泡那種發炎疼痛感。

▌成因

- 過度跨步，常是因足底外側著地，有點內旋，腳跟有扭轉。
- 跑鞋太小或是太緊，限縮了腳的移動空間。
- 跑鞋底太高或是緩震太多，讓腳在著地時有太多橫向的移動。

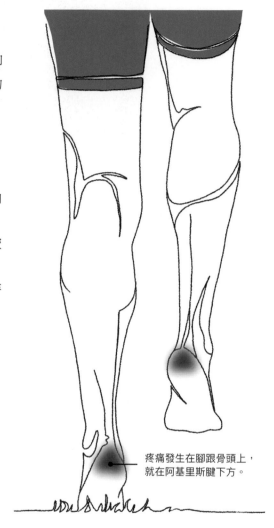

疼痛發生在腳跟骨頭上，就在阿基里斯腱下方。

注意照片中帶隊的跑者，他的右腳往前跨，導致他著地時非常靠外側，腳往內旋。這樣的扭轉會讓腳跟承受極大壓力，而產生疼痛。

▌治療零食

- 檢查你的跑鞋是不是太貼合，沒有足夠的空間讓你的腳趾移動。如果是的話，試著穿更大、腳趾的空間比較寬的跑鞋。
- 把鞋墊拿出來，跑一個輕鬆跑。增加一點空間，應該可以立刻獲得舒緩。
- 實驗看看低底的跑鞋，提升著地的穩定性。
- 專注在著地時更靠近自己的身體，而不是向前跨，可以讓你著地時更穩定。
- 如果以上都沒有效果，可以改試試看小腿和阿基里斯腱的治療方式。

▌長期策略

- **站姿體前彎**：摸你的腳趾，做 2 ～ 3 組，每次 30 ～ 45 秒。
- **體能訓練**：足底核心訓練。（第 7.1 章）
- **跑姿訓練**：技巧訓練。（第 8.1 章）
- 聽每分鐘 90 拍的音樂，赤腳原地跑步。每組 1 ～ 2 分鐘，做 3 ～ 5 組。

足弓塌陷

▌症狀

足弓看起來是平的。

▌成因

- 扁平足不是一種失衡，透過訓練你可以增加足弓高度，提升肌力與吸震能力。
- 就像強化其他肌群一樣，扁平足也可以透過肌肉訓練強化。
- 因為足底是穩定的第一線，加強足弓可以減少臀部和小腿的壓力。

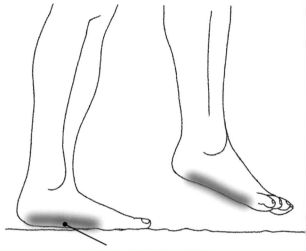

足弓塌陷，而且看起來是平的。

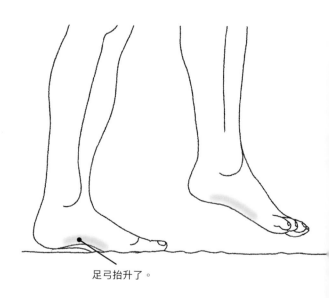

足弓抬升了。

▌治療零食

- 盡可能赤足走路。
- 穿極簡跑鞋做強度訓練。

▌長期策略

- **體能訓練**：足底核心訓練和下肢剛性訓練。（第7.1章）
- **跑姿訓練**：前腳掌跑法。（第8.1章）
- 聽每分鐘90拍的音樂，赤腳原地跑步。每組1～2分鐘，做3～5組。

膝蓋外側或大腿外側髂脛束痛

▌症狀

跑 10 分鐘就會膝蓋外側刺痛，疼痛程度
不一。

▌成因

- 髂脛束（ITB）是一條很粗的筋膜，
  連結你的臀部到膝蓋外側。ITB 摩
  擦會導致膝蓋外側疼痛。
- 發生疼痛的地方並不是病灶。雖然
  是膝蓋痛，但主要跟你的動力鏈上
  臀部肌力不足有關。
- 腳跟著地和過度跨步是主因。當我
  們用腳跟著地時，並沒有運用足
  底當作第一線的穩定器，會產生
  一系列穩定的反應從 ITB 到股四
  頭肌再到髖屈肌。
- 髖屈肌緊繃源自於臀肌無力，過度使用髖
  屈肌。髖屈肌緊繃拉緊了大腿，也讓股四
  頭肌和 ITB 緊繃。
- 腳跟著地讓你的股四頭肌用力，臀肌沒有
  出力。
- 厚底跑鞋的緩震讓你穩定度不佳，讓足底
  無力。

髂脛束（ITB）

疼痛通常發生在膝蓋
外側。注意膝關節是
向內翻的，顯示臀肌
沒有用上力量，而讓
ITB 承受壓力。

以馬內利再起動時保持他的後腳過度彎曲,使得股四頭肌過度用力,而沒有用到臀肌。

腳跟著地讓股四頭肌承受太大壓力,而臀肌則太少,導致 ITB 也承受壓力。

膝關節內翻在深蹲時能觀察出來,股四頭肌用力,而臀肌穩定度不足,導致膝蓋疼痛。

▌治療零食

- 你不會想要把滾筒用在 ITB 上的。ITB 是非常厚的筋膜,不太能伸展,用滾筒滾會很痛。或許滾完會舒緩一點點,但因為你沒有處理痛源,好感覺一下就會消失,跟一般伸展一樣。
- 按摩股四頭肌,破壞結和肌腱的黏著物比較有效。
- 試試看一些運動零食,像是髖關節活動度訓練、三點蟹式(第 5 章),可以幫助你伸展髖屈肌,以及 ITB 連結的肌群。

▌長期策略

- 腳跟著地的跑姿是 ITB 疼痛的主因,所以改善跑姿是關鍵。
- 足底核心肌力也能幫助很多,用足弓建立起自然的穩定器,讓我們的膝蓋能夠穩定,而且喚醒臀部肌肉。
- 用靠牆深蹲和跑姿弓箭步建立臀部肌肉力量與平衡度,以及減少髖屈肌承受的壓力。
- **跑姿訓練**:技巧訓練。(第 8.1 章)
- **體能訓練**:足底核心訓練、下肢剛性訓練、靠牆深蹲和跑姿弓箭步。(第 7.1 章)
- **專注度訓練**:用第 7 檔到第 8 檔呼吸維持 20 ～ 30 秒,做 5 ～ 6 組。
- **運動零食**:髖關節活動度訓練、三點蟹式和深蹲。
- **站姿體前彎**:3 ～ 5 組,做 30 ～ 45 秒。

髖屈肌疼痛、緊繃

▍症狀

- 髖屈肌在你的股四頭肌前側上方，位在骨盆上。這地方感到緊繃或疼痛。
- 髖屈肌在你每跨出一步都像在做舉重，當它們緊繃的時候，你不只感覺到臀肌變緊，下背部和腿筋也會不舒服。
- 你可以用直挺挺的站姿做百抬腿，抬到膝蓋的高度嗎？如果不行的話，表示你的髖屈肌太緊繃了。

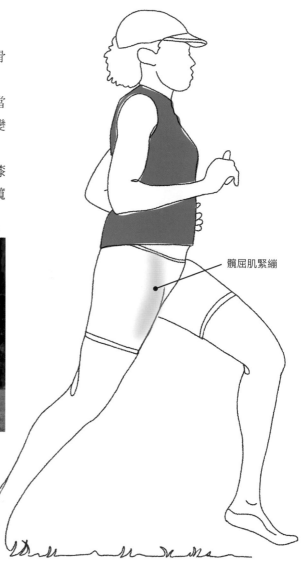

髖屈肌緊繃

▍成因

- 久坐，導致臀肌無力。
- 臀肌肌力不足。
- 跑姿不良。

有健康的髖屈肌才能讓你跑的時候軀幹挺直，後腳能
夠打直。髖屈肌伸展時，把身體的橡皮筋拉緊，才能
往前彈。

髖屈肌緊繃會讓腳過度彎曲，或是減少臀部收縮，導
致跑步的時候上半身前傾。

▋ 治療零食

用百抬腿（第 7.1 章）來測試髖屈肌活動
度。如果你無法抬高膝蓋和把腳伸直，你
可以先用百抬腿放鬆。

▋ 長期策略

- **體能訓練**：足底核心訓練、靠牆深蹲和跑
  姿弓箭步。（第 7.1 章）
- **跑姿訓練**：技巧訓練。（第 8.1 章）
- 原地跳可以幫忙拉長髖屈肌。（第 8.1 章）
- **運動零食**：髖關節活動度訓練、三點蟹式
  可以伸展髖屈肌和股四頭肌。（第 5 章）
- **把手放在頭後面練習上坡跑，好讓腿和臀
  部肌肉延伸**：做 5～8 組，每次 10～20 秒。
- **用第 7 到第 8 檔的速度跑，延展髖屈肌**：
  做 5～8 組，每次 20～30 秒。

跑者膝（膝蓋痛）

▌症狀

　　膝蓋周圍通，特別是膝蓋內側、膝蓋上方和膝蓋下方。

▌成因

　　跑者膝通常是因為股四頭肌緊繃，導致膝蓋運動軌跡受到影響，而在周圍產生刺痛。

　　主因是在股四頭肌上方與髖屈肌連結的縫匠肌（Sartorius muscle），它延伸到膝蓋內側。縫匠肌是一條很長的肌肉，緊繃時會拉扯膝蓋，影響運動軌跡並產生疼痛。

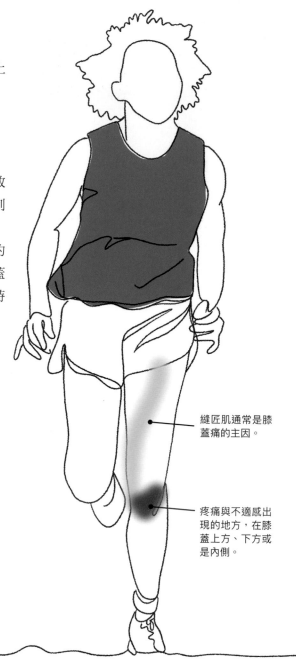

縫匠肌通常是膝蓋痛的主因。

疼痛與不適感出現的地方，在膝蓋上方、下方或是內側。

腳跟著地和過度跨步導致股四頭肌承受太大壓力，和穩定性不足，也會造成緊繃，產生膝蓋疼痛。

膝蓋動作過大，膝蓋往前而且向內，股四頭肌承受壓力，而沒有運用到臀肌。步頻過低和觸地時間太長也會影響。做忍者跳和深蹲也會出現一樣的情況。

▌治療零食

- 用手指或按摩棒按摩股四頭肌，不要用滾筒，可以立刻獲得舒緩。
- 在縫匠肌中間找結，大約在股四頭肌的中間，偏內側的地方，縫匠肌在這裡開始往膝蓋內側轉向。沿著這條肌肉，從股四頭肌上緣到膝蓋內側尋找肌腱結，然後加以按摩。
- 如果按到肌腱，可以用大拇指加壓，深呼吸加壓 20 秒，幫助舒緩，加壓時你也可以配合膝蓋前後收縮。
- 在結束按摩後，可以做運動零食來伸展股四頭肌。
- 做一般的股四頭肌伸展：躺下來從背後抓住腳，讓你的股四頭肌適度伸展，每次維持 60 秒。

- 這樣的按摩加上伸展循環，應該可以有效減緩股四頭肌緊繃，和舒緩膝蓋疼痛，讓你可以再跑步。
- 如果跑步時膝蓋還是會痛，就停下來，按摩膝蓋然後再伸展股四頭肌。

▌長期策略

- **跑姿訓練**：做腿部延伸訓練、障礙木訓練和前腳掌著地。（第 8.1 章）
- **體能訓練**：足底核心訓練、下肢剛性訓練、靠牆深蹲和跑姿弓箭步。（第 7.1 章）
- **運動零食**：髖關節活動度訓練、三點蟹式。（第 5 章）
- **平地和上坡的間歇訓練**：用第 7 到第 8 檔的速度跑，做 5 ～ 8 組，每次 10 ～ 20 秒。

腿筋緊繃或疼痛

▎症狀

腿筋上方有緊繃和拉扯的感覺，在臀部下方，腿筋與臀部肌肉連結的地方。尤其在高速跑動時，活動度會下降。

▎成因

- 即便感覺是腿筋的問題，但其實主因是臀肌緊繃，拉扯到腿筋連結處。
- 久坐會導致臀肌緊繃。

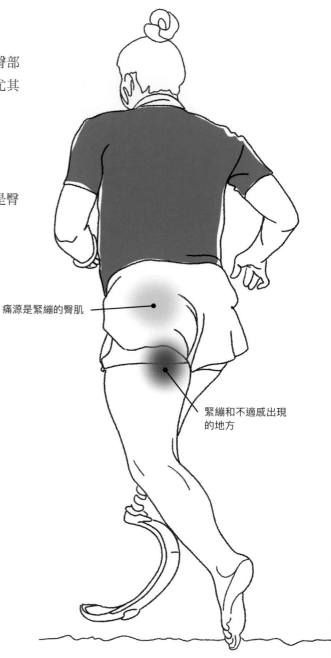

痛源是緊繃的臀肌

緊繃和不適感出現的地方

▌治療零食

- 先破壞黏著物和處理緊繃，然後再加強肌力與活動度。
- 從按摩球按摩臀肌開始，處理緊繃。
- 再用靠牆深蹲來加強肌力，提升穩定度以及活動度。

＊注意：伸展腿筋沒有幫助，反而會惡化。

▌長期策略

- **體能訓練**：靠牆深蹲、跑姿弓箭步。（第7.1章）
- **站姿體前彎**：3 ～ 5 組，做 1 ～ 2 分鐘。
- **運動零食**：髖關節活動度訓練、深蹲。（第5章）

《天生就會跑 2》致謝

除非你自己和全世界都公認單兵作戰最適合你的話，不然你不必像艾瑞克一樣，住在大提頓國家公園的高山上，當一個遠距教學的教練，或是像我一樣住在羊比鄰居還多的農場裡才能出版這本書。所以在這章一開始，艾瑞克和我希望將出版這本書視為一個微小的奇蹟，即便孤僻如他，在外面風評還有點難搞，我們仍然是十幾年的好朋友，也是好夥伴。艾瑞克是出版這本書的夢幻夥伴，因為沒有他就沒有這本書。所有聰明的訓練方式、所有對於祖傳體態的靈光啟示等等，都是艾瑞克的功勞。但除了這些靠腦袋的東西之外，他其實不太說話，鎮定而自信。我們在新冠肺炎疫情中，安排素未謀面的跑者在超像天體營活動的農場裡為了這本書拍照，農場在沙漠裡，附近只有野驢。即便如此，艾瑞克還安慰我，從沒有懷疑過我們能搞定這一切。

艾瑞克和我也希望在這邊和大家承認，沒有人喜歡這個書名。

每個人都警告我們，出版《天生就會跑2》是個爛點子，只有笨蛋作家才會這麼做，其他人避之唯恐不及。沒有作家會像馮迪索（Vin Diesel）的跑車電影一直拍續集，也不會有人像魔法青少年拍了8部曲的故事。所以，如果《天生就會跑2》真的很爛的話，都是我們的錯。

幸好，我們有人在一旁給予超棒的指導，避免我們依照糟糕的直覺行事。這是我職業生涯第一次在寫書期間，向出版社指派給我的編輯表達感謝之意。在 Profile Books 擔任編輯的陳欣蒂（Cindy Chan）其實是本書的第3位作者。她對於本書的建議至關重要，設立了這本書的基調和方向，以及超乎我們預期的排版和美術設計。在 Knopf 出版社服務的艾德華·卡斯坦梅爾（Edward Kastenmeier）是我這14年來合作過4本書的編輯，他是我心中的冠軍，也是私底下安排進度的藏鏡人。Inkwell Management Literary Agency 的創辦人理查·派恩（Richard Pine）是最好的那種朋友，總是鼓勵我們，激勵我們做得更好。審稿編輯派崔克·泰勒（Patrick Taylor）比我們還懂我們自己在想什麼，出乎意料地幫我們說出真正想說的話。設計師路易絲·賴芙樂（Louise Leffler）做出超乎我們想樣的作品，精彩得讓我跟艾瑞克目眩神迷。

關於這本書，我們做得最正確的初期決定之一，就是找路易斯·艾斯克巴幫忙，他是《天生就會跑》裡的朋友，在這本書一開始幫我們安排拍攝照片，我們希望每一位讀者翻開這本書，可以感覺到裡面的人物和他們一樣，所以我請路易斯幫忙找各年齡層、不同性別認同、不同種族的運動員，

還得請他們到加州寇爾頓來拍照，最遠的從阿拉巴馬州的伯明罕市飛過來，只為了週末的跑姿拍攝。

對我們來說這任務太艱難了，但路易斯只用大概 1 小時就搞定。

感謝拍攝團隊，大家玩得很開心，每個人都很棒、很友善。想想我們覺得實在太幸運了，也可能是越野跑者有一個獨特的物以類聚的吸引力。路易斯選的模特兒們對於這本書的貢獻非常大，我們會永遠把他們視為《天生就會跑2》的「原創團隊」。

感謝艾曼·威克森、以馬內利·魯內斯、卡瑪·朴、查克·佛萊德里、阿蕾漢卓·山多士（Alejandra Santos）、珍娜·克勞佛德、查理絲·帕普奇、派特·史威尼和犬科訓練員吉歐夫·柯林頓（Geoff Clinton）和他的女兒奧莉維亞（Olivia）和長跑組合馬可仕·瑞提以及他的獵犬「蝙蝠俠」。

除了路易斯之外，我要感謝夏威夷攝影師瑪海娜·崔伊艾力施（Mahinahokukauikamoana Choy-Ellis）還幫忙路易斯充當模特兒，我們希望告訴全世界太平洋群島人的越野跑傳統，比他們的衝浪還更重要。在夏威夷那段時間，瑪海娜召集了超棒的團隊，穿著拖鞋勘景，還「二刀流」擔任攝影師和模特兒，拍攝《天生就會跑2》的夏威夷明星隊照片。

感謝「活力希」希耶娜·阿基墨（Sienna Akimo）、菊池史凱、凱瑪納·拉蒙斯、丹尼爾·葛陶斯基（Daniel Gutowski）和丹妮爾·金奇。

在我邀請赤腳泰德來寇爾頓拍攝照片時，他正好在處理緊急家務，但他二話不說，在搞定事情後坐了 6 小時火車到口爾頓，然後幫每一位模特兒製作客製化的魯納涼鞋。我從來沒搞懂過赤腳泰德腦袋裡在想什麼，但我絕對沒懷疑過他的古道熱腸。感謝比利·巴奈和他的太太艾莉絲的熱心協助，比利用自己的方式生活，但當我請他和艾莉絲幫忙出跑者食譜和給新手的訓練建議時，他們非常快就給我回應，回覆的內容充滿知識性。新手媽媽艾倫·歐提斯也一樣，她的小孩對於跑步了解之深，足以開一個影音頻道了。

感謝在銅峽谷那段期間，很幸運有阿諾佛·奇梅爾、瑟爾維農·庫比薩爾、曼努爾·魯納和卡巴羅其他的拉拉穆里朋友，那還只是學習的初期。感謝巴奇·佩斯頓（Bucky Preston）和丹尼斯·普海科（Dannis Poolheco）帶我去霍皮族區高地夜跑，看到月亮升起，土狼在遠處嚎叫，突然之間徹底改變了我對於為他人而跑的想法，從古時候開始就有用跑步喚醒大家意識的傳統，是一種無私的展現。丹尼斯·普海科是一位很貼心的自學高手，在那個美好夜晚之後，他過不久就離開了我們，英年早逝。自從丹尼斯離開後，我們幸

運地能夠從「三白馬」喬丹‧瑪莉‧丹尼爾身上學習，還有美洲原住民健康研究員雀兒喜‧魯格（Chelsey Luger）和托許‧柯林斯提供（Thosh Collins）給我他們的大作《The Seven Circles: Indigenous Teaching for Living Well》。

感謝艾琳‧戴維斯（Irene Davis）博士，她多年來都是我們的英雌，不只是她和尼爾‧迪格雷斯‧泰森主持的廣播節目，她很有勇氣而且秉持專業，以生物力學的角度研究赤腳跑步的好處，力抗跑鞋市場的行銷催眠術。她的研究為我們了解跑鞋與跑姿打下基礎，還有感謝高登‧哈波、寇特‧蒙森、凱莉‧史達雷特（Kelly Starrett）、茱麗葉‧史達雷特（Juliet Starrett）、納森‧李曼和艾咪‧史東。

同樣感謝菲爾‧馬佛東博士。菲爾身為一個學識涵養豐富、成就非凡的學者之外，他內心的嬉皮性格從來沒有消失。我們很開心能和他與大嫂趁越野跑活動期間來桃底鎮（Peach Bottom）拜訪，還做飯給我們吃，給予我們身心靈的滿足感。菲爾也幫忙我們和瑞克‧魯賓牽上線。只可惜在原定的早餐約訪前，聽到卡巴羅失蹤的消息，必須取消約會。

花了快10年我才又和瑞克‧魯賓約好時間。外面風評說他有膽識、大方又聰明勤奮，在我見過他之後，哇，發現他根本是雙倍優秀。

即使如瑞克‧魯賓這樣大咖的人物，我們的新朋友「左撇子小姐」艾琳‧茉莉（Erin Molloy）一點也不害怕跟他辯論跑步該不該聽音樂（雖然不是直接對嗆，但對方可是瑞克‧魯賓！）。後來左撇子小姐用寫歌的方式寫了一首〈天生也會跑〉（Born to Run Too）來當作我們的搖滾國歌。

感謝凱莉‧文森、瑪格‧華特斯（以及她的老公湯姆）和露西‧巴塞洛繆不只提供他們的食譜，還勇敢地分享他們的受傷低潮與心理健康議題。我有一次在法國聽露西演講，充滿勇氣又風趣，很會說故事，我發誓之後都要好好讀她的著作。不過她對成為超馬明星一點興趣也沒有。

感謝茉莉‧安琪，她天生就是影片高手，做出3支我看過最厲害的跑酷短片。不過她在跟傑洛‧塔瓦索利安組成團隊後，從一旁拍攝的角色，變成老師，教大家運動點心的觀念。運動點心對於跑者來說很適合，我在開口問茉莉之前能不能收錄她的影片時，我幾乎要心臟病發了，我很怕她拒絕我，但茉姐就是茉姐，她不只立刻答應，還找來傑洛一起，到聖地牙哥教《天生就會跑2》的學員們：強納森，米爾內斯（Jonathan Milnes）、查克‧佛萊德里、艾曼‧威克森、史蒂芬‧亨利奎茲（Steven Henriquez）、索妮亞‧魯東（Sonia Ludon）、陶德‧巴奈特

（Todd Barnett）和蘭斯佛德‧鄧肯（Lesford Duncan）。

我試著自己拍攝「天生就會跑」應用程式中的影片，只因為我搞不定 GoPro，讓那些志願參加的勇士們要不斷地重來，重複〈Rock Lobster〉的訓練和靠牆深蹲。影片出來之後效果意外的好，非常感謝《天生就會跑》在蘭卡斯特的團隊成員：李娜亞‧芙勞爾斯、伊來亞斯‧德斯丁‧艾維拉斯（Elias Destin Aviles）、史黛拉‧沃伊、克莉絲丁‧李（Christine Le）、艾許頓‧克萊特巴克（Ashton Clatterbuck）、吉歐登‧羅賓森（Geordonn Robinson）和露比‧魯伯雷斯基（Ruby Rublesky）。

在拍攝的空擋，我有機會和我的亞米許鄰居們參加「一起跑」跑團，大衛‧艾波和其他的魚鎮啤酒路跑成員也加入越野跑的行列。大衛的啤酒路跑給我了跑團的靈感，對我啟發甚多。我們也很感謝賈斯丁‧沃塔亞（Justin Wirtalla）拍攝啤酒路跑的電影，展示跑步帶來的力量。《火戰車》（Chariots）還得靠邊站呢。

感謝「跑下去」應用程式的作者艾曼‧威克森。她讓我大開眼界。與其等待有一天跑界重視 LGBTQ 團體，LGBTQ 跑者們自發建立系統，跑上街頭。我們看到聖女跑團、民主跑團、先鋒跑團（FrontRunners）、拓荒者女子跑團（TrailblazHers）、先驅者（Pioneers）、黑人跑團、黑人女子跑團、拉美跑團、潮跑團（Swaggahouse）、御混團（Riot Squad）和八六跑團（Eight Six Go），每週不論颱風下雨，都歡迎新手加入他們的大家庭。對於他們來說，社群的歸屬感比起成績競爭更重要。

這就是跑者的世界。早該來臨了。

如果你想要建立你的社群，寫本書吧。可以參考我們的做法，而你的另一半有好幾個月只能暗自啜泣。家裡的零食得藏好，我是說真的，作者是餓不了肚子的。

再多的文字也無法表達我們的感謝之意，感謝這些和我們一起展開跑步冒險的朋友們。感謝米雪兒‧路克斯（Michelle Rooks）和安琪‧路克斯‧歐頓（Angel Rooks Orton）、米卡和瑪雅、蘇菲‧麥杜格（Sophie McDougall）。謝謝你們讓每一刻都充滿歡樂。

照片與文章出處

各頁照片攝影者：

書封照片, 8-9, 12, 15, 17, 18, 19, 20, 25, 26, 33, 39, 40, 43, 47, 50, 55, 56-57, 87, 92, 96-97, 98,101,102, 103, 104-105, 106, 107, 108, 112, 115下圖, 117, 118, 119, 122, 123, 124, 125, 128-129, 135, 141, 146-147, 148, 155, 157, 159, 162-163, 177, 181, 182, 226-227, 232, 240-241, 256, 259, 260, 263, 265, 267, 269, 273, 274, 275, 277, 279, 281周圍 Luis Escobar

5,10, 58, 61, 69, 95, 133, 153, 166, 185, 186, 187, 188, 194, 207, 221, 224, 230-31, 244 Mahinahokukauikamoana Choy-Ellis

22, 28, 229 Jo Savage

30, 34, 35, 44, 48, 49, 51, 52, 53, 54, 109, 110-111, 171, 173, 271 Julie Angel

37 Mural artist: Griselda Madrigal/Photo: Devin Whetstone
71 Callie Vinson
75上圖 Brittany Gilbert
75下圖 Mikey Brown
78, 202 Alyx Barnett
80, 242-243 Eric Orton
81 Joshua Lynotte
82 Courtesy of Lucy Bartholomew
83 Max Romey
89, 121 Christopher McDougall
115上圖 Courtesy of Ted McDonald
174 Sheridan Marie Park
178 Tyler Tomasello
197 Elam King
198, 247 Kaimana Ramos
200 Jeff Davis
204 Anna Albrecht
211 Emily Osuna
213, 214, 287 Zach Hetrick
248, 255, 281正中心 Gini Woy

文章出處：

- 第11.2章內容引自Monique Savin之著作〈I'm a Runner: Flea〉，刊登於2011年9月份《跑者世界》（*Runner's World*），赫斯特雜誌（Hearst Magazine）發行。
- 第15章內容首次刊登於Outsideonline.com，2012年4月12日。

聲明：

本書所提供的訊息僅作為一般指導與建議，不能視為正式的醫療方針。
建議在採取本書所建議的方法之前，請勿任意停止任何你正在進行的用藥與治療。

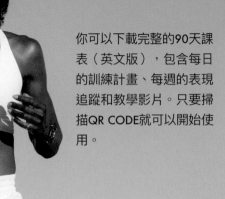

下載「自由奔跑」到手機上

你可以下載完整的90天課表（英文版），包含每日的訓練計畫、每週的表現追蹤和教學影片。只要掃描QR CODE就可以開始使用。

天生就會跑 2：終極訓練指南
Born to Run 2: The Ultimate Training Guide

作　　　　者｜克里斯多福・麥杜格（Christopher McDougall）
　　　　　　艾瑞克・歐頓（Eric Orton）
譯　　　　者｜王啟恩

社　　　　長｜陳蕙慧
副　社　　長｜陳瀅如
總　編　　輯｜戴偉傑
主　　　　編｜李佩璇
特　約　編　輯｜林芳如
行　銷　企　劃｜陳雅雯、張詠晶
封　面　設　計｜張巖
內　頁　排　版｜簡至成

出　　　　版｜木馬文化事業股份有限公司
發　　　　行｜遠足文化事業股份有限公司（讀書共和國出版集團）
地　　　　址｜231 新北市新店區民權路 108-4 號 8 樓
電　　　　話｜(02)2218-1417
傳　　　　真｜(02)2218-0727
E　m　a　i　l｜service@bookrep.com.tw
郵　撥　帳　號｜19588272 木馬文化事業股份有限公司
客　服　專　線｜0800-221-029
法　律　顧　問｜華洋法律事務所　蘇文生律師
印　　　　刷｜凱林彩印股份有限公司

初　　　　版｜2023 年 10 月
定　　　　價｜550 元

ISBN　978-626-314-512-2

國家圖書館出版品預行編目 (CIP) 資料

天生就會跑 2：終極訓練指南/克里斯多福・麥杜格 (Christopher McDougall),
艾瑞克・歐頓 (Eric Orton) 著；王啟恩譯. -- 初版. -- 新北市：木馬文化事業股
份有限公司出版：遠足文化事業股份有限公司發行, 2023.10
288 面；17×23 公分
譯自：Born to run 2 : the ultimate training guide
ISBN 978-626-314-512-2(平裝)

1.CST: 馬拉松賽跑 2.CST: 長跑 3.CST: 運動訓練
528.9468　　　　　　　　　　　　　　　　　　112014866